国家社会科学基金结项成果

国家社会科学基金结项成果

城市视觉管理

URBAN VISUAL MANAGEMENT

城市管理的视觉转向——从文本到图像；城市管理的理念转向——从理性到感性；城市管理的文化转向——从科学到艺术

孙湘明／著

人民出版社

目 录

序　言

　　如果说城市发展的目的是为人类创造一个的诗意的栖居地，那么城市视觉管理则是为实现这一终极目标，采用视觉形式对城市所进行的规范性管理活动。随着现代城市的发展进程，传统的城市管理模式越来越不能适应现代化管理的诉求，创新城市管理模式已经成为摆在我们面前的迫在眉睫的问题。就深层次而言，自从理性主义在近代世界确立起统治地位以来，世界的运转便一直笼罩在理性的支配之下，作为人类基本栖居地的城市亦是如此。遵循理性至上法则的传统城市管理主要借助抽象概念和语言文本来把握城市，不仅以整体性姿态展现在人们眼前的城市图示体现为一连串概念以及由之而成的观念体系，而且城市管理活动也主要通过法律、规章、制度、条例等一系列文本来完成，城市管理指令借助语言的规范意义发生效力，人们同样也依据对于文本的抽象领会而介入城市管理之中。由于人类经验所及范围带有明显的局限性，人们即便长期生活于城市却也无法亲身体验城市的全部，于是城市概念并不总是与经验相同一，这使得城市管理在很大程度上只是存在于文本之中。鉴于从抽象城市概念到具体城市图景之间的距离，文本化城市管理不可避免地造成了额外的时间成本，也给人类直观地把握城市带来了困难。

　　为了提高城市管理的效率以及为人们提供更为便捷的城市居住环境，视觉手段被越来越多地引入城市管理之中。事实上，以视觉化方式来管理城市的实践早已有之，例如城市交通导向系统就是运用红绿灯、斑马线等视觉符号实现交通的视觉管理，可以看作是早期城市视觉管理的雏形。城市还包含着街道、广场、建筑等大量视觉要素，在凯文·林奇看来，正是这些元素型构出城市意象。它是"个体头脑对外部环境归纳出的图像，是直接感觉与过去经验记忆的共同产物，可以用来掌握信息进而指导行为"。① 当然，林奇论述的是半个世纪前的城市，而今的城市已然转变。随着管理理念的变迁与技术进步，城市意象的概念外延在当今已经大为拓展。不仅仅是传统的城市道路、边界、区域、节点、标志物，甚至连城市形象、环境和公共服务在内的诸般城市管理信息如今都可通过视觉设计生成为城市意象，进而帮助人们建立起自身存在与城市之间的稳固联系，将城市变为人们可感知、可把握的城市。

　　海德格尔在上世纪就预言，未来的世界将被图像所把握。事实也确实如此，通过视觉图像来理解和把握世界已经成为一种不可逆转的历史潮流，并构成了一种视觉文化现象，潜移默化地改变了人类社会的组织形式与交往过程，影响着人们的认知图景与存在方式，并逐渐渗透到城市管理领域中。概言之，当代城市管理正经历着一场从文本到图像的视觉化变迁，"随着图像的复制技术由机械

---

① ［美］凯文·林奇：《城市意象》，方益萍、何晓军译，华夏出版社 2001 年版，第 3 页。

转为商业，由商业转化为自由复制，我们进入了读图时代……城市信息的可视化、图像化已成为不可逆转的发展趋势"，①一种可称之为视觉管理的新型城市管理形态日渐形成。它将传统城市管理语境中以文本性语言的形式存在和传递的城市法律、法规、政策、指令等制度性约束，以具有特定意蕴的图形、符号、色彩、文字等元素进行视觉转化，并通过视觉媒介的方式传递给公众，从而引导城市居民来规范自身行为，保证城市生活有序运行，形塑城市形象、品牌和视觉空间。尽管城市视觉管理将城市管理的载体从文本拓展到了图像，但是它的发生空间、管理目标、作用人群等关键要素与传统城市管理并无根本区别，各种视觉要素的基准是城市管理的各项法律法规，因此它仍是通过命令性和强制性的视觉语言来规范受众行为。在这个意义上，城市视觉管理可谓对于传统城市管理的有益拓展。

由于城市视觉管理充分依托现代视觉设计，将多种视觉要素融入管理之中，所以呈现出与传统城市管理迥异的独特属性。

从本质之维观之，可发现其兼具技术性与艺术性。城市视觉管理的信息载体为各式各样的视觉符号与视觉产品，这些符号和产品经由视觉设计过程而产生，在一定意义上正是现代技术发展的产物，使得城市视觉管理就外在形式而言体现为一个技术系统。就动态角度而言，城市视觉管理过程包括管理意义的提取、呈现于传递三个部分。各种管理意义——与城市有关的意向、意思、意图、认识、知识、价值、观念等经过设计被提取出来，然后根据设计法则

---

① 孙湘明：《城市品牌形象系统研究》，人民出版社 2012 年版，第 223 页。

将其转换为文字、图像和色彩等视觉符号，管理信息便经由视觉作用而传递至受众。在这个过程中，提取技术、制作技术与传播技术的高度融合，使城市视觉管理彰显着浓厚的技术特征。城市视觉管理还是"艺术介入公共空间"这一命题的现实体现。一般而言，"公共艺术的作品被认为是面向更广大观众的，并且放置在能够引起公众注意的地方；意味着提供某种教育性的、纪念性的或者娱乐的经验；并且通过能够被普遍理解的内容传递信息。"① 实际上，公共艺术表征着艺术走出传统视域中的审美场域而进入广阔的公共空间，并被用于达成某种公共性目标。在此意义上，城市视觉管理也是这样一种公共艺术实践，城市中随处可见的标示、图形、导识等视觉管理的要素与形式，包含着大量的艺术元素，并经过了精心的艺术化处理，使得视觉管理的媒介具有公共艺术作品的职能与特性。就此而言，城市视觉管理是一个"公共艺术介入城市空间"的过程。因此，各种城市视觉管理的形式与媒介既是技术产物，又是艺术产物。鉴于视觉形式在新型城市管理中的载体作用，其"技艺合一"的特性也自然扩展到整个城市视觉管理中。换言之，城市视觉管理不仅兼具技术性与艺术性特征，而且两者在其中实现了高度融合，其技术性中体现着艺术性，其艺术性中也体现着技术性。如刘成纪先生所说，城市摆脱了其原初的自然美，成为人工美，且进而成为人为的艺术作品，"艺术因此也不再是纯粹的精神产品，而成了日常生活中司空见惯的物态现实。"② 这种技术性与艺术性的统一构成

① 李建盛：《公共艺术与城市文化》，北京大学出版社 2012 年版，第 10 页。
② 刘成纪：《一种建设性的城市美学》，《河南社会科学》2012 年第 2 期。

城市视觉管理的第一重属性。

从认识之维观之，可发现其兼具感受性与认知性。有别于传统的城市管理，视觉管理充分顾及人的感受性。前者在技术理性的支配下，更多地注重实现效率一类冷冰冰的价值，而常常忽略人的主观感受。城市视觉管理则改变了城市管理的理念、方式、机制，如果说以文本的制造与传递为中心的传统城市管理形成的是"从理性到理性"的认知图式的话，城市视觉管理则旨在塑造一种"从感性到理性"的认知图示，它注重满足人们的主观感受性，由感性认识而通达理性认识，由图像识别到理念生成，因而更具人文与人性特征，更加符合人们的认知习惯。这种感受性来源于多个方面。首先是城市视觉管理对于视知觉的重视。视知觉是人体最重要的体验途径之一，也是人体感受性的主要来源。城市视觉管理依托视觉生理、视觉心理、视觉审美和视觉传播的一般规律，充分发掘了视知觉在城市管理中的意义，从而也为人们感受城市提供了充裕的空间。其次，城市视觉管理是一个读图时代的产物，图像在管理中扮演着至关重要的角色，甚至可以说图像构成了视觉管理的基石，而图像相比于文本，以其形象生动的天然优势而为人们提供了更多的感受机会。再次，管理中的视觉设计充分体察了人们读图的心理过程，从表达形式、空间位置、视觉习惯等方面与公众更为接近，[①]视觉管理的视觉媒介，如色彩搭配、文字编排以及图形形态更适应人们的一般感受习惯。这就使得城市视觉管理具备了感受性特征。

---

① 周成璐：《公共艺术的逻辑及其社会场域》，复旦大学出版社 2010 年版，第82 页。

除此之外，城市视觉管理还具有明显的认知性特征。视觉的认知意义对此提供了最基本、最原始的保证。事实上，艺术与哲学、科学和宗教一道，历来便被认为是人类理解和把握世界的基本形式。传统艺术哲学倾向于将艺术理解为纯粹感受性的东西，但这种陈旧的观念已被现代人所摒弃，艺术能够展现世界的真实状态这样一种观点得到了有力论证和普遍认可。如海德格尔便以真理来阐释艺术的本质，认为艺术便是真理的生成和发生，也即世界之存在的呈现。① 舍勒肯斯也曾写道，"艺术会再现我们不太了解的东西，也会表现出某些事物的透视形态"。② 城市视觉管理作为一门公共艺术实践，也构成对于城市图景的展示和澄明，以艺术和图像的形式向人们揭示了城市的真实存在，从而也赋予了自身以认知属性。这种种揭示、展示乃至于澄明，全在于城市视觉管理将管理信息以图像而非文本的形式呈现出来，使得图像承载了管理意义并将之传递于城市受众。城市图像与管理意义融为一体，使城市视觉管理实现了感受性与认知性的统一。

从功能之维观之，可发现其兼具规范性与审美性。认知性使得城市视觉管理获得了规范性。借助于视觉的认知意义与城市存在的艺术式澄明，城市视觉管理能够使得城市公众便捷高效地接收和理解各种管理信息和管理意义。具体来说，"视觉符号的形式结构构成了或均衡、或疏密有序的视觉节奏与韵律，形成了极具可读性的

---

① ［德］马丁·海德格尔：《林中路》，孙周兴译，上海译文出版社 2014 年版，第 55 页。

② ［英］舍勒肯斯：《美学与道德》，王柯平等译，四川人民出版社 2010 年版，第 27 页。

视觉管理信息结构"。①

透过视觉符号所形塑的"城市图像",视觉管理时代的城市公众可以快速准确地领会城市及其背后的历史文化意蕴与城市价值诉求,增强公众的城市价值认同;可以完整地掌握所居城市的环境构成与环境准则,使个体获得清晰的行为规范;可以即时获取各种城市公共服务信息,以及人们所需的公共产品与公共资源,保证了城市管理事业的秩序和效率。不仅如此,随着一个与传统读文时代迥异的读图时代的降临,无论习惯了文本阅读与抽象思考的人们对于读图时代的特征赞同几何,视觉形式的"图像霸权"在而今世界越发显著,读图成为现代生活的常态,已经成为人们正在经验着的客观事实。那么在此语境下,身在图像包围中的我们不可避免地需要具备基本的读图能力与视觉素养。从视觉素养培育角度而言,城市视觉管理发挥着不可忽视的积极规范作用。一方面,城市视觉管理在其建构过程中,充分地考虑人们的读图习惯,方便了人们对各种视觉符号识别,使读图变得简洁易行;另一方面,它将管理意义与信息寓于图像载体中,使得人们拥有了读图的动力,有助于人们视觉素养和读图能力的提升。与前述艺术性紧密相关,城市视觉管理通过将艺术与设计引入公共管理之中,在实现管理绩效的同时,也创造出了种种审美意象,如生动活泼的文字,搭配和谐的色彩,赏心悦目的图形,都带给人们强烈的艺术审美感受。艺术品质的城市视觉管理符号,使得城市整体上成为一个前所未有的审美对象,每

---

① 孙湘明:《城市形象视觉管理研究》,《中南大学学报》(社会科学版)2014年第6期。

一个居住与穿梭于城市空间的人们都在介入城市管理的同时，获得了饱含诗意的审美主体资格，体味着视觉形式所蕴含的城市社会美、技术美、科学美与艺术美。也正因此，规范性与审美性在城市视觉管理中获得了统一。

颇令人遗憾的是，城市视觉管理作为一个现实事物已然得到显著发展，但作为学术课题却一直未能得到学界的足够关注，其概念语义、思想渊源、理论结构、实现路径等关键问题都未有学理上的澄明和支撑。近些年来，笔者一直从事城市视觉管理及其相关领域的研究，曾先后出版《城市品牌形象系统研究》《信息设计》和《视觉设计专题研究》等专著。特别是在进行城市品牌形象系统研究这一国家社科基金项目时，已经初步涉及城市视觉管理问题，并做了初步探究。在该项目结题之后，立即投入城市视觉管理的系统研究课题上，并有幸再度获得了国家社科基金的立项支持，希冀通过系统研究，探讨城市视觉管理的基本理论与实践问题。近些年来，在访学美国和英国期间，笔者有机会对纽约、华盛顿、丹佛、芝加哥、伦敦、爱丁堡、伯明翰等城市的视觉系统进行了深入的调研，获得了大量的第一手信息资料，为本书基本理念与主题内容的形成奠定了坚实基础。

城市视觉管理研究的基本思路如下：

首先，提出城市视觉管理的新概念和基本问题。围绕"城市视觉管理是什么？"以及"如何进行城市视觉管理？"两大基本问题，从宏观的角度对视觉管理的概念、对象、目标、原则与手段等问题进行分析。就研究内容而言，不仅在管理学的基础上融入视觉设计理念，而且从视觉生理与心理角度探讨了设计的管理功能，打破了管理学与设计学的学科边界，体现出较强的前沿性与时代性。

其次，构建起城市视觉管理的特色理论体系。一方面，运用了思想史研究方法，从文化思潮与观念出发，以管理理论为主线，同时融合品牌管理理论、形象管理理论、视觉管理理论，对城市视觉管理的理论声称进行系统梳理，确立起城市视觉管理的理论基线；另一方面，则以视觉传达理论为基础，融合生理学、心理学、美学以及传播学等相关学科研究成果，以管理视觉化的可行性为出发点，从视觉生理、视觉心理、视觉审美、视觉传播四个层面，建构起城市视觉管理的学理框架和知识体系，体现了高度跨学科综合研究特性。

再次，构建起城市视觉管理四维系统结构。以系统论、控制论和信息论为理论依据，构建起以形象视觉管理、环境视觉管理、公共服务视觉管理与城市管理的规划与体制为核心的城市视觉管理系统结构。其一，将城市形象管理系统上升至美学管理和品牌管理的认知高度。划分为核心形象管理、色彩形象管理、空间形象管理三个子系统，并分别对其特性、管理基础、管理形式以及逻辑关系进行了研究；其二，将城市环境管理拓展到空间管理领域。将城市环境视觉管理系统细分为公共环境视觉管理、交通环境视觉管理和企业环境视觉管理三大体系，并进行细致的理论与实践探讨；其三，将城市视觉管理上升到服务社会的高度。构建起以公共安全、公共秩序与综合服务为基础的城市公共服务视觉管理系统，并进行了分类研究；其四，针对目前城市视觉管理的体制与机制问题，对城市视觉管理进行系统整合规范，提出了建立健全城市视觉管理体制与机制的思路，实现城市视觉管理系统的最优化和全覆盖。

最后，本书有效地将视觉管理理论与视觉管理实践相结合，一方面注重理论研究成果的视觉可转化性，另一方面注重视觉管理系统设计的可开发性。通过以视觉形式直观的呈现城市视觉管理的系统理论与系统结构，以及具体的视觉管理设计实践开发，不仅对视觉管理理论进行了视觉转化，而且对城市公共服务、交际礼仪、公共安全等具体的视觉管理内容进行了设计的尝试，对城市视觉管理实践具有积极的参考价值。

贯穿以上研究内容的方法主要有系统研究法与图像学研究法。前者以贝塔朗菲的系统理论为基础，采用了系统整体性原则、层次等级原则、系统有序原则，把城市视觉管理看成一个相互影响、相互作用的整体系统进行研究。力图处理好系统要素与系统之间的逻辑关系，以及系统要素之间、母系统与子系统之间、系统与环境之间的动态关系。后者以帕诺夫斯基的图像学以及索绪尔结构语言学原理为方法，研究视觉管理符号的意义阐释，并采用图像学的分析方法，来揭示视觉管理符号的生成规律和视觉语义的认知规律。不仅把图像符号作为视觉管理的载体，也将其作为视觉管理的传播媒介和识别符号加以研究。

总体来说，城市视觉管理既是蓬勃发展的新事物，又是有待探讨的新课题，这种双重特性赋予了本书鲜明的实践价值与理论价值，这自不待言。然而，城市视觉管理毕竟尚属一个崭新的研究领域，相关的国内外研究也才刚刚起步，诸多基本理论问题都有待进一步探讨。而且，本书属于新型交叉学科研究，涉及的学科领域交叉重叠、相对复杂，不仅缺少必要的文献资料与技术支撑，且缺乏与视觉管理课题研究相对应的机构和企业实体支持。从这个意义来

第一章 思想溯源

城市视觉管理的观念基础

城市视觉管理目前尚是一个十足新鲜的概念和全新的研究领域，其概念语义、思想渊源、理论结构、实现路径等关键问题都未有学理上的澄明和支撑。虽说视觉管理是个新生事物，但其思想源流却由来已久。作为一种管理思潮，其思想基础源于哲学和美学；作为一种管理形式，却与文化管理、形象管理、品牌管理以及设计管理密切关联。当我们从历史的视角来审视城市视觉管理，就会发现实际上在许多学科领域已经具备了相当深厚的思想积累，故而有必要遵循时间脉络，按照城市美学、视觉文化和品牌与形象管理思潮的叙事顺序对视觉管理进行思想史的探源。

第一节　视觉管理的观念萌发：美学的实用转向

　　美是城市建设与管理的基本诉求之一。古罗马建筑师维特鲁威写道："建筑应当以坚固、适用、美观为原则。"[1] 这已经成为建筑学的金科玉律。城市究其本源而言是一个集自然景观与人文景观于一体的人类场所，审美因而成为城市建设与管理的核心律令，正如建筑学者罗西所言："城市建筑体的某些属性使其与艺术品十分相似，这不仅仅是隐喻意义上的。"[2] 可见人们追求城市建设的形式美，强调艺术元素在城市中的应用，既是自古就有的城市美学追求，又是现代城市设计的必然要求。

　　随着诸多人文社会学科对人类生活场域关注的增长，城市管理成为各个学科的热点问题，其中最具代表性的有鲍勃·贾维斯（Bob Jarvis）的视觉艺术与管理关系论，阿诺德·柏林特"培养一种城市美学"的观点，以及史蒂文·布拉萨景观美学与城市管理相结合等观点，为城市美学管理准备了初步的观念基础。另一方面，美学与管理之间的观念结合表现出转向的趋势，即从研究城市"美的本质"转为研究城市的"审美经验"与"审美认知"。[3] 与此同时，以芝加哥美学运动为始，大城市相继掀起大规模的城市美化运动，推动了城市管理观念的转变，即从"效率优先"的城市管理模式转变为"人性优先"的城市管理模式。

　　概而言之，美学融入城市管理学所形成的城市美学管理，成为

---

① ［古罗马］维鲁特威：《建筑十书》，高履泰译，中国建筑工业出版社 1986 年版，第 24 页。

② ［意］阿尔多·罗西：《城市建筑学》，黄士钧译，中国建筑工业出版社 2006年版，第 34 页。

③ 朱狄：《当代西方美学》，人民文学出版社 1984 年版，第 235 页。

了城市视觉管理最初的雏形。有论者指出，人们对城市的审视终将归于美学的意义上来，城市的营造应尽可能地适应人们审美心理和审美情趣的一般规律和主观意愿。①

一、美学管理思潮

用美的规律去调和、引导人们在社会中的行为是美学管理的本质意义所在，旨在以一种由内而外、自觉自发的行为约束机制实现管理目的。美学已孕育出一种美学管理的新图景，即美学走出传统学科的有限视域，而走向更加广阔的社会场域，不仅追求审美功利，同时追求实用功利。英国文化学者迈克·费瑟斯通（M.Featherstone）在上世纪末就提出了"日常生活审美化"的命题，表明美已经渗透到生活的各个领域，形成一种潜移默化的价值认同，改变着人们的生活方式。所以，当"美"成为一种社会价值观时，不是审美原则消失在社会之中，而是其他生活领域受到美学和艺术观念的指导与提引。事实上，这是一种美学观念的运动。美学可以打破"自治"或"孤立"的超然状态，走入日常生活并引导人们形成一种具有普遍意义的审美价值观，进而形成一种美的文化影响城市管理。在这个意义上，美学与管理之间出现的"联姻"态势就是顺理成章之事。

（一）实用主义美学思潮

现代人本主义致力于人性的探索，以便准确地把握人的需要。受此影响，审美活动中的多种维度和变量——审美主体的生理结构、心理结构、心理功能、认知特点，逐渐成为美感研究的重中之重。传统美学从哲学的神坛走了下来，开始反观自身，从盎格鲁－撒克逊的思想传统里面找到另一个属于美国本土的传统，即实用主

---

① 聂承锋等：《城市美学本质》，《建筑艺术》2014 年第 1 期。

义美学思潮逐渐兴盛起来。"复兴实用主义"成了极具号召力的口号，当然这种"复兴实用主义"并不是回到皮尔士意义上的逻辑哲学，而是回到杜威意义上的原初的实用主义美学。哲学家杜威认为，"审美能够使得生活更加圆满，能够激发人类的潜力，审美活动并不仅限于高端的艺术欣赏，而是同样适用日常生活百态。"① 杜威的实用主义的核心即"经验"，这种实用主义美学的"经验"被美学家们演绎得内容更加宽泛、意义更加丰富，也可以称其为"新实用主义美学"。理查德·舒斯特曼、阿诺德·柏林特等学者是其中的典型代表。在这场声势浩大的美学管理思潮中生活美学、新美学成为了两种最重要的美学样式。

1. 生活美学思潮

在 20 世纪的西方，无论是在美学领域还是在哲学领域，语言分析都占据了强势地位。大量学者以"语言分析"方法应用于化解美学问题或哲学问题，力图将美学或哲学理论问题作为语言问题来予以根本性的解决，而语言问题的核心则是逻辑问题。当然分析美学沿用了分析哲学的分析工具、分析方法，即认为一切哲学的问题经过分析都成为了语言问题，而语言问题归根结底则都成了逻辑问题。从分析美学的历史脉络来看，其演变过程涵盖了早期强调驱除语言迷雾、厘清基本概念的"解构"，靠近晚期，则强调富有创造力的、各式各样的"建构"两个阶段。在"语言分析"方法上，"分析美学"的确形成了自身的理论特性，与"大陆派理论"为主导的"非分析"的理论特性相比具有很大的优势和进步意义。但分析美学的许多特性也暴露出很多不尽完美的地方。首先，分析美学并未能够解决艺术自身的难题，换言之，艺术的自身问题仅仅通过语言分析就能得以解决吗？其次，分析美学推崇语言分析而忽视经验本身的研究，以艺术研究为绝对中心而忽视自然美的做法，使这种脱离主体走向客观之真的研究之途难以行通。最后，分析美学缺乏社会语

① ［美］史蒂文布·拉萨：《景观美学》，彭锋译，北京大学出版社 2008 年版，第 130 页。

境、历史情境的研究问题也是其自身研究的缺陷和病根 ①。

分析美学所显现的诸多自身问题是其发生转向的必然诱因。锐意革新的学者大胆地提出，回到"生活世界"或"日常生活"的逻辑起点来重构美学的哲学话语。德国美学家沃尔夫冈·维尔什提出的"当代审美泛化"的观念悄然兴起，这种新的历史语境下，日常生活与美学的关联被逐渐得以恢复。其实"审美泛化"包含了两个方面的内容：一方面是"生活艺术化"，体现为日常生活审美化的滥觞；另一方面是"艺术生活化"，将原来艺术所具有的"光环"去除掉，使之走向和走进人们的现实生活，这便构成了"审美的生活化"。美学开始逐步脱离其长期依赖的分析对象艺术作品，所以说源于分析美学的"审美泛化"成为了向生活美学转向的真正动因。

从学术史上来看，欧美的"生活美学"概念，远远超越传统的分析美学话语体系，而在中国的"生活美学"则是为直接超越实践美学范式所形成的主流传统。杜威曾强调"艺术即所谓的经验"，认为"经验是有机体在一个物的世界中斗争与成就的实现"，② 这便强调和凸显了美学与社会生活的不可分割关系。由此，生活美学是一个双向的过程，主体并不是跨时空、跨地域、单向度地审视客体，而是主客体共同融入环境中，即"介入与分享"，然后再感知与体验生活空间。

生活美学打破了生活与艺术的边界，作为一种生活态度与认知方式，涉及衣、食、住、行、用等生活的方方面面，久而久之则会形塑和改造人们的价值观念。人们开始运用美学进行实践活动，从而达到神形合一、由内而外的和谐境界。这使得美学与管理的融合成为可能。正如阿诺德·伯林特所言："对于人们来说，城市给予的不仅是物质生存环境，而且是人们感受与体验延展的一个混合空间环境，换言之，城市的精神意义大于其物质意义。"③ 因此，当传统美学转变为生活美学时，生活美学便成为我

① 刘悦笛：《分析美学史》，北京大学出版社 2009 年版，第 403—406 页。
② ［美］凯文·林奇：《城市意象》，华夏出版社 2001 年版，第 70 页。
③ ［美］杜威：《艺术即经验》，高建平译，商务印书馆 2005 年版，第 19 页。

们观察城市的一个重要视角。

2. 新美学思潮

进入当代世界，传统美学自身面临着深刻的观念矛盾和话语困境。西方关于美学的问题研究主要从如下几个方面：美的哲学——用逻辑和历史的方式定义美的本质，审美心理——以美感的性质定义美的本质，艺术哲学——从典型艺术作品形式来定义美的本质。无论柏克、康德语境中单纯强调审美心理的美学，抑或黑格尔和丹纳式的单纯注重艺术本体的美学，其核心观点都是冀望于发现美的本质，然后依次统领美的形式和内容。那么为何古典美学只强调审美心理或艺术形式呢？根源在于美学自从建立之日，就存在着许多在理论上和逻辑上无法解释的困惑。依照常理而言，美学的真正发展应该在于寻找美的本质、审美心理、艺术哲学三者合一的建构路径。然而与此相反，20世纪的西方进化却摧毁了美的本质这一三者之中最重要的部分。就美学自身来说，则先是有了心理学上对美的本质的排斥；然后是自然主义美学对美和美感的泛化；最后是分析美学等美学流派对美的本质问题的完全毁灭。[①]

一旦美的本质被否定，美学中原有的各个部分或各自独立或自愿组合，形成了各式各样的新美学流派。于是就有了从审美心理学角度出发建立起的实验心理学、思辨心理学、精神分析、格式塔等美学体系；从艺术哲学角度出发建立的形式主义、结构主义、原型批评、表现主义等美学原理体系，以及把审美心理与艺术哲学结合起来的，诸如现象学、分析哲学、自然主义、实用主义等新美学原理体系。当我们把古典美学与新美学体系加以对照时可以发现，古典美学体系是一种以本质为中心的三面美学——即美的本质、审美心理、艺术哲学，而新美学体系呈现为一种无中心的三面美学——概念分析学、审美心理学和艺术哲学。由于新三面美学剔除了美的本质中心，超出原有美学原理范畴的美的存在形式，诸如居室之美、服饰之美、科学之美、道德之美、性爱之美等实用美学门类也

---

① 张法：《20世纪以来西方美学的三大特征》，《探索与争鸣》2011年第4期。

就应运而生。

在无中心文化思潮和新三面美学思潮的影响下，美学逐渐开始了迈向与各学科融合的步伐。按照分支学科排列，就出现了审美发生学、审美艺术学、审美社会学、审美心理学、审美教育学等；按照哲学方法论排列，出现了现象学美学（包括阐释学）、存在主义美学、实证主义美学、结构主义美学、分析美学等；按照美学和其他学科的相互渗透排列，分出了符号美学、人类美学、消费美学、管理美学等等，呈现为一种前所未有的多元化和专门化的局面 ①。故此，新美学思潮为生活美学或应用美学提供了理论支持，当然也为城市美学管理提供相应的学理支撑。

（二）城市美化运动思潮

"城市美化运动"的美学思潮始于 19 世纪末的美国芝加哥。1893 年乘借芝加哥举办世博会之际，美国作家马尔福德·罗宾逊（Moulford Robinson）呼吁对芝加哥进行城市美化与形象改造，化解城市的脏乱差难题。"城市美化运动"从此诞生并逐渐扩展和影响到其他北美城市。

城市美化运动的意义有二：

首先，重塑了美学实践。"城市美化运动"本质上是一种美学实践活动，强调将美学视角运用到城市建设中，把形式美、整齐美、形象美等形式美法则作为衡量城市物质文明和社会文明水平的标准。城市美化运动实践所营造出良好的户外公共空间、高效的市政中心、清晰的交通环境和整洁的城市环境，从根本上解决城市交通拥堵、环境污染、脏乱差等"城市病"，并以此作为增强市民对城市的自豪感、认同感、依恋感的手段。费尔普斯说过："虽然在体验同一事物时，人们的感受会有千差万别，但对于体验这件事本身，人们之间历经了同一个过程，也就是这一过程人们逐渐同

---

① 叶郎：《现代美学体系》，北京大学出版社 1988 年版，第 14 页。

一。"① 城市美化运动也折射出人们对"美"内在精神追求，并不仅仅是肤浅的外在形式，这种美的体验与精神诉求在实质上具有一致性。

其次，激发了美学管理。"城市美化运动"激发了以美的思维和手段来管理城市的思考。这种价值体现在两个层面：一是在宏观层面上，城市美化运动促进了城市美学、城市规划、城市管理等学科的交融，美学管理的概念顺应成章推出成为必然。城市作为一个复杂的社会系统，应当有统一的美好的愿景，城市管理决策与管理方式都应与此相契合。二是在微观层面看，城市美化运动从功能上提升了城市品位，以尚美崇德的形式来规范市民的行为。从公众参与角度来看，城市美化运动自始至终源于社会大众的生存需求，以满足大众的生存需求为目标，并通过公众参与机制等民主进程获得合法性。此外，公众以主人翁的姿态参与到城市改革与管理实践中来，使个体存在价值得以实现，恢复了人们对城市的满怀期待，这正是运动的历史意义所在。（图1—1）

学术史对城市美化运动褒贬不一，批评家认为"城市美化运动"尽管塑造了城市的形象之美，但是那些由几何图形构成的水泥怪物，以及闪耀着玻璃和金属眩光的建筑物，被生硬地插入城市脆弱、敏感的心脏，这种城市体验缺少对于人的情感需要的充分关照，缺乏适宜的心理过渡空间，容易使人感到茫然和缺乏安全感，并未获得人们的心理认同和由衷热爱，从而失去了城市本该应有的活力。这些问题虽说给"城市美化运动"以致命性的打击，但是也暗合了城市视觉管理将会成为未来城市管理的发展需求。未来的城市建设目标不仅仅是环境优美，更要符合市民的行为方式和情感需求，既要满足个体的物质需求，也要关注人格尊严的呵护。城市美化运动虽遭遇到种种非议，但其实验价值却是有目共睹。

一百余年来，城市美化运动对人类的城市生活产生了深远影响，城市美学理念也逐步地融入到城市管理实践中，寻求更为理想

① William H. Wilson, *The City Beautiful Movement*, Johns Hopkins University Press, 1994: 81.

图 1—1　芝加哥城市美化运动

的城市管理模式。威廉·威尔逊曾恰如其分地描述了这一运动的内在追求，城市美化运动的社会心理根源在于人们对超越现实、达成理想的深切渴望。城市美化运动打破了一直以来统治着城市经验管理模式，开启了从美学管理的新观念并使其成为一种可能。

二、美学管理的动因

美学管理受到文化思潮、技术革命与社会心理等多种因素的影响，特别是审美体验与审美认知两大思潮，对于美学管理的兴起具有很大推动作用。但是城市美学管理的出现更得益于以下两个动因，一方面源于泛化美学观念的影响，美学逾越传统的学术关切并开辟了新的研究域，另一方面则是新三面美学观的影响，心理学和文化美学的介入使得美学突破了传统的桎梏，这使得美学与管理结合成为可能。

（一）审美的泛化

现代西方的思想模式的呈现一种无中心的文化特征，剔除了美的本质的统领作用之后，美学呈现为一种泛化的趋势。将美回归生活成为了生活美学或应用美学为代表的新美学观的基点，强调以美的原理装点生活、美的内容丰富生活、美的价值规范生活、美的观念引领生活。李泽厚先生指出，审美"但如同经常进入神的世界使精神不断得到洗涤净化而有益于人生一样。它在你一生中的反复来去，就极大地丰富了你的现实人生。"①就此而论，当代社会虽然创造了各种各样的"审美"奇观，但这并不意味着我们要放弃思考与批判。一方面我们要充分利用审美泛化时代的审美资源。另一方面我们要思考如何削减审美物化、审美异化所带来的负面影响，实现物质与精神层面的审美追求。

由泛化美学观衍生出的"生活美育"，其根本的社会目标就是培育"生活艺术家"，希冀人们艺术化地建构自我生活。需要指出的是，相对专业艺术家而言，生活艺术家不是以艺术作为职业，而是以艺术的审美态度去对待生活、社会和人生。生活艺术家所追求的是一种"艺术生活"抑或"审美化生活"。②简而言之，冠以艺术家以"生活"为前缀，就是在将艺术向下拉的同时把生活往上提。这与中国本土久远的"生活美学"传统使然，无论是朱光潜先生的"人生艺术化"还是宗白华先生的"生命艺术化"，其美学观念基本相同。"正像所有成功的艺术品那样，艺术生活所要呈现的，就是将生活产物的踪迹呈现为一种自主的创造，而这种远远是大于各部

---

① 李泽厚：《美学四讲》，生活·读书·新知三联书店 1999 年版，第 107—108 页。
② ［德］博伊斯：《约瑟夫·博伊斯访谈录》，王庆伟译，《当代艺术》2005 年第 4 期。

分之和"①，这样才能将生活本身的整体美感呈现出来。因此而论，生活艺术家们始终积极地向感性的生活世界靠拢，以审美姿态来应对生活，以完善生活经验，只有这样才能使艺术与审美回归生活的本真状态②。

以生活美学为代表的泛化美学观所涉及的形象性、体验性、愉悦性、陶冶性等问题也正是美学管理所关心的问题，但后者远比生活美育更为宽泛地贯穿于社会整体之中。上世纪初蔡元培先生为了弘扬美育指出："要之美育之道，不达到市乡悉为美化，则虽学校、家庭尽力推行，而其所受环境之恶影响，终为阻力；故不可不以美化市乡为最重要之工作也。"③并详细提出了应该如何设置广场、公园等城市公共空间，以及博物馆、美术馆、剧院等公共场所，甚至就广告悬挂与城市环境间的关系都也提出了具体的要求："对于商品之陈列货物、悬挂招牌，张贴告白，皆有限制，不使破坏大体之美观，或引起恶劣之心境。"④这些观念即使在今天看来仍然是非常有见地。虽然，蔡先生没有直接提到美学管理问题，但是他寄希望能够内化于心、外化于行的美育来改变社会的观点，或多或少地与美学管理产生了必然的内在联系。然而，美学管理作为一门应用理论，似乎目前还没有较为系统的研究成果，这不能不说也是一种遗憾。

泛化美学观念一改城市美化运动所沿用的古典主义和唯美主义城市建设范式，为美学管理提供了更为广泛的实践场域，使得美学管理融入人类生活的方方面面。也正因如此，美学也从唯美主义形而上的神坛上走向了人间，与我们的生活息息相关。

---

① Zachary Simpson, *Life as Art: Aesthetics and the Creation of Self*, New York: Lexington Books / Rowman and Littlefield, 2012, chapter 10.

② 刘悦笛：《走向生活美学的"生活美育"观——21世纪如何建设中国的新美育》，《美育学刊》2012年第6期。

③ 高平叔：《蔡元培美育论集》，湖南教育出版社1987年版，第212页。

④ 高平叔：《蔡元培美育论集》，湖南教育出版社1987年版，第211页。

（二）美学的重构

在美的本质被排斥之后的新三面美学，在全新意义上重新审视了美学理论和审美特性存在的价值。正如德国美学家沃尔夫冈·韦尔施在《重构美学》中所描述的那样"毫无疑问，当前我们正在经历着一场美学勃兴。它从个人风格、都市规划和经济一直延伸到理论"。① 新三面美学观的出现势必导致相应的美学管理思想的转变，尽管管理心理学和管理伦理学与美学三者之间有着紧密的联系，但是事实上三者关注点各有不同，管理心理学以组织中人的心理活动规律为研究对象，倡导人的行为能力；管理伦理学以管理中的人性和道德为研究对象，倡导诚信和善举；而美学管理以美的管理形式和管理艺术为研究对象，倡导真、善、美的情感境界。美学管理是一门研究深层管理艺术的科学。

在新三面美学思潮对美学管理的影响在两个方面：

首先是审美心理学的介入。先从先哲们对"美的本质"定义的质疑说起，新三面美学认为旧三面美学把"美的本质"与"美的定义"混为一谈，是一种脱离客观存在实体的先验主义观点，但并没有全盘否定对美的本质再定义。管理心理学可以说就是由于审美心理学介入管理而逐渐成形的。据此而论，人类的审美活动呈现为一种渐进性与系统性相统一的结构，其产生需要在感知外在环境与内在认知机制之间形成某种特定的契合。美学管理从审美体验的直觉特征出发，营造出诸如美的环境形态、色彩形态、美的生活状态和美的管理形式等审美环境，在审美活动中审美主体通过接收审美客体发出的审美信号，然后通过审美主体内在机制的分析处理，将外在的感性认知转化为内在的理性认知。正因为审美主体具备这种审美认知能力和转化能力，所以美学管理才有可能并且应该把握这一特性，营造出使人所能够企及的审美认知的审美情境，将对环境的安全感和归属感转化为对城市的认同感，转化为一种主观的且主动

---

① ［德］沃尔夫冈·韦尔施：《重构美学》，陆扬等译，上海译文出版社 2006 年版，第 3 页。

的自我管理行为，从而产生一种潜移默化的隐性管理效果。

席勒曾说过："审美活动实现的带有自由之美的生命感觉、生存体验等，将有益于推进个体与社会的现实自由。因此通过美，人们才可以走向自由。"① 由此可见，审美在满足于人感性需求同时，也有助于帮助人们获取自由的体验。在美学管理过程中，当城市作为审美对象，人们对城市环境和生活等审美要素产生审美感知之后，会自然地激发人的自由感受并主动融入城市中，这与传统城市管理模式截然不同。事实上，新美学为美学管理提供了更为坚实的理论支持，也是通往城市视觉管理研究的一种新的范式。

其次是伦理学与人文学科的介入。美学管理除了心理学介入的一面之外，还有伦理学和人文学科介入的一面。究其本源美学管理并不是一种纯科学的管理，它既是一种管理实践，也是一种社会文化现象。因此，美学管理也是一种以人为本管理活动。反过来，管理既能促使社会和经济发展，也能够调节人们的心理、张扬伦理价值、美化人们的生活。管理心理学和管理伦理学的问世，在一定程度上填补了该领域的空白。但是，美学至今还没有以系统学科形式介入管理。虽然在新美学思潮影响下生产美学、科技美学、生态美学、文艺美学已日渐成型，但研究的主体却是在具体生产操作和工艺流程上的艺术，而不是美学管理。如果说美学管理与美学这两个概念是一种交叉与兼容关系，而不是包含与被包含关系的话，那么美学既不可能是美学管理，美学管理也不是美学门类的综合，两者的内涵判然有别、性质各异。新美学导向下的美学管理应该具有多元文化共存的特征，管理所追求的美的愿景，还有待于更为贴近生活的美学管理问世。

从美学管理的审美性和科学性而言，美又是一种价值，追求的目标是合目的，而管理是科学，追求的目标是合规律。美学与管理学融合为美学管理，把合目的与合规律有机地统一起来了构成了美学管理。科学与艺术原本就无明显的界限，科学中有艺术、艺术中

---

① [德] 弗里德里希·席勒：《审美教育书简》，冯至、范大灿译，上海人民出版社2003年版，第21页。

有科学是再正常不过的事。因为学科间本来就是一个有机整体，并非客观存在的实体，人为的知识划分受当时认识和科学水平的局限，在一定的时期内有其合理性，随着科学技术的进步这种知识的划分绝非一成不变的。人类总是趋向于把研究成果重新统一起来还给自然和社会，从而不断产生新的学科门类，这也是美学管理产生的必然所在。

就学科的建构模式而论，美学管理可以说是以管理学为父本，以美学为母本而形成的新兴交叉学科。艺术的渗透到管理，使管理艺术化、形象化、人文化，管理渗透到艺术，使艺术科学化、动态化、实用化。所以说，美学管理既不是管理学与美学的简单叠加，也不是获得了艺术形式的管理图解，而是美学与管理在学科观念上的深度融合。如果说结合是物质的一种物理运动，只改变物质的形态、位置，并不能产生新的物质的话。那么，融合则是一种化学现象，是两种物质化合后产生一种新的物质形态，美学与管理学的融合恰恰就是后一种状态。

三、美学管理的特性

城市美学管理改变了人们对城市审美价值的态度以及审美与管理之间的关系认识，使人们在审美过程中实现管理目的成为可能。城市美学管理是以人们对城市的审美体验与认知为基础，所进行的引导和规范城市居民行为的各种活动。因此，城市美学使得城市成为一个美学环境和审美对象，美学管理是一种通过改善城市环境状态、培养人们的审美经验、提高人们的审美素养入手的一种管理路径。

（一）城市作为审美对象

美学管理第一个特征是把城市作为审美对象，城市的形态、空间、行为构成了城市的审美要素，通过人们的审美感受和审美体验实现美学管理目标。意大利建筑师布鲁诺·赛维曾这样描述："尽管我们可能忽视空间，空间却影响着我们，并控制着我们的精神活动。"① 审美体验正是这样一种精神活动。

就审美空间作用于人的心理认识而言，个体的感知行为与环境总是处于一个互相作用的系统当中。美国城市学家帕克把城市定义为各种礼俗和传统构成的整体物，旨在阐明城市是人类属性集成化的产物。以此观点为据，美学管理应当是基于居民对城市环境的情感需求与心理认知，并由此展开对城市空间的管理。

就审美形态作用于人的行为引导而言，城市与人类活动之间存在着直接联系，一个良好的城市空间形态无须更多的语言描述，仅凭符号就能实现引导与规范人类行为的目的。凯文·林奇曾说过："从社会文化结构、人的活动和城市空间环境相结合的角度来看，城市空间与人的行为之间存在着相互依赖性，空间为行为提供支撑。"② 因此，空间的审美性成为了美学管理的重要特征之一。

进而言之，城市作为审美对象不仅要注重城市形态和城市空间的审美，还要充分考虑空间与人类心智活动、审美需求之间的相互作用关系。具体而言，城市空间环境有"内向"与"外向"之分；"内向"是一种闭合的空间状态，表现为心理上的"静态"情绪；"外向"空间则是一种开放的空间状态，表现为心理上的"动态"情绪。因此，居民的心理需求理应是美学管理考量的核心维度。

（二）城市成为审美场域

美学管理的第二个特征是把城市作为审美场域，审美场域是一个包含了城市文化记忆、历史叙事和个性气质的文化场域，每一座城市都应该是一首隽永的诗，审美情境或者说是意境的营造是构成审美场域的重要途径。审美场域所营造出具有城市独特人文情境的

---

① William H. Wilson, *The City Beautiful Movement*, Baltimore: The Johns Hopkins University Press, 1989:92-93.

② ［意］布鲁诺·赛维：《建筑空间轮：如何品评建筑》，张似赞译，中国建筑工业出版社 2006 年版，第 173 页。

居住场所，使人们获得城市归属感市文化的认同感。相对于物质形态的空间管理，审美场域更加注重关注城市的人文情怀。

从美学管理要素角度出发，情境化可概括为客体（物品）、环境（场合）、主体（人）、文化（社会组织与场所）四要素。托夫勒认为情境化管理是由这四种要素构成的一个系统模型，其中，文化作为最为重要的要素，在一定程度上限制着其他要素作用的发挥（图1—2）。

审美场域为美学管理、为人们提供了情感交流的场所。换而言之，若城市环境没有人的参与，便失去了存在意义，这种意义的存

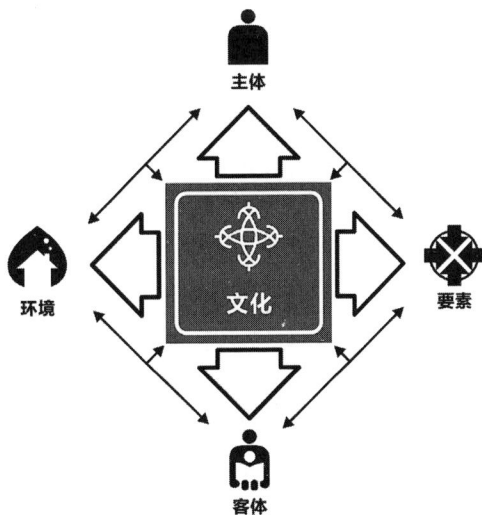

图1—2 审美场域关系图

在取决于人是否与审美环境发生实际联系。卡尔松曾说："环境的功能，涵括了环境中的人文精神以及环境与更大范围环境在各个方面的协调，而且强调整个人类环境范围内所有成分之间的功能上的适合。"① 人们通常会被传统特色的街区所带入，并产生出温暖、亲

① ［美］凯文·林奇：《城市形态》，林庆怡等译，华夏出版社 2003 年版，第183 页。

切的场所感，这种场所感就源于情感化的街区、广场和建筑等城市公共空间，以及人们所认同的生活模式。因此，城市管理主体在对城市进行谋篇布局时，应特别注重各种建筑、街道和设施之间的视觉关系营造，以帮助城市居民获得心理层面的场所感和归属感。

综上所述，城市美学管理是一种将美的理念外化于形、内化于心，运用美的规律去调节和引导社会行为和个体行为的管理活动。具体来说，城市美学管理受内部因素与外部因素的影响。首先，内部因素集中体现为美学观念的转向，即静态美学转向体验美学、传统美学向生活美学的转向。美学转向管理融入了心理学和社会文化学，反过来又催生了美学管理的成型。其次，美学管理是在城市美化运动这一外因推动下，不断发展演化而来。城市美化运动使得人们对所栖居的城市空间环境产生了新的期望，借助于空间与情境的审美，对城市作为审美对象和审美场域，一种新的管理形态也就应运而生。最后，城市美学管理作为视觉管理的初步尝试，颇具成效地将柔性理念渗入城市管理之中，奠定了城市形象和品牌管理的理论基础，也为视觉管理提供了观念上的准备。

第二节　视觉管理的思想雏形：视觉介入管理

伴随着大数据时代的来临，现代社会的信息化程度变得更高。现实中信息以倍率计算的方式充斥在我们的生活，不仅深刻地改变着人类对世界的认知方式和思维方式，也全方位地改变着人类的政治、经济、军事、文化、教育、生活的体制和方式。[①] 在城市美学

---

① 邬焜:《物质思维·能量思维·信息思维:人类科学思维方式的三次大飞跃》，《学术界》2002 年第 2 期。

管理与城市品牌管理之后，社会生活的信息化使得城市视觉化与管理可视化成为了社会发展的必然，一种可称之为视觉管理的新型城市管理形态悄然成型。

一、文化管理思潮

海德格尔曾预言过图像时代的降临。事实也确实如此，通过视觉图像来理解和把握世界已经成为现实，并以一种视觉文化现象的态势，潜移默化地改变了人类社会的组织形式与交往过程，影响着人们的认知图景与存在方式，并逐渐渗透到城市管理领域中。

（一）视觉文化思潮

视觉文化是一个随着摄影、电影等现代视觉技术的进步而出现的文化概念。人类有史以来的文化形态在本质上都属于一种语言文化。当代人类的文化形态正经历着一场从文本到图像的视觉化变迁，随着图像的复制技术由机械转为商业，由商业转为自由复制，由此我们进入了读图时代。城市信息的可视化、图像化已成为大势所趋 [1]。米歇尔（W.J.T Michelle）在《图像转向》一书中也说道，"视觉经验以前所未有的力度影响着文化的每一个层面，从最为深奥精微的哲学思想到大众媒介最为粗俗的浅薄的生产制作无一幸免。"[2] 因此，视觉文化的兴起已然将"视觉性"提升到文化层面并赋予其核心地位，视觉化成为人们体认社会文化的主要工具之一。

对于这种视觉文化现象，从信息接收角度来讲，视觉已经成为一种不可或缺的生活方式，为我们的生活提供了越来越多便利。从视觉功能延展的角度而言，"视觉文化是一种策略，是一种流动的

---

[1] 孙湘明：《城市品牌形象系统研究》，人民出版社 2012 年版，第 223 页。

[2] 转引自周宪：《读图·身体·意识形态》，陶东风等：《文化研究》（第 3 辑），天津社会科学院出版社 2002 年版，第 86 页。

阐释结构"。① 可以看出，从文本到视觉传播方式嬗变已经深入到人们的现实生活，人们已经开始表现出对于视觉形式的认同和依赖，这就为城市视觉管理的成型奠定了坚实的基础。

1. 文化的视觉表征

所谓的"视觉化"并非指事物的形象性或可见性，而是指事物从不可见转为可见的表征运作方式。由此，"视觉因素一跃成为当代文化的核心要素，成为创造、表征和传递意义的重要手段"②，不但体现为高度的视觉化特征和一种普遍性的视觉化趋势，并且广泛地深入到传统的非视觉化领域。

文化的视觉表征较之其他感知形式更具社会性，成为了当今最为重要的信息源和认知通道。虽说心理学家鲁道夫·阿恩海姆把视觉认为"是一种强行给现实赋予形状和意义的主观性行为"③ 有些偏颇，但却揭示了人们对城市的认知就是一种主观性视感知的认识行为。城市因其浓郁的文化内涵理所当然地成为表征视觉化的对象，城市的可视化、可读性成为了城市文化特有的视觉表征，视觉化信息成为了负载城市文化的公共代码，并逐渐在城市管理中得以浮现。基于人们对视觉表征的认知而形成的城市文化的视觉表征，兼具对人们的行为活动进行规范的文化管理功能。

2. 知识的视觉建构

表征视觉化揭示了人类文化尤其是视觉文化中的"看与被看"的关系，建立以视觉性的认知制度和价值秩序，构建起从主体认知到视觉控制的文化规制和运作准则，形成规范性的视觉实践与生产系统。用马丁·杰（Maritin Jay）的话来说，就是建立一种"视界政体"。知识的视觉建构成为了人类在知识获取的心理活动中的视

---

① [美] 尼古拉斯·米尔佐夫：《视觉文化导论》，倪伟译，江苏人民出版社 2006 年版，第 395 页。

② 周宪：《视觉文化的转向》，北京大学出版社 2008 年版，第 7 页。

③ [美] 鲁道夫·阿恩海姆：《艺术与视知觉》，滕守尧、朱疆源译，四川人民出版社 1998 年版，第 55 页。

觉重构形式。换言之，视觉成为认识现代文化的核心视域。

由于视觉性兼具生理与社会的双重特征，因此视觉表征也就具备了社会文化或者说是知识或信息的建构功能。阿恩海姆说道，"一个可见的世界才是一个可理解的世界。"[①] 在一定程度上，文化与信息是通过视觉化而被人类所感知。知识的视觉建构具有一定的规范性，往往与结构语言学理论密切相关，构成一整套环境依存型的视觉语汇、视觉语构系统，以视觉形式重构知识的语义。

知识的视觉建构既然能够再现城市的文化本源，那么毋庸置疑也能够建构起以信息传播为主要特征的视觉管理系统，现实生活中的道路交通视觉管理系统或是城市公共空间的信息导识系统就是有力的佐证，人们不再只是被动地接受管理，而是主动性地接收管理信息，一种隐形的管理模式由此生成。城市可视化可以认为是一种形象的表征符号，城市的物质环境和主观印象都可以视觉表征的形式显现出来，表征符号的集合构成了城市的视觉文本。阿恩海姆曾说："视觉形象是对现实的一种创造性把握，是含有丰富的想象性、创造性、敏锐性的美的形象。"[②] 因此，城市视觉管理可以说是一种通过视觉表征形式建构起来的管理系统。

（二）审美文化思潮

西方现代文化思想的形成主要受都市化、商业化和消费化进程，以及媒体不断革新的影响。德国学者韦尔施（W.Welsch）认为，整个社会都进入了一个审美过程之中，"审美化已经成为一个全球性的首要策略"。[③] 在审美文化思潮推动下，"全球审美化""物质审美化"逐渐成为了文化美学或应用美学的重要话题。由此，审美文化成为了诱发管理创新的重要因素。

---

① [美] 鲁道夫·阿恩海姆：《艺术与视知觉》，滕守尧、朱疆源译，四川人民出版社 1998 年版，第 377 页。
② 周宪：《视觉文化的转向》，《学术月刊》2004 年第 2 期。
③ [美] 鲁道夫·阿恩海姆：《艺术与视知觉》，滕守尧、朱疆源译，四川人民出版社 1998 年版，第 5 页。

1.审美的直观性

从传统意义上来说，文本是人类交往、认知世界和文化传播的主要途径，但随着诸种电子媒介的出现，人类社会开始进入前所未有的图像化时代，图像复制技术的普及使得视觉化已然成为了一种文化主流形态。正如本雅明所言，"机械复制的时代，传统阅读中的审美韵味体验正被当代视觉大众文化的无韵味体验所代替。"①

法国后现代理论家鲍德里亚曾说过，"美学已经渗透到政治、经济、文化以及日常生活当中，艺术形式已经扩散渗透到了一切商品和客体之中，以至于从现在起所有的东西都成了一种美学符号"。②可以说，审美与视觉体验的直观化改变了整个人类的思维方式和交往形式，人们开始越来越多地透过审美视角来认识世界和改造世界，通过视觉的形式来理解、阐释和打理他们所栖身的世界。与此同时，审美不再是一种具有时空距离感的隐秘体验，而是逐渐成为普遍的直观感受，由视觉表征建构起来的形象也就成为了直观的审美对象。

米尔佐夫（Mir Zoff）指出："视觉文化并不依赖于图像本身，而是依赖于将存在图像化或视觉化的现代发展趋向。"③视觉化趋势在某种意义上推动着和意味着"文化逻辑"的深刻转变，视觉经验获取了比以往更加强劲的文化力量。就城市视觉管理而言，如何将管理理念转化为合理的视觉表征，构建起科学的视觉语言体系是摆在我们面前的一个现实问题。

2.审美快感

审美快感主要是对审美对象和内容所进行"形式"欣赏而产生的审美愉悦感，包括心理快感和生理快感，审美快感主要解决的是

① ［德］本雅明：《机器复制时代的艺术作品》，王才勇译，辽宁人民出版社2003年版，第34页。
② ［德］韦尔施：《重构美学》，陆扬等译，上海译文出版社2006年版，第3页。
③ ［美］道格拉斯·凯尔纳、斯蒂文·贝斯特：《后现代理论——批判性的质疑》，张志斌译，中央编译出版社1999年版，第175页。

精神需要问题。尽管审美快感也包括生理快感，但是生理快感是在占有、消耗"内容"之上而产生的快感，当审美对象对我们越有实际的利害关系时，这种生理快感就越强烈。就视觉审美而言，审美快感一方面来之于视觉形式的功能满足的需求；另一方面来自于精神满足的需求。可以说，审美快感是一种从生理到心理的整体性精神效应。

从生理快感而言，在我们所居的当下，不计其数的视觉形态现身于大大小小的城市，这在人类历史上还是第一次休闲如此集中的形象和如此密集的视觉信息。从琳琅满目的商品和广告到城市品牌形象，从公共标志系统到城市导向导识系统，视觉形态为当今社会提供了一场关于审美的视觉盛宴。视觉形式要素在满足人的现实需要的同时，也为人提供了新的审美愉悦。人们更愿意选择简洁、美观的视觉信息，或者说简洁、美观的视觉信息更容易产生视觉美感，这也恰恰证明了视觉传播方式已进入一个审美化的时代。美国营销专家斯密特提出的"利用美学而获益"的观点，突出了美与艺术在消费时代的特殊意义，并且认为："无论是营利组织还是非营利组织，政府机构还是私人机构都可以利用美学而获益。"[1] 这意味着，视觉审美是一个具有生产性的概念。城市管理就是充分利用了视觉带给人们的审美快感转变为城市视觉管理。

从心理快感而论，审美快感源于人们纵深层次上的精神满足。就视觉形式属性而论也是一种视觉文化现象，在满足人们精神需求的同时也具备一种隐形管理功能。在审美快感的作用下，人们在接受审美信息的过程中，不自觉地生成自我主导意识与行为规范。詹明信曾说过："在现代主义阶段，时间模式是文化和艺术的主要模式，是历史的深度阐释和意识；而在后现代主义阶段，这种时间模式转向空间模式。从时间转向空间，从深度转向平面，从整体转向碎片，这一切正好契合了视觉快感的要求。"[2] 视觉审美快感这一现

① 陈玲：《当代消费主义语境下视觉文化的审美研究》，山东师范大学出版社2009年版，第24页。

② [美] 贝恩特·施密特、亚历克斯·西蒙森：《视觉与感受：营销美学》，曹嵘译，上海交通大学出版社1999年版，第3页。

象，显现出人们已不再满足于单纯的理性认知，而是越来越兼顾感性层面的审美体验与满足。

因此，城市管理的视觉形式审美恰恰顺应了这一文化现象，充分满足了人们在生理和心理上的审美需求。

二、视觉管理的动因

视觉管理的出现除了文化思潮的影响之外，另外一个重要因素来之信息论和图像学的影响。如果说视觉管理作为一种视觉文化现象，在思想模式上受当代文化思潮的影响的话，那么在实践模式上可以说是受到信息论和图像学说的影响，或者说信息论和图像学理论为其奠定了思想模型。如果说信息可视化赋予了视觉管理的形式和内涵以社会性意义的文化图景，图像学则为传统文本管理范式向视觉文本范式的转型提供了依据。

（一）信息论的影响

美国数学家克劳德·香农（Claude Shannon）在 1948 年的《通信的数学理论》中，提出了信息是一种"用符号传送的受众预先不知道的报道"的概念，由此开启了现代信息论研究的先河。狭义上的信息论是一门专门研究信息的有效处理和可靠传输的科学，最初是以研究通信和控制系统中信息传递的共同规律及最佳解决信息的获限、度量、变换、储存和传递等问题为主的基础理论。广义上的信息论包含了狭义信息论，而且还包括所有与信息有关的心理学等学科和领域。伴随着信息论的兴起并逐步与各个学科领域交叉重叠，其实用性和可读性功能被普遍认可并广泛运用到各个领域，甚至爱因斯坦也曾提出过把客观信息和主观信息的二分论的论断。从视觉文化的角度，可以把信息理解为是一种以符号为载体，传递和反映事物的现象、本质、规律、存在方式和运动状态的科学。① 其对视觉管理的影响主要体现在信息可视化和传播可视化两个方面。

1. 信息可视化

信息可视化是研究大规模非数值型信息资源的视觉呈现的科学。从视觉文化的维度而言，信息可视化可以认为是一种将文字、语音、意义等信息内容以视觉表征的形式显现出来，并通过利用人类的视觉能力来解读信息意义的科学。因此，信息可视觉化研究的重点便聚焦于信息所具有的客观性、普遍性、可转换型、可传递性、共享性和时效性等特点。

信息可视化作为一种认识世界的得力工具，以意义构建的方式来理解混乱与有序并存的现实世界，协助人们生成或改变人们对信息的理解。② 实际上，信息可视化包含着一整套完整的实现路径，在大规模数据集合的状态下，经过对数据有效地分析和处理，观察和显示信息属性与意义，让所有被显示对象之间的隐藏关系变得直观和显而易见，极大地提高了信息的有效传播效率。这种信息的处理方式也导向或生成了视觉管理这种全新的城市管理模式。

在大多数情况下，信息可视化是将复杂的数据转换成二维视觉表征呈现，旨在交流、记录和保存数据或知识。信息可视化涉及文本信息可视化和信息结构可视化设计，不再像视觉设计那样仅强调其"平面性"，而是更多地关注。

总的来看，信息可视化理论与实践，改变传统的以"语言"为中心的认知模式，转而以"图像"为中心认知取向，实现了从理性范式向感性范式的转换。信息可视化是视觉管理观念产生的根本动因，在这一文化语境下，视觉因素在很大程度上形塑着我们理解和认知世界的方式，这不仅意味着人类思维方式的一种转换，也意味

① 孙湘明《信息设计》，中国轻工业出版社 2013 年版，第 10 页。
② [美] 詹明信:《晚期资本主义的文化逻辑》，生活·读书·新知三联书店 1997 年版，第 423 页。

着人类对世界认知方式的一种转向。一幅海德格尔式的"图像世界"也就如此活生生地展现在我们的面前。

2.传播可视化

在人们对信息的认识与利用不断深化的过程中，信息科学这门边缘性新学科脱颖而出。信息论一方面将信息的传递作为一种统计现象来考量和估算信道容量，把信息传输和信息压缩作为研究的重点。另一方面在信息传播方式上，信息通过可视化进程以人们所熟悉的图形化语言和互动性方式向受众传达信息数据，使让沟通变得更加有效，也为视觉管理提供了理论支持与实现路径。

在此背景下，信息传播形式逐渐出从一元化走向多元化，人们也不再是单向被动地接收信息，而是通过各种形式对信息进行交互反馈甚至成为了信息的生产者和传播者。由此，一种复杂多维的新信息传播格局浮现而出。

信息传播媒介的发展使得视觉信息的生产与传播越来越简单，也使人们获取信息的渠道和方式越来越便利。在信息化时代，传播媒介有两个显著的特征：一是传播媒介数字化；二是传播形式视觉化，并为社会公众所认同和接受，大大地提高了视觉信息生产和传播的效率。（图1—3）

新媒体出现不但在技术层面上为信息可视化传播提供了技术支持，也影响着信息设计观念的改变，加速了信息可视化传播的广度与力度。信息可视化与传播媒体和文化三者之间的关系形成了一种良性互动、互为支撑的发展趋势，构成了信息传播的内在动力。正如哲学家凯尔纳所说："一种媒介文化已经出现，在这种文化中，形象、声音和景观有助于生产出日常生活的构架，它支配着闲暇时间，塑造着种种政治观点和社会行为，提供了人们构造自己身份的种种素材。"[1]可以认为，信息视觉化传播的兴起，也必然导致社会产生对于视觉化的生存依赖与符号化的环境诉求。

---

[1]　[美]詹明信：《晚期资本主义的文化逻辑》，生活·读书·新知三联书店1997年版，第423页。

图 1—3　米兰城市信息管理系统

信息视觉化传播还改变着人们传统的阅读方式，带给人们一种与传统视听媒介完全不同的阅读体验。信息传播具有双向性的特点，在信息技术的支持下，信息系统往往是由信息传播与反馈两个系统所构成，为信息可视化传播提供了一个充满活力的交互平台，赋予了人们在信息的获取上更多选择、参与和自主权。

（二）图像学的影响

图像学（iconology）是在视觉艺术研究与实践探索中发展起来的一门极为重要的分支学科，在其诞生之初原本是研究绘画传统的意义及其与其社会文化关联的图像志。进入 20 世纪后，现代图像学研究领域的不断扩展，并与语义学、符号学、阐释学、心理学等学科产生了日益密切的联系，迅速发展为在西方美学与艺术研究中占重要地位的主流方法论。进入后现代视觉社会中，伴随着数字图像技术的进步，传统的视觉艺术形态正发生着又一场深刻且广泛的变革，现代图像学涉入视觉艺术、视觉文化更为广泛的研究领域，以及建筑、景观、视觉设计、广告等形式、结构、功能、象征意义之间的关系的研究，其理论模式从艺术理论研究转向艺术实践，逐渐形成为一种全新方法科学的新学科。需要指出的是，视觉文化是一种文化形态，而不是一种艺术形态。

首先，就图像意义生成而论，狭义上的图像研究的对象是指绘画、雕塑等艺术作品；而广义上的图像学研究的对象是形象，是一个含狭义上的对象和图形、图标、形象的集合概念。研究的核心在于形象与观念、思想、价值和文化及其相关联的精神、词语与文学形象等。[①] 图像学最有影响的学者厄文·潘诺夫斯基（Wolfgang K. H. Panofsky）把图像学研究的领域分为解释图像的自然意义、传统意义和象征意义三个层次，以揭示图像在各个人类文明进程和文化体系中的形成、变化及其所表现出的思想观念。

英国久负盛誉的艺术理论大师恩斯特·贡布里希（Ernst Hans Josef Gombrich）以超凡的视野，把图像学置于一个更具科学与哲学精神的开放视域，研究视觉图像作为人类思想的传播工具，及其对于人类文化发展进程的重大意义和价值，使人类得以跨越传统的艺术形式与风格的羁绊，得以深刻解读视觉艺术与视觉文化的内涵。由此，关于图像这一概念由艺术领域衍生到与哲学、生理学和心理学，以及语言、政治、经济等学科领域，这一观念的厘清又与语言修辞手法、视觉语言的编码规则、视觉语义的生成规律产生千丝万缕的联系。

其次，就图像意义阐释而言，图像阐释是一种以人的一般视觉经验为对象，强调理解者和被理解物之间的共性的解释视觉现象的技术与方法。贡布里希致力于探讨图像学转向后的图像诠释问题，对图像科学和视觉文化的基本动因提出原则性的区分，认为图像阐

---

① ［美］W. J. T. 米歇尔：《图像学》，陈永国译，北京大学出版社 2014 年版，第 8 页。

释的中心任务应该是科学地解释作品的"本义",以及传统古典母题在艺术发展中的延续和变化及其形式和意义上的变化。米歇尔将图像阐释与形象、文本和意识形态联系起来,极大地拓展了图像阐释的概念。因此,图像阐释也就涉及形式分析、社会学、心理学和精神分析等众多的学科领域,构成了现代图像学学科交叉的重要特征。

图像意义的阐释是以形象的整体象征视域而展开,或者说是对图像的霸权世界现象的阐释。具体就"形象"而论,"形"与"象"又有着根本的区别,即"形"的意义是视觉感受,有别于文字语言的独特价值。"象"是意义的视觉感知,具有一种只可意会不可言说的阐释特征。从以中国文化符号为代表的太极图中,可以看出古人对于"形"与"象"对立统一辩证关系的认识,即从"形"中索得具有哲学思辨意义之"象"。(图1—4)

图1—4 太极图

现代图像学发展的一个显著标志,就是"图像"突破传统艺术形式的桎梏,向现代文化科学的转型。在此文化语境下,"视觉因素一跃成为当代文化的核心要素,成为创造、表征与传递意义的重要手段。我们的价值观、见解和信仰越来越明显地受到视觉文化强有力地影响"。① 无论我们自觉与否,视觉因素在很大程度上形塑

---

① [美] 贝恩特·施密特、亚历克斯·西蒙森:《视觉与感受:营销美学》,曹嵘译,上海交通大学出版社1999年版,第3页。

并改变着我们理解和认知世界的方式。

潘诺夫斯基、贡布里希和米歇尔等人的图像学研究事实上确认了主要体现为形象的图像所具有的内在含义,在为形象正名的同时赋予了形象以深刻的建构意义。也就是说,形象是我们所知世界的关键表征之一,超出常人想象地凝结着世界的真实本质,在这个意义上,不仅绘画等具体艺术形式,包括城市在内的整个世界都可以看做图像的现实对应,并且可以通过图像呈现出来。正因为几位学者从"重构"和"再阐释"的意义上对待图像的做法,使得人们空前地意识到了图像的建构意义,既然图像可以映照整个世界,那么我们便可以借助图像将世界观念传播于世,在图像的传播过程中实现观念的普遍社会化,图像便因此成为一种认识世界与改造世界的核心力量。如此一来,这种包含了深沉的文化思考的图像学理论,便为现代城市引入视觉管理和进行视觉化转型提供了坚实的理论依据。

三、视觉管理的特性

如果说视觉文化现象是视觉管理观念产生的根本动因,毋宁说它正是视觉时代的产物和视觉进程的一个部分。人类社会由此进入了读图时代。在视觉文化与审美文化思潮的影响,以及信息论和图像学的推动下,使得人类的一些非视觉性文化形态开始向着视觉文化形态转变,人们已经习惯于用视觉方式获得信息或知识,因而信息与图像学赋予了视觉管理以独特的话语权,一种具有形象性与视觉表征为特征的人文管理形态应运而生。

(一) 形象化的语言形态

形象意指人和物的形状与相貌。上世纪末,米歇尔等学者将形象的概念与意识形态之象结合起来,赋予了形象全新的意义。无论是从图像学角度或者是从语言学角度,形象的概念应该包括图像和形象两个层面。

从图像层面，形象主要是指视觉形式要素的图像。哈米德·胥瓦尼（Handd Shirvani）提出了城市设计八要素，即土地使用、建筑形式、交通与停车、开放城市空间、步行系统、公共空间活动以及标志、保护和活动支持为视觉化的基本要素，并由此延伸到城市规划、建筑形态、景观意象、公共空间标识等都可纳入可视化范畴。图像是城市可读化、可视化的基本形式，这些形象恰恰就是视觉管理的形式要素。

从形象层面，形象除了视觉层面的图像之外，又构成了城市的整体形象或意向。形象作为视觉管理的核心要素，不仅体现出城市政府和企业的主体形象，也体现出了城市的人文环境与自然环境的形象，涵盖了视觉管理的方方面面，即包含物质形态上城市空间、形态、街区、交通、环境等形象，也包括了意识形态上价值、理念、精神等形象。形象映射着城市的文化取向和文化品位。

从心理学角度，形象从具体的图像中，抽取其本质意义，然后通过分解重构，赋予形象一种视觉隐喻，从而生成一种富有思维想象空间的视觉语言，或者说是形象借助于抽象、概括的视觉图形传情达意。总之，形象为视觉文化供了充足且正当性和说服力。视觉管理作为一种以图像创造和传播为主要内容的管理形态，自然从这种为图像正名的过程中受益良多。此外，视觉文化改观了人们认识和改造世界的方式，以不可阻挡之势塑就了一种视觉范式，人们不再"把图像看成再现，亦即模仿一个物体的人造物，而把它看成与那个物体密切相关的东西，甚至是和那个物体同一的东西"。① 视觉语言是视觉文化时代的显著表征，而从非视觉化到视觉化转变的关键，就在于人们赋予了形象对于现实世界的同一性。人类的知觉、理解和象征的图像可以如实地反映世界本身，甚至可以说世界就存在于图像之中了。视觉文化这样一种对于图像和世界之间关联的理解，为视觉管理以图像为中介来管理城市事务

---

① ［美］尼古拉斯·米尔佐夫：《何谓视觉文化》，王有亮译，南京大学出版社2013年版，第25页。

做好了观念上的准备。

（二）简约化的视觉表征

视觉形式因其简约的表征形式，显然优于文字语言的阅读与传播受到了学界的一致认同。图像信息所引发的传播媒介的变革，使得人类获取知识和思想交流的方式由"语言文字型"向"视觉图像型"转向已成为现实。信息与图像以其简洁的视觉形式，将复杂的信息内化于单纯的图形之中，有助于人们在极短的时间内实现获取信息和知识的意图。

简约的概念相对简单而言具有抽象和简洁的性质，越是简约的视觉形式其语言的内涵越为丰富，越能有效地提高信息的传播时效、传播效能和信息记忆度。首先，视觉语言往往借助视觉形象来进行信息传达。人们观察视觉信息的过程往往是动态的、无意识的、注意时间是有限的，受到周围影响干扰的因素很多。据统计，视觉阅读的时间约为 5—10 秒，视觉浏览的时间大约 2—3 秒，要想在如此短的时间里使人们理解视觉信息传达的内容，视觉语言的简约性就显得至关重要。其次，作为视觉表征的图形，愈是简洁的视觉形式其识别效率愈高。就视觉记忆而言，图像出现的场景、时机，以及图形的特征都能够提高短时记忆的效果，越简洁、越规则的图像越容易引起视觉注意，越简洁、越抽象的图形在人们心目中越能够产生长久且深刻的记忆。

视觉管理通过易于感知的视觉表征样式使人们接受和内化，潜移默化地引导与规范人们的行为习惯，因此，以图像为代表的简洁的视觉形式在视觉管理中的重要的作用可见一斑。

第三节 视觉管理的理论初行：品牌管理实践

品牌是一种名称、术语、标记、符号或图案或是其相互组合，在人们头脑中建立起品牌印象，并通过各类品牌活动与人类的行为接触并产生互动。进入新世纪以来品牌竞争力逐渐成为了国家竞争力的重要组成部分，当然也涉及城市的品牌竞争力。学者丹尼写道："为了吸引旅游者、投资、人才及实现其他目标，……源于商业世界的'策略'理念则越来越多地被应用于寻求城市发展、再生和提高生活品质的实践中。"① 可以说，正是在企业品牌管理影响下，城市品牌管理的观念才应运而生，几乎所有城市都需要通过城市品牌来集中显现自我的身份价值，才能保持城市的竞争力。城市品牌管理可以看成是城市美学管理的发展，旨在通过美的视觉形式塑造独具特色的城市品牌，提高城市文化软实力，并用于引导和规约市民行为，形成了一种新的城市管理形态。

城市品牌管理具备充分的发生条件。首先，历经百年流变，管理学呈现出更加注重而非物质性的文化要素的新态势，推动着城市管理理念发生了深层次变革，即新的城市管理维度——经营城市出现；其次，城市整合营销理论与经营城市理论，为城市品牌管理提供了战略路径；再次，企业形象管理向企业品牌管理的转向，为城市品牌管理提供了技术路线；最后，城市品牌管理的系统化也为城市视觉管理提供了系统框架与理论依据。

---

① ［美］基思·丹尼：《城市品牌：理论与案例》，沈涵等译，东北财经大学出版社 2014 年版，第 4 页。

一、品牌管理思潮

如果说城市可以一种意象的形态存在的话，那么从城市与外部世界的联系而言，这种意象需要通过一定的方式传达给外界。从城市内部的自我形象塑造角度来说，这种意象又需要有意识地培育和创造。如果说城市品牌也是一种意象的话，那么城市品牌既需要运用营销与经营手段来经营城市，也需要用营销与经营的手段来管理城市。

（一）整合营销理论

城市营销是指借鉴企业营销理念和经营方式来经营城市。整合营销理论源于美国西北大学教授唐·舒尔茨与斯坦利·田纳本（Stanley I.Tannenbaum）和罗伯特·劳特朋（Robert F.Lauterborn）1992 年出版的《整合营销传播》IMC（Integrated Marketing Communication，IMC）专著。一方面把广告、形象（CI）、包装，以及公关、促销和新闻媒体等一切传播活动都涵盖到营销活动之中；另一方面则使企业能够将统一的传播资讯有效地传达给消费者。因此，整合营销传播也被称为营销传播的一元化策略。随后整合营销理论也被广泛用于城市的品牌实践中，被誉为现代营销学之父的美国洛杉矶管理学院教授菲力普·科特勒认为，城市营销就是把城市视为规模更为庞大的企业，以市场为导向来营销与推广城市品牌，通过统筹分析区位优势、劣势、机遇、挑战（SWOT 分析）明确城市的战略定位，确定城市发展的目标市场，从而主动地进行城市营销。[①] 伴随着城市品牌整合营销观念的提出，其行为就是一种合目的的城市品牌管理行为。归纳起来，城市品牌可以整合为城市理念、行为和视觉等要素来经营城市。

---

① ［美］凯文·莱恩·凯勒：《战略品牌管理》，李乃和、李凌等译，中国人民大学出版社 2003 年版，第 19 页。

1. 理念整合

城市发展理念属于一种城市文化意识，反映为公众对城市演化历史与城市发展现状的一种总体认知行为。城市发展理念是城市品牌建设的上位要素和核心变量要素，对于行为和视觉要素具有统领性质的作用。城市的品牌力量在于让人们知道和理解某一地区并将某种形象和联想与这座城市的存在自然联系在一起让竞争与生命和这座城市共存。

城市理念是立市之本，是城市永恒发展的不竭动力。从城市品牌形象角度而言，城市理念属于城市精神识别系统（mind identity），包含了城市理念识别、价值观识别和文化识别等因素。因此，城市的理念整合可归纳为精神理念、发展理念、文化理念、经营理念、哲学思想等，并通过整合以整体的态势来提高公众对城市的价值认同和凝聚内力。城市理念整合也是一种合目的的城市营销手段，在城市理念的规范下，建立健全城市品牌管理的相关法律、法规与政策，赋予制度以城市独特文化的内涵，从而实现刚性管理柔性化，在实现城市管理目标的同时又满足了人们的人文需求。

2. 行为整合

城市行为整合是指在城市理念整合的基础上，将城市理念转化为一种实践行动和行为规范并以制度化的形式固化下来，体现为一种合乎规范又发乎自觉的由个体行为、群体行为、集体行为构成的城市整体行为。美国城市学家帕克认为"城市是一种心理状态，是各种礼俗和传统构成的整体"。[①] 所以，城市行为识别系统即包括了政府行为、企业行为、个体行为，以及各行为主体之间的协调关系。城市行为整合是以城市的组织结构为基础，旨在有效实现组织内部各要素之间的相互协作，使各种组织和人员为实现共同目标而

---

① [美] 菲利普·科特勒：《国家营销》，俞利军译，华夏出版社 2003 年版，第 17 页。

承担相应责任。①

　　从城市品牌角度来看，行为整合（behavior system）属于城市行为系统，整合宏观上包括政府组织，微观上包括企业与社会组织的两个层级。政府作为第一层级，是城市品牌管理的主体，通过行为整合制定与城市发展理念相吻合的行为准则，并以此来规范城市政府与各种组织机构的行为规范。企业作为第二层级，企业作为城市的重要组成部分，企业既是企业品牌的建设者，也是城市品牌建设的参与者。在一定意义上，企业行为属于一种集体行为和群体行为，企业的文明程度反映出了一个城市的文明程度。企业文化作为城市文化的重要的组成部分，在城市品牌建设中具有举足轻重的位置并承担着更多的社会责任。以美国亚特兰大为例，城市建有可口可乐博物馆和 CNN 中心，整合为该市标志性的文化名片（图1—5）。另外，社会组织也可作为第三层级，应将城市发展理念内化为

图1—5　美国亚特兰大可口可乐博物馆

①　[美] R. E. 帕克、E. N. 伯吉斯、R. D. 麦肯齐:《城市社会学》，宋俊岭、吴建华、王登斌译，华夏出社1987年版，第131页。

组织行为，融入各种事关城市事务的主题文化活动中，形成一种文化认同和行为认同的文化氛围，自觉践行在城市事务活动中的行为规范。

3. 视觉整合

视觉整合是反映城市内蕴的各种视觉性实体及其属性的集合。宏观上是指反映城市品牌系统各组成要素之间(理念、行为和视觉)的形象关系的整合。微观上具体是指对城市视觉符号、城市视觉信息、城市视觉色彩等视觉要素的整合规范。

视觉整合属于城市视觉系统（visual identity）的整合，通过整合建立起从视觉上与城市理念和行为规范相一致的城市品牌视觉识别系统。美国著名城市学家伊里尔·沙里有句名言"让我看看这座城市，我就能说出这个城市的居民在文化上追求什么"，恰如其分地解释了视觉形象与城市理念和行为系统之间的关系。就视觉形式的本质而论，属于一种借助于可视化的意指符号进行直观信息传达的方式。科学证明人类接收外界信息方式近80%源于视觉，正如德国哲学家海德格尔所说的那样"世界被把握为图像了"。首先，视觉整合可以通过图形、形态、色彩等视觉形式反映出了城市精神即"体态、面貌和气质"；其次，视觉整合的是以图标、符号、色彩等视觉形式来规范群体和个体行为；最后，视觉整合的科学依据基于认知心理学，要从视觉生理、视觉生理、视觉形态及其组织关系上考量整合的系统性和整体性。①

归纳起来，理念整合以城市的文化精神凝聚城市的内力与向心力，取得城市居民的价值认同；行为整合将城市精神外化于行，引导和规范城市环境中人们的行为；视觉整合将城市文化精神与愿景，以简约快捷的视觉形式呈现出来。当然，整合的原始出发点是为了经营城市，但这与城市视觉管理并不矛盾，整合的过程实际上就是一个城市管理的实施过程。同时，以形象为基础的视觉整合，在经营城市的同时也奠定了城市形象、环境和公共服务视觉管理的

---

① 孙湘明：《城市品牌形象系统研究》，人民出版社 2012 年版，第 224 页。

三维系统结构的逻辑联系，孕育着城市视觉管理这种全新管理模式的诞生。

（二）经营城市理论

近年来，西方城市学者围绕市品牌建设、城市品牌管理等问题展开了一系列的理论与实践探索。荷兰学者卡沃拉兹（Mihualis Kavaratiz GJ Ashwortrh）在《城市品牌———一种有效的身份断言或临时性的营销把戏吗》一文中指出，采用现代营销理论和实践建议，可以使产品品牌转化为城市品牌。麦克法迪恩（MacFadyen Kenneth）则把城市把城市类比为一个公司，提出城市能够在品牌塑造中获取价值。[①] 从品牌学角度而言，"经营城市"是在整合城市自然资源与人文资源的基础上，以"经营"的理念和方式来打造城市品牌。具体而言，城市的各种资源、产品和服务被视为营销产品，城市居民被视为营销对象也就是消费者。城市品牌经营是一项系统工程，包括"主—副"品牌层次和"功能—形象—体验"的品牌结构两大部分。

1. 品牌的层次

城市品牌的层次可分为"主—副"层次，也就是说城市品牌像企业品牌一样，可能是统一的品牌，也可以是主次分明的系列品牌。

具体说来，城市必须首先打造具有导向意义的核心品牌，称之为主导品牌。作为主导品牌并非单一的品牌形式，也可是一种品牌集合的概念。主导品牌集中反映为城市精神或城市发展理念，既可以是非物质的文化品牌，也可以是物质性质的产业品牌。欧洲许多国家所进行的"企业家式城市管理"的经营城市实践，对企业品牌如何发展为城市品牌进行了有益的探索，充分体现出了企业品牌对

---

① MacFadyne Kenneth. *"Urban on Top at Off-Price Show"*. Daily News Record, 2003, No. 33, p. 12.

城市建设的影响。美国华盛顿特区也进行了推销城市生活的实践，对于城市政府如何通过城市品牌战略，吸引目标市场群体到城市进行投资或经营产业进行了有意的探讨。如美国纽约的城市品牌定位为"我爱纽约 I Love New York"，就是一种非物质化的文化型城市品牌，表现出多民族、多文化的价值认同，也充分体现出了城市的文化特色。（图1—6）而美国的底特律则为一种以汽车文化为主的产业型城市品牌。城市的特性决定了城市品牌除了主导品牌之外，还需要副品牌的支撑与呼应。而副品牌可以认为是在主导品牌统领下的具有不同市场定位的辅助品牌，包括旅游品牌、产业品牌和文化品牌等，就像长城之于北京、西湖之于杭州、滇池之于昆明，都是人们所熟悉的城市旅游品牌。副品牌与主品牌之间要在与城市发展理念保持一致的基础上，来突出副品牌的个性特色。

品牌源于产品又高于产品的观点可作为城市品牌建设的基点。城市品牌经营最重要的是要充分论证和准确的城市战略定位，凝练出最具特色的城市品牌。其中，主导品牌在城市品牌体系中的统领作用是毋庸置疑的，副品牌既可认为是主品牌的充实，也可认为是主品牌内涵与结构的集合。主导品牌与辅助品牌之间构成了清晰的主次品牌层次关系，也形成一种相辅相成、相得益彰的良性互动关系。

图1—6　我爱纽约

2. 品牌的结构

品牌结构源于企业品牌，表示出一个不同产品品牌及其组合关系，作为城市品牌体现为主导品牌与品牌之间的结构组合规律。品牌结构规定了品牌各自在品牌体系中的作用、功能和各品牌之间的关系。依据品牌生态学为基础的品牌结构理论，可将主品牌视作植物群落中的母体，所有品牌活动必须依附于品牌母体。（图1—7）

城市品牌结构可分为主导品牌结构和交叉品牌结构两种形式。

首先，主导品牌结构是指为品牌提供固定支持的组织结构。一般来讲，一个城市只能拥有一个主导品牌，但是在主导品牌的统领之下却能产生多个辅助品牌。如果将主导品牌结构形象地比作树干的话，那么辅助品牌就是树枝，对应品牌的结构要素如品牌识别系统、品牌管理系统则是树冠，与社会联系的部分则为树根。在主体品牌结构中，品牌识别系统与品牌管理系统是品牌视觉注意的焦点。树冠呈圆锥体状态，恰恰可以表示出被人们所能感知、接受的品牌识别系统和品牌管理系统的最大值。具体而言，主导牌其实就是城市的核心形象品牌，其主要的对外衍生功能局限于为辅助品牌提供价值认同和文化背景，但是并不完全适应跨企业或跨产业的品牌延伸。

其次，交叉品牌结构表现出辅助品牌与主导品牌，以及与品牌

图 1—7 品牌结构图

视觉系统和品牌管理系统之间的对应关系。品牌交叉结构包括了主、副品牌的交叉，副品牌与子品牌的交叉、品牌之间的相互交叉，品牌与视觉识别系统和品牌管理系统的交叉，以及品牌与社会和人的交叉。如果把主导品牌结构理解为一种三维的冠装结构的话，二维的交叉表示主体结构关系，那么三维的交叉则表现为一种品牌间的交叉，其交叉点反映出与主体结构一一对应的逻辑联系。交叉式品牌结构具有共享式品牌特征，尤其是文化形的城市品牌，其他副品牌或子品牌均可烙上统一的文化烙印。在与城市主导品牌保持一致的基础上共享品牌形象资产，也能节约导入期的品牌营销成本和时间，但却并不适应已经成熟的独立产业品牌。

当然，对于企业品牌而言，品牌结构还有许多不同的划分方式，如子母品牌、独立品牌、混合品牌、多模式品牌等。从品牌的认知功能上还可分为功能品牌、形象品牌和体验品牌等类型以及相应的结构形式。即使对城市品牌而言，主导品牌结构和交叉品牌结构的划分也并非定论，在实际的城市品牌建设实践中，往往是有所侧重、互为交叉的状态，取决于何种品牌结构更符合城市品牌建设实际。总的思路应为，其一，首先确立城市品牌战略与总体路径；其二，在城市品牌战略基础上对品牌建设进行系统规划，尤其是通过品牌结构协调品牌关系；其三，为城市品牌营销确立起具有可操作性的具体路径。对于品牌管理而言，条理清晰的品牌结构有助于合理分配品牌资源，凝聚品牌共性并产生协同作用，便于有效地实施品牌管理。（图1—8）

二、品牌管理的动因

城市品牌管理受整合营销理论与经营城市理论的影响，通过品牌战略建立起良好的城市品牌形象，通过品牌形象提高城市的识别度和认知度来进行城市经营，通过市民的价值认同，实现城市品牌管理的目的。城市品牌管理的形成有两个源头：科学管理转向人文管理的转向以及形象管理向品牌管理的转向。

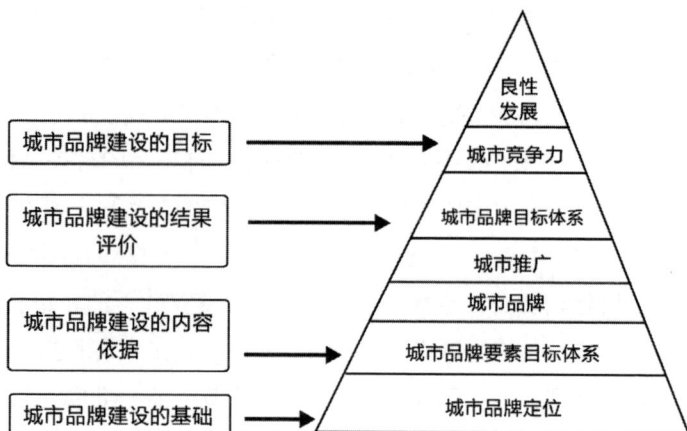

图1—8 城市品牌要素指标体系

（一）科学管理的转向

20世纪80年代，管理学界《Z理论——美国企业如何迎接日本的挑战》《日本企业管理艺术》《企业文化》和《寻求优势》四本专著的出版，以"四重奏"的方式宣告了文化管理的诞生。其中，最为著名的是美国管理学家威廉·大内（William Ouchi）提出的"Z理论"（Z Theory），其核心观点是科学管理向人文管理转变呈现为管理的软化趋势，传统管理中靠科学制度体系实现高效率的时代不复存在。由此，人文管理便以柔性管理方式融入硬性管理之中，形成了以人性善为前提假设、以教育为特征的管理方式，奠定了科学管理向人文管理转型的理论基础。

人文管理实际上是一种以人为本的管理方式，肯定了人的主体需求是社会发展的本质动力，人本管理是管理实践发展必然的趋势。具体而言，影响科学管理向人文管理转向的主要是服务意识融入和文化精神融入管理。

1.服务意识融入

随着社会的进步和人与人之间关系的改变，传统管理的支配性和强制性功能被逐渐弱化，管理组织的服务功能得到了不断的提升，逐步转向以人本理念为核心的管理方式即所谓的服务型管理。

服务意识融入管理是人文管理的一个重要特征。由于服务意识融入管理，管理者所扮演的角色转化为服务者的角色，管理的准则基于城市的人文精神和社会价值认同，由此引发了管理的改革和转型。在服务型政府理论上，德国法学专家厄斯特·福斯多夫（Ernst Forsthoff）最早提出了"服务行政"的概念，其理论核心基于人们生存所强烈依赖的"生存照顾"，即服务关系的双方性。因此，政府负有向民众提供广泛生存照顾的义务，[①] 这一理论也成为政府管理职能转变的重要依据。服务型管理一般多用于城市公共事务管理上，给予城市居民更为人性化和便利化的服务是城市公共服务的宗旨所在。随之政府管理职能的转变，城市政府服务性的"政务中心"的建立成为了一种常态，并相续延伸到更为广阔的公共服务领域，如南京建立的"爱心始发站"与"办税 e 站"、郑州建立的"陆地航空"等，这些都是传统的科学管理向服务型管理转型的实践案例。虽说城市公共服务管理系统还有待于进一步的完善，但是却清晰地显现出向服务型管理转型的历史变迁轨迹。

从城市管理的运行向度来看，服务型管理由传统单向"指令—执行"运行方式，向为被管理者提供服务的双向运行方式的转变，也促使管理向决策民主化、监督透明化方向的转变，并与现代科学技术结合，逐渐呈现出往信息化、智能化方向发展的趋势。总体而言，以人的需求为出发点和终极归宿成为服务型管理的显著特征。

2. 文化精神融入

从管理发展的总趋势上来看，在管理实践中融入人文的基本精神是科学管理适应现代社会发展的必然选择。依据人文管理理论，作为管理内容的文化资源，往往体现为人的潜能和创造力，因而具有极强的再生性。人文管理在强调在管理使命、责任、价值和精神上的人性尊重的同时，也强调了用人文精神激发人的内在积极性、创造性和自觉性。这也正是文化管理的意义与价值所在。

---

① 陈新民：《公法学札记》，中国政法大学出版社 2001 年版，第 47—48 页。

一个城市文化凝聚力的高低决定着城市发展的后劲与动力。文化作为一种城市软实力的象征，不同的文化背景决定了城市发展的不同文化策略和文化制度。

具体而言，从文化的影响力角度来看，微观上影响人们的生活习惯和价值观，在宏观上乃至影响到整个社会或民族的价值观。文化作为一种根深蒂固的文化基因，潜移默化地影响着城市居民的生活习惯和行为方式，帮助人们进入自我认知和自我管理的自觉状态。诚然，每个城市的文化资源通过整合过程得以传承和提升，反过来文化也为城市品牌的构建注入新鲜血液。从文化的同化性上看，人类在不断同化的过程中，形成具有同一性的思维习惯与行为准则，① 文化的影响力将人们聚集到同一文化体系之中，润物无声地影响人们的价值取向和知识结构。从组织管理上，文化管理以智力资源为主体，以扁平化组织为形式，以社会需求为驱动，呈现为一种极具人文性的柔性管理形式。总而言之，文化管理是一种从文化的高度来管理城市的概念。

因此，对于城市居民、旅游者和投资者而言，文化展现出城市在管理、资本、创新力和质量等方面的能力。因此，文化管理有助于推动城市经济社会的可持续发展，实现在日趋激烈的城市竞争中立于不败之地。

从这种意义上讲，城市视觉管理也是一种文化管理形态。

（二）形象管理的转向

形象管理的概念源于 20 世纪 60 年代的企业形象战略的导入，随着西方企业形象管理的成功实践，企业形象理论以整体的态势融入品牌战略之中，并逐步延伸到城市品牌塑造和品牌管理领域。企业形象与品牌营销的价值观逐渐成为城市管理的基本价值观，正如管理学家卡斯特、罗森茨韦克所言："价值观是指导决策和其他活动的主要基础，从而为组织理论与管理实践的发展确立了基本框架。"

---

① 　高占祥：《文化力》，北京大学出版社 2007 年版，第 37 页。

一方面，形象与品牌价值观转化为一种具体的准则来规约人的行为与实践活动；另一方面，人们的行为规范与实践方式在实质上是形象与品牌价值观的一种外观形式。于是，与形象战略相适应的形象管理随之实现了向品牌管理的华丽转身。因此，形象与品牌价值观介入到城市管理中，也必然引起城市管理理论与实践的变革。

城市品牌管理的成形的主要动因是由于企业形象管理和企业品牌管理的介入。

1. 形象介入管理

20世纪末叶，随着企业形象系统CIS（Corporate Identity System）概念的引入，一种崭新的城市形象系统CIS（City Image System或City Identity System）由此成型。城市形象系统包括了城市精神系统（MI）、城市行为系统（BI）以及城市视觉系统（VI）与企业形象系统的结构完全一致，于是与之相适应的城市形象管理系统也就呼之欲出。许多学者从不同视角和不同学科领域对城市形象进行了颇有成效的探讨。美国城市学者凯·文林奇在《城市意象》中把城市路径、节点、边界、区域和标志作为城市意象感知的五要素；日本学者池泽宽在《城市风貌设计》一书中提出了"城市风貌就是一个城市的形象"的概念。归纳起来，其城市形象理论框架均与企业形象系统框架基本一致，也证实了企业形象系统理论对于城市形象建设的普适性。

城市形象系统是一个高度集约的复杂系统，涉及城市的方方面面并受诸多因素的影响，既包含城市物质文化要素和非物质文化要素，也包括了主体因素和环境因素。城市精神系统、行为规范系统和视觉识别系统构成了与形象系统相契合的管理系统，最直接地反映出形象管理的基本性质和核心功能，并通过管理制度和机制建设来保证形象战略的实施。作为城市形象管理最重要的特质在于：通过形象体现城市发展战略，借助形象规范行为活动，使用形象传播文化精神。北京奥运会的城市形象战略就是典型的一例，北京深厚的文化积淀和博大的胸怀作为形象战略定位的基点，在现代技术手段的支持下，总体形象充分展现出北京的历史内涵和人文精神。不仅国际上树立起了良好的城市形象，也大大改善了城市环境。

所以说，城市形象塑造的水平也反映出城市形象的管理水平，理应成为城市现象管理战略追求的目标。（图1—9）

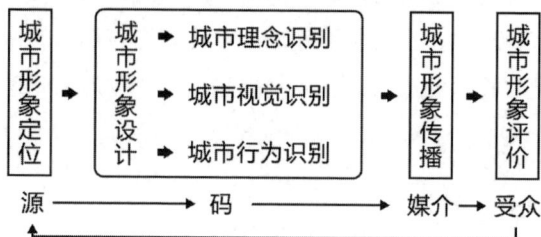

图1—9　城市形象定位结构图

2.品牌介入管理

随着企业品牌战略在欧美企业界的成功实践，凯文·莱恩关于"一座城市可以被品牌化"观念的提出，城市品牌战略被提上了议事日程并得到了广泛认同。由此展开了对城市品牌思想，塑造城市品牌的途径，城市品牌营销手段，以及品牌建设的公众参与机制等方面的研究。城市品牌管理究其本质，是从"经营城市"的视度来整合城市独特资源，以增强城市的聚集效应、规模效应和辐射效应为目标的品牌管理实践活动。

品牌管理介入城市管理，具体反映为，城市品牌是城市居民、旅游者和投资者对城市产生的主观印象，城市品牌效应是城市居民、旅游者和投资者在主观印象支配下的一种选择偏好，城市品牌营销是一种基于城市发展目标的推广策略和手段。城市品牌并非传统意义上的企业品牌系统的简单模仿，而体现为一个富有创新与发展的结构分化过程，城市品牌管理系统的核心功能集聚于品牌战略规划、品牌识别规划、品牌传播规划等方面。

首先，城市品牌建设是一项长期的发展战略，也是一项系统的战略规划。宏观上的品牌战略规划是由品牌定位、品牌政策、品牌制度和品牌管理机制规划所构成。微观上的品牌战略规划是指具体品牌系统结构规划。不同规模、不同文化背景和产业背景的城市，无论是选择品牌文化定位还是产业定位，无论是主导品牌或集合品牌形式，在品牌结构上呈现出两种发展态势，一种是以城市文化为特征的主导品牌，另一种是以产业集合品牌的形式。品牌战略规划就是要解决品牌定位、品牌系统架构和系统关系等诸多问题。

其次，城市品牌战略需以品牌核心价值为基面，对品牌识别系统进行整体规划。品牌凭借高度凝练的品牌识别系统的外在形式，以清晰明了、易于感知与记忆的统一的视觉形象，直观体现城市品牌的核心价值，并以此构成差异化的品牌识别特征。

再次，城市品牌推广与传播规划是经营城市的一种重要手段，需要进行科学翔实的规划。品牌推广与传播实质上是一种以品牌战略为基点，以品牌识别为形式，以品牌营销为手段所进行的品牌价值与精神的传播活动。品牌推广与传播规划须依据品牌定位和品牌特性选择相适合的传播媒介，并充分利用现代传播技术以及各种社会活动进行有效传播。

就城市品牌管理而论，品牌发展战略规划侧重于品牌政策、品牌制度以及管理体制与机制建设；品牌识别系统规划则侧重于品牌形象建设，并以此作为个体和组织行为规范和品牌传播依据；品牌结构规划在明确品牌定位的基础上进行品牌资源整合，既要有统一的主导品牌，也要有相呼应的辅助品牌，对品牌架构进行合理规划。总之，通过品牌管理实践活动，在城市消费者心智中建立起个性鲜明、印象清晰、联想丰富的品牌印象，培育出公众对品牌的忠诚，形成丰厚的城市品牌资产。

三、品牌管理的特性

就城市品牌管理的本质而论，可以说上是一种以城市营销与经营城市的方式提高城市的文化竞争力，从而实现打造城市品牌和提高城市影响力的管理实践活动。不同品牌定位的城市各有其独特的个性，这使得在城市品牌管理上呈现出差异化与系统化共存的管理特性。

（一）文化基因差异化

城市发展战略定位的差异是品牌差异的本源，城市品牌的差异是城市个性与文化的集中表现，每个城市品牌也因其独特气质而存在。凯文·林奇曾这样描述，如果一个地方能够使人将之与其他地方区别开来，如果能够唤起人们的记忆，那么这个地方一定是生动的、独特的，可见城市的差异性构成人们认知城市的基础。差异化是城市品牌的基本特征，在品牌管理上反映为管理目标与管理模式上的差异。具体而言，一般可从品牌的定位差异与识别差异上来透视差异化品牌管理。

首先，差异性源于城市文化的不可复制性。文化通过整合不仅构成了城市品牌的无形资产，也是人们感知与认知城市的人文基因，城市文化血脉也凭借着品牌规划转化为一种品牌文化得以传承与延续。一方面，差异化源于对城市文化、空间、环境、产业等资源的有效整合。另一方面，差异化反过来又作用于品牌的文化传承与发展。

其次，差异化的文化基因深刻影响着城市的品牌形态和品牌结构，不同城市所具有的文化环境和自然环境上的差异，影响并制约着品牌形态的建构和品牌定位。菲利普·科特勒指出："城市营销是以经营城市为手段，以提升城市价值为目标，以创立城市品牌为归宿。"① 以此为基点，差异化不仅直接影响到城市品牌的影响力和竞争力，也间接影响到城市的价值取向。

总之，品牌的差异即取决于城市发展战略的定位差异，也取决于各个城市人文和自然环境的差异，同时品牌上的差异也反映在管理理念、目标和管理方式上的差异。

（二）品牌规划系统化

系统论作为 20 世纪人类三大理论贡献之一，是一门研究系统

---

① ［美］菲利普·科特勒、加里·阿姆斯特朗：《市场营销原理》，赵平译，清华大学出版社 1996 年版，第 4 页。

的一般模式、结构和规律的学问。具体而言，系统泛指元素之间的相互联系，即事物根据系统原则来完成自我运行。钱学森先生认为系统是"由相互作用和相互依赖的若干组成部分结合成的具有特定功能的有机整体"。① 换言之，系统是由相互依存、相互作用的若干元素构成并完成某一特定功能的统一体。城市品牌系统正是这样一个由若干元素组成的大系统，这也决定了品牌管理是一项围绕城市品牌管理发展目标而展开的有计划、有步骤、有顺序的系统特化管理实践活动。

借助于品牌管理的系统结构，城市品牌管理的系统化主要体现在管理体制与机制建设上。在品牌管理体制建设上，城市品牌管理系统是一个复杂的有机动态系统，系统化有机地将政府管理机构与专业管理机构构成一个联动的系统架构，能有效地解决目前管理机构职能交叉与多头管理等机构设置问题，是实现系统化管理的有效途径。

在品牌管理机制建设上，系统化品牌管理构成了一套结构化的管理制度，包括系统化的管理政策、法令和制度，以及对内、对外的信息反馈机制和评估机制。城市品牌管理政策的制定，在导向上要与国家政策和区域发展政策相一致，不同的城市品牌定位在品牌管理政策上又有所侧重。完善的品牌管理机制建设有助于提高品牌管理效益和规范管理行为，确保品牌形象和品牌传播的统一性与整体性。系统化的城市品牌架构决定了与其相契合的管理系统结构，即适用于系统内部运行机制和体制建设，也是维护品牌整体形象实现管理目标的制度保障。

城市品牌管理可以说是一种美学管理泛化形式，也可以说是一种文化管理的衍生形态。具体来说，城市品牌管理动因，一方面来自于管理学科自身蜕变，人本管理理念与柔性化管理的融入实现了科学管理向文化管理转变；另一方面来自于品牌与形象观念向品牌管理转变，经营城市思潮又对品牌管理起到了催化作用，有效地将城市文化内化于心、外化于行，潜移默化影响着社会价值取向和管

---

① 钱学森：《论系统工程》，上海交通大学出版社 2010 年版，第 43 页。

理功能的转向。诚然，城市品牌战略具有一定的结构性与阶段性，需从整合营销的角度，进行理念、行为以及视觉诸层面的整合，从经营城市的角度对城市品牌架构进行系统规划。所以说，城市品牌管理可以认为美学管理和文化管理的实践，同时也为城市视觉管理提供了基本框架和思想上的准备。

综上所述，通过对城市视觉管理思想流变的梳理，城市视觉管理思想形成经历了美学观念、视觉文化思潮以及品牌形象管理等思潮和学科影响的历程。首先，城市视觉管理观念萌发于美学。将管理外化于美的形态，把城市作为审美对象和审美场域，运用美的规律去调和与引导人们的审美行为，构建起由内而外的行为约束机制。美学管理是在多学科影响下的美学转向下而兴起的。即在泛化美学观念和新三面美学观念的影响下，使传统美学转向应用美学。在城市美化运动实践的推动下，人们对城市的空间和情境产生了新的期望，构建起由外而内的审美约束机制，从而实现城市管理目标。

其次，城市视觉管理思想成形于视觉文化思潮。美学管理颇有成效地融入了柔性管理理念，在视觉文化与审美文化两大思潮的影响下，文化的价值认同和归属感是文化管理的核心。不仅把视觉符号与意识形态有机的联系起来，不仅把视觉符号作为视觉管理的载体，也将其作为视觉管理的传播媒介，形成了以语言形象化和视觉表征的视觉管理形式特征。由此，城市被把握为图像，并形成了一种"从感性到理性"的认知图示。

最后，城市视觉管理践行于品牌形象管理。如果说城市品牌需要运用营销与经营手段来经营城市，那么也需要用营销与经营的手段来管理城市。随着企业形象管理和品牌管理介入城市管理，城市品牌管理兴起的动因有二，一是科学管理向文化管理的转向，二是形象管理向品牌管理的转向，形成了文化基因差异化和品牌规划系统化为特征的城市品牌管理，为视觉管理的出现提供了思想与理论上的准备和初步实践的场域。

视觉管理思想溯源
The origin of Visual Management Research

美学的实用转向
实用主义美学
城市美化运动

鲍勃·贾维斯
Bob Jarvis
视觉艺术与管理关系论

阿诺德·柏林特
Arnold Berleant
城市美学

史蒂文·布拉萨
Steven C.Bourassa
景观美学与城市管理相结合

视觉介入管理
视觉文化思潮
审美文化思潮

鲁道夫·阿恩海姆
Rudolf Arnheim
视觉思维

马丁·杰
Maritin Jay
视界政体

韦尔施
W.Welsch
全球审美化

克劳德·香农
Claude Shannon
信息论

恩斯特·贡布里希
Ernst Hans Josef Gombrich
图像学

品牌管理实践
整合营销理论
经营城市理论

唐·舒尔茨
Don E.Schultz
整合营销理论

卡沃拉兹
Mihualis Kavaratiz GJ Ashwortrh
经营城市理论

威廉·大内
William Ouchi
科学管理向人文管理转变

詹姆斯·E.罗森韦克
James E. Rosenzweig
形象管理的概念

第二章 本体透视

城市视觉管理基本问题

城市视觉管理的发生空间与城市管理并无差别。我们不妨沿着传统管理学的思路，将其作为一门系统学科来研究视觉管理活动的基本规律和一般方法，研究的基点建立在视觉管理的形式特征上，围绕传统管理学的"管理内容"和"管理方法"两个基本问题展开。顺着这一思路我们尝试着从城市管理学、城市形象理论、城市品牌理论、设计学理论等临近学科梳理出视觉管理的基本问题，从形象可视化、环境可视化、信息可视化、知识可视化等视觉形式中来探究视觉管理的形式要素与特征。城市视觉管理的基本问题可归纳为两大部分：（1）"城市视觉管理是什么？"，主要涉及视觉管理的概念、特征、对象与目标等；（2）"城市视觉管理是如何实现的？"，主要涉及视觉管理的要素、原则和管理方式等。

第一节　城市视觉管理视界

　　城市是人类社会不断发展的产物，既指辖区、物质环境与有形对象的配置，又指居民、集体生活单位和社会主体之间的关系结合。[①] 因此城市可视为包含了人口、物质、文化、关系和意象等要素的人类聚居形式。城市视觉管理的生成源于两条线索，首先是城市管理思想的形成与发展。城市管理思想可以说在城市出自现伊始就已萌发。近代城市管理思想侧重于城市外在形态与内部结构，常体现为区域规划理论。现代城市管理的理论重点逐步转向了以人为主体的城市居住环境管理，如何更好地满足人的需求成为了城市管理的核心诉求。20 世纪中叶以来，伴随着管理科学向系统化、科学化领域的演进，城市管理理论获得了新动力，在现代社会科学的滋养下作为一门学科正式诞生。20 世纪 80 年代以来，城市管理学与城市发展实践的结合度日益密切，极大地促进了城市的发展步伐。二是从视觉艺术介入城市管理实践展开。首先是以标志为代表的视觉符号系统，有机地将视觉认知意义融入管理实践中。随后从上世纪初的美国芝加哥实施的"城市美学计划"，视觉艺术堂而皇之地介入城市管理之中。到上世纪 60 年代，以企业形象识别系统为代表的企业形象理论的兴起，实现了真正意义上的视觉管理实践探讨，并逐步转化为城市品牌形象理论，有机地融入城市视觉管理之中。随着城市管理理念的变迁、生活愿景的更新和管理技术的变革，未来的城市管理正在呈现多维走向态势。而"随着图像的复制技术由机械转为商业，由商业转化为自由复制，城市信息的可

---

① [法]格拉夫梅耶尔：《城市社会学》，徐伟民译，天津人民出版社 2005 年版，第 1 页。

视化、图像化已成为一种不可逆转的发展趋势",① 城市视觉管理的研究构想也正由此而来。

一、视觉管理的概念

作为产生于晚近的新事物,视觉管理是城市管理学的理论延伸,经历了从企业管理到城市管理的语境转换,这使得城市视觉管理的本质探讨成为一种带有历史色彩的话语追寻之旅。

(一) 视觉的认知意义融入管理实践

视觉的认知意义与人类进化史密切相关。由于文字相对于文明产生的滞后性,在文字出现前的漫长时间内,人类更多地凭借"结绳记事"一类的图像认知方式来理解和把握其所在世界,视觉其实是一种古老的认知方式。"看"是"思"的语言学源头。在阿恩海姆看来,视觉活动究其实质是人类的精神创造活动之一,"即使在感觉水平上,知觉也能取得理性思维领域中成为'理解'的东西。任何一个人的眼力,都能通过组织的方式创造出能够有效地解释经验的图式的能力。这说明,眼力也是一种悟解力。"② 这一观点被他明确表述为:"所谓视知觉,也就是视觉思维。"③ 读图并非肤浅的感性活动,而是我们认识事物本质的更具本源意义的方式。

视知觉的这种认知意义赋予了视觉管理以充分的理解特征。正因如此,视觉要素自 20 世纪起不断被引入管理活动中,尤其以标识系统在城市管理中的运用为代表。视觉管理的雏形,可以追溯到西方的工业革命时期,标识、标牌和色彩作为视觉管理的媒介要素

---

① 孙湘明:《城市品牌形象系统研究》,人民出版社 2012 年版,第 223 页。
② [美] 鲁道夫·阿恩海姆:《艺术与视知觉》,滕守尧、朱江源译,四川人民出版社 2005 年版,第 56 页。
③ [美] 鲁道夫·阿恩海姆:《视觉思维——审美直觉心理学》,滕守尧译,四川人民出版社 1998 年版,第 18 页。

率先在企业开始使用，对企业的生产活动实施有效的管理。随之路标、地图、标牌等视觉符号系统，被行之有效地广泛运用于城市公共空间和道路交通的管理中。标识系统作为一种特定的视觉符号系统，其视觉认知意义被广泛接受，成为了现代城市管理不可或缺的视觉媒介。美国联邦交通部制定的《国家公共标志设计原则与图形全集》（图2—1）可谓最早面世的国家视觉管理标准。随后，美国又制订了ADA（Americans with Disabilities Act）标识系统规范。可以说标志是最早以视觉的形式介入管理活动之中，在根本意义上，视觉管理可以看作视觉的认知意义融入管理过程的实践。

图2—1 《国家公共标志设计原则与图形全集》

（二）企业视觉管理向城市场域的拓展

视觉管理实践可以说最早源于企业形象战略CI（Corporate Identity），由美国设计大师雷蒙特·罗维（Raymond Loeway）提出，并迅速被多个世界级知名企业用于对企业管理进行升级改造，美国的IBM公司、可口可乐公司、荷兰壳牌石油公司、日本马自达等企业也先后通过企业形象战略对企业和品牌实施管理，并取得了举世瞩目的成就。韩国率先将CI理论法制化，企业在申请工商注册时必须提供完整的视觉识别系统。可以说，在当今时代，企业经营环境所发生的变化向沟通提出了全新的挑战，传统的沟通方式必然遭到现实的猛烈冲击，最终将被视觉的方式所取代（图2—2）。

进入20世纪60年代后，随着企业形象理论与实践的应用日渐广泛而成熟，其影响力不断辐射和拓展至其他管理场域，其中便包括城市管理。随之企业形象战略的触角逐步触及并融入城市品牌战略中，许多国际化大都市开始尝试将企业形象理论运用到城市视觉管理实践中，借助于企业视觉识别系统对城市整体形象或局部形象进行视觉规范，并取得了富有成效的成果。如日本东京曾多次更新城市标志，2015年将原来龟蛇造型的城市形象逐步更新为一种公众可以参与的现代标志，以凸显城市的国际性大都会形象。欧洲实行的"企业家城市管理"模式，就是通过城市形象塑造来经营城市的有益实践，充分体现出了企业视觉管理对城市建设的影响。从根本上说，我们可以将城市的存在与某种想象联系起来，并借助品牌而为人们所熟知。城市精神以品牌化的力量注入城市的物质形态之中，使得竞争与生命共存于该城市之中。学者吉布森先生(Gibson)凭借着美国华盛顿城市的形象战略定位，提出了如何通过城市品牌形象塑造来管理城市的命题，值得城市管理者们认真地思考。

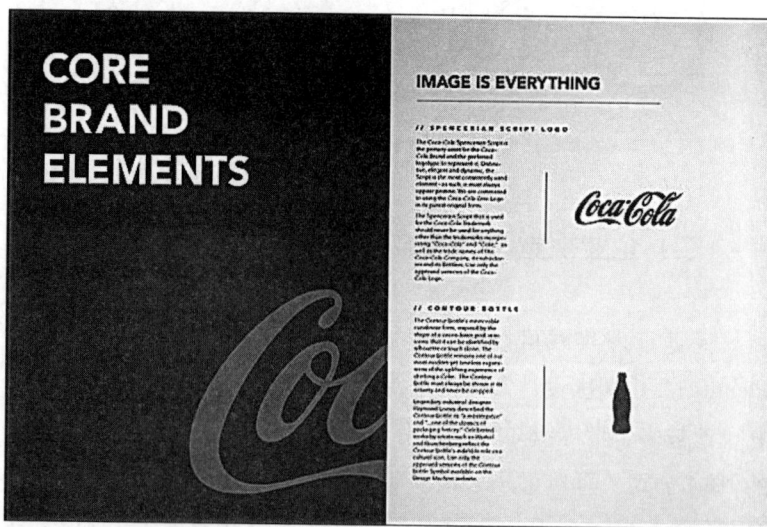

图2—2　可口可乐公司提出"形象就是一切"

为提高城市管理的效率以及为人们提供更为便捷的城市居住环境，视觉手段被越来越多地引入城市管理之中。在凯文·林奇看来，城市包含着街道、广场、建筑等大量视觉要素，正是这些元素型构出城市意象。它是"个体头脑对外部环境归纳出的图像……可以用来掌握信息进而指导行为"。① 随着管理理念的变迁与技术进步，城市意象的概念外延在当今已经大为拓展了。不仅局限于传统的建筑、景观等标志物，甚至连城市的历史、文化、价值认同、公共服务在内的诸般城市管理信息，如今都可通过视觉设计生成为城市意象，进而帮助人们建立起自身存在与城市之间的稳固联系，将城市变为人们可感知的城市。

当然对于世界上多数城市来说，视觉管理还是一种先锋话语。不过值得注意的是，少数锐意创新的城市早已开启了视觉管理的尝试之旅。从某种意义上来讲，早期的视觉管理可以说是以一种艺术介入的形式出现，在古希腊的雅典卫城和古罗马的建筑中已经初显端倪，这种认识论和行为观可以说是视觉管理的本源。美国芝加哥在18世纪末开始实施"城市造美运动"，旨在通过美学计划对城市的视觉形象和视觉形态进行审美规范，本质上可认为是视觉管理的雏形。阿诺德·柏林特曾提出"培植一种城市美学"著名命题，认为"城市美学意味着城市的感知领域，意味着通过身体的意识体现城市的方式，作为有知觉的、反思的有机体"②；以及G.卡伦、芦原义雄、史蒂文·布拉萨等学者分别从城市建筑、空间、环境等方面探讨了城市的视觉美。同时一些西方国家先后通过了相应的政策、制度和法律使视觉艺术形式介入到城市管理中，如美国1954年发布了"美学条例"，宣称"国家建设的层面应该实质与精神兼顾，要注重美学，创造更宏观的福利"。

从20世纪50年代起，波士顿开发了"自由之路"城市历史步道的视觉设计，苏格兰的格拉斯哥进行了欧洲最大的步行者导向

① ［美］凯文·林奇：《城市意象》，方益萍、何晓军译，华夏出版社2001年版，第3页。

② ［美］阿诺德·柏林特：《环境美学》，张敏、周雨译，湖南科学技术出版社2006年版，第56页。

系统的视觉化设计。我国许多城市的视觉管理的实践已先行于理论探究，并获得了一些颇为有益的成效。西安在经济区的发展规划时，提出用视觉标识激活西安历史文化资源思路，建议"用历史文化给文物古迹、景点景区加注释，给老街巷贴标签，给城市交通道路竖标志牌"[①]，将历史文化元素以视觉形式注入城市发展中，以突出西安的文化特色。此外，扬州自 2007 年以"精致扬州、文化名城"为的理念，通过改造户外活动广告来打造城市的视觉美感，通过"城市家具"的精致设计来打造城市视觉形象[②]，这种将视觉管理大胆引入城市管理的锐意实践，大大的改善了扬州的人居环境，提升了城市品质，得到了城市居民的广泛认同，并接连获得"中国和谐管理城市"称号与"江苏人居坏境范例奖"两项闪耀的城市标签，初步展示了城市场域中视觉管理的显著优势。这些理论与实践的成果都直接或间接与城市视觉管理相关联，为视觉管理提供了有力的支撑。

（三）信息可视化使城市被把握为图像

以图像为主体传播形式是 21 世纪的重要标志，所以我们这个时代才被赋予了信息时代、读图时代之称。随着信息传播、信息处理及信息应用技术的长足进步，一种以复制技术为手段、以网络技术为媒介、以视觉符号为形态、以形象为特征的信息传播方式成为了信息可视化的具体特征。视觉化信息在现实世界中无处不在，这已经成为现代社会的显著标志[③]。基于信息可视化的发展，当代城市管理正经历着一场从文本到图像的传播模式的视觉化变迁，城市被把握成一种可视的、可读的视觉形式已成为不争的事实。

信息可视化助推了城市可视化进程，不仅使城市以整体的视觉姿态得以展现，同时也助推了城市管理变得愈加图像化。鉴于从抽

---

① 于京玄：《用视觉标识激活古城文化资源》，《西安日报》2010 年 2 月 2 日。

② 刘世领，李源：《"视觉管理"演绎城市之美》，《中国建设报》2010 年第 6 期。

③ 孙湘明：《信息设计》，北京，中国轻工业出版社 2013 年版，第 5 页。

象城市概念到具体城市图景之间的距离，以及人类经验所及范围的局限，人们即便长期生活于城市却也无法亲身体验城市的全部。得益于信息可视化技术，使得人们可以借助于视觉形态来把握城市成为现实。城市管理的观念体系，以及管理活动的法律、规章、制度、条例等都可以通过视觉信息的方式得以呈现，城市管理指令借助于视觉语言的规范意义发生效力，人们同样也依据对于视觉文本的意义的把握而介入城市管理之中。经过精心设计的城市视觉管理使得城市活动取得了图像的形式，相关信息也经由这一渠道而获得了约束与规范的特定管理职能，极大地优化了城市管理的效能（图2—3）。

图2—3 西班牙巴塞罗那机场导识系统

　　图像空前地介入人类生活并优化着人们对于所居世界的理解，一种海德格尔式的城市图像得以建构出来。海德格尔认为，世界"本身就像它为我们所了解的情形那样站立在我们面前"。[①] 城市是

---

① ［德］马丁·海德格尔：《林中路》，孙周兴译，上海译文出版社2014年版，第83页。

世界图景的关键所在，也正在视觉化的作用下将城市自身呈现于世人面前。科学的视觉设计帮助人们实现了对于城市的即时体验，透过多元化的城市视觉符号系统，人们不仅可以获取到城市的人文、生态、交通等公共环境信息，还可以感知到城市的核心形象与核心价值，从而可以更好地了解城市的内在气质与品质，从而增加其对于生活场域的熟知度和亲近感，提高了城市生活的效率和舒适度。传统城市管理语境中人们与城市之间的陌生与隔膜被剔除，于是城市也被把握为图像了。

总体而言，由感性与理性共同构成的视觉管理，将城市管理的理念与指令内置于视觉形式之中，赋予了理性的城市管理以感性的视觉表征。可以这样认为，视觉管理是将城市管理语境中以文本性语言形式存在和传递的城市法律、法规、政策、指令等制度性约束信息，视觉设计成为了一种有效提高管理效率、形塑城市形象的新型管理活动。

城市视觉管理归根结底仍是城市管理。其发生空间、管理目标、作用对象等关键要素与传统城市管理并无根本区别，各种视觉要素的设定仍是以城市管理的各项法律法规为基准。如果说以文本的制造与传递为中心的传统城市管理形成的是"从理性到理性"的认知图式的话，城市视觉管理则旨在塑造一种"从感性到理性"的认知图示，它注重于满足人们的主观感受性，由感性认识而通达理性认识，由图像识别到理念生成，因而更具人文与人性特征，更加符合人们的认知习惯，从而可以收到更好的管理效果。毋宁说，它造就了一种新的城市管理图景，并注定会从根本上重塑城市文化，城市将不仅被图像所包围，而且将被图像所把握，在这个意义上，它又不啻为一场城市管理革命。

二、视觉管理的特征

与传统城市管理相比，城市视觉管理具有其自身特点，主要体现在管理媒介更加多元性、管理方式更具简明性和管理过程更具互动性三个方面。

（一）管理媒介的多元性

在城市视觉管理中，用以传播管理信息的媒介呈现出多样性特征。媒介一般来说是指事物之间发生联系的介质或工具。在现代社会中，外部世界日渐变得纷呈复杂，人类与外界之间出现了某种疏离的现象显而易见，美国著名的媒体学者和社会评论家李普曼（Walter Lippmann）认为：我们身外的世界正在变得愈加宏大和复杂，活在当下的人们几乎已经无法直观地去感受和认知这一世界，关税、贸易、预算等与人之生存息息相关的问题已经越来越难为人们直接接触到，所以，对于大部分人而言，身外世界正在变得不可触、不可见、不可思议。① 所以，为了实现管理目标需求，要借助某种视觉媒介作为桥梁和工具，进行管理信息的传播。城市视觉管理的传播媒介呈现出多元化的发展趋势，各种视觉媒介在城市生活中广泛而深刻地影响着城市居民的生活状态与行为方式。

1.静态媒介

静态媒介主要是指二维媒介，在传统意义上包括了报纸杂志、书籍、广告等媒介在内。不可否认印刷媒介具有多种优点，为社会公众提供各种综合性的资讯信息，是一种受欢迎的大众传播媒介。因此报纸被称为"可以用来充当政府的监督者、混沌世界的照明灯、商品及服务情况的市场发言人、提供娱乐消息的介绍人、重大事件和不可预测事物的旗手、符合大众趣味的常识传播发源地"。② 自 20 世纪 80 年代开始，以文字为主体的报刊媒介实现了向视觉化的华丽转身，新闻图示化成为了继文字、新闻图片之后的第三种传播形式。从视觉管理角度而言，静态媒介主要以交通标志、公共安全、公共信息、环境导识、空间导识等形式逐渐出现。最具代表性

---

① 李彬:《传播学引论》，新华出版社 1993 年版，第 149 页。

② [美]阿特休尔:《权力的媒介》，黄煜译，华夏出版社 1989 年版，第 291 页。

的是公共标志系统，由表达管理信息的关键视觉符号所组成，强化其关键信息要素，省略了次要的细节，并通过具有强烈视觉冲击力的图形与色彩来刺激视觉感官，有效地提高了信息的传播效率，实现视觉认知和视觉记忆功能（图2—4）。另外，广义的视觉管理静态媒介还应该包括三维的城市建筑形态。对城市空间和形态进行规划控制，再现城市的文化本源，也是城市视觉管理的重要任务之一。

图2—4　巴黎城市视觉管理系统

　　人们往往把以图形符号为主的视觉媒介喻为一种"世界语"，在城市公共空间管理中被普遍接受与广泛运用。其原因在于视觉媒介不但具有跨地域、跨种族、跨文化的特征，而且具有比文字更简洁、更直观、更形象的形式。在信息传播过程中，视觉媒介一反文字语言单向的、线性的传播方式，受众可以从任意一点切入视觉文本不受其先后顺序限制。

2. 动态媒介

　　动态媒介是以时间为计量单位的传播媒介。动态媒介区别于静态媒介的最明显的特征是叙事性、历时性和完整性。动态媒介有机地把文字、图像等视觉符号与音效符号连为一体，将信息转化为流动的状态并以数字化的形式进行传播与存储。

广播与电视是动态媒介的典型代表。电视媒介被视为当代国家中最重要的政治社会化工具，对于人的社会教育、人格塑造和文化传承有着难以估量的意义。① 基于电波的图像与声音的还原技术，便使电视传播媒介比静态媒介的传播覆盖面更广。作为视觉管理的媒介而言，一方面，电视媒介能够给公众一种直观的视觉感受，在传播城市发展理念、价值认同、行为规范上具有特殊的视觉感染力和渗透力；另一方面，通过电视媒介能够有效地将二维的管理信息转化为具有强烈视觉冲击力的三维图像，将静态图片转化为动态图像，使得管理信息的静态图示化传播方式向动态传播方式的转化成为了现实。当然，这里谈的是不同媒体的视觉特征，并不是说动态媒介能够替代静态媒介（图2—5）。

图2—5 德国地铁动态管理系统

① 张昆：《大众媒介的政治社会化功能》，武汉大学出版社2003年版，第74页。

3. 新媒体

新媒体被认为是"以数字媒体为核心的新媒体——通过数字化交互性的固定或移动的多媒体终端，向用户提供信息和服务的传播形态"。① 新媒体的广泛应用，在确立其社会和商业的双重价值的同时，也标志视觉新媒介的诞生。伴随着卫星通信、数字化、多媒体和计算机网络等技术的发展和普及，新媒介实现了图形、文字、动画等视觉媒介与听觉、触觉等多种媒介的完美结合，一经出现便迅速地深入人类社会生活的方方面面（图2—6）。

图2—6　考文垂交通博物馆交互系统

---

① 　廖祥忠：《何为新媒体？》，《现代传播》2008年第5期。

从视觉管理角度而言，新媒介与静态媒介与动态媒介相比有其特殊的优势。首先是覆盖面广，打破了传统视觉媒介的地域限制，只要接入互联网，就可以与全世界进行广泛的信息交互。其次打破了传统的层级管理概念，实现了点对点的精准管理定位。再次是实效性强，网络媒介信息始终全天候地在持续更新和动态变化中，因其时间的自由性、空间的无限制性，极大地满足了社会各个阶层和群体获取信息的时间与空间，有效地利用了碎片化的时间，提高了管理信息的有效传播率，成为了最受青年受众青睐的传播方式。最后，新媒介综合了所有媒介的视觉特征，除了单一的视觉感官体验之外，有效地融合了听觉与触觉等感官体验，能够全方位地调动人对于外部世界的视觉感知能力。目前国外许多城市的视觉管理，往往辅之以听觉和触觉感官要素，例如日本的城市导向系统就辅助有供盲人使用的触觉与听觉信息。

视觉作为人类获取信息的主要形式，兼备静态媒介与动态媒介的特征的新媒介出现，极大地丰富和拓展了视觉管理的媒介形式，实现了从单向的管理模式向双向管理模式的转变，由单一媒介传播方式向多媒体传播方式的转变，同时助推智能化管理的发展。

（二）管理方式的简明性

如果说传统的城市管理是以文本制造与传递为中心，形成的是"从理性到理性"的认知图式的话，城市视觉管理则旨在塑造一种"从感性到理性"的认知图示。视觉图示的简明特征，满足了人们的主观感受性，实现了由图像识别到理念生成，从感性认识通达理性认识的途径，因而更具人文与人性特征，更加符合人们的认知习惯。

视觉传播的简明形式是基于人类对图像的识别与理解的天性，成为了当今世界信息传播的主流。早在 20 世纪 20 年代，社会学家奥图·纽拉特（Otto Neurath）就创造了一套经过系统化设计的国际图画文字教育系统，简称伊索图形 ISOTYPE（图 2—7），试图

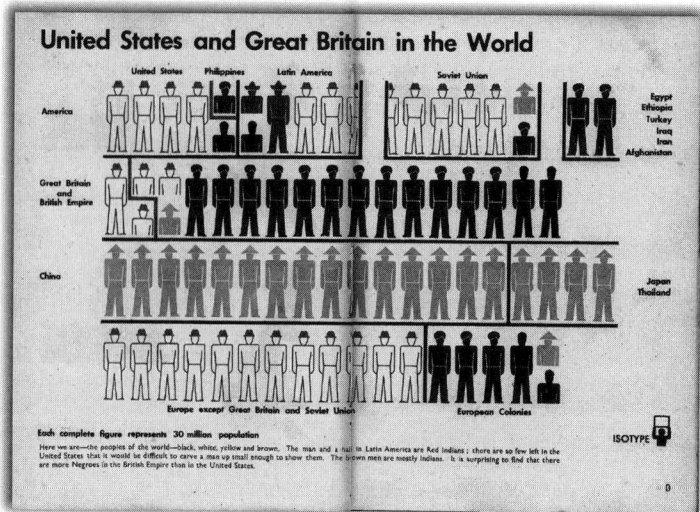

图 2—7 *伊索图形 ISOTYPE*

用它来替代文字成为一种国际通用的图形语言系统。[①] 虽说这种尝试在当时以失败而告终，但是这种简明的视觉传播方式，一直被沿用并流行于现代社会。

　　长期以来我们在城市管理方式上形成了以政策文本为主体，自上而下的行政命令式的管理方式。在现代社会中，由于利益主体价值取向的多样化、需求日益个性化，这种说教性的文本式管理方式，明显存在传播效率低下、公众参与性不高的弊端，因而加大城市管理的成本。此外，信息开放与透明程度以及信息的获取方式，即是现在文明社会的显性标志，也直接影响到公众参与城市管理的兴趣与热情。而简明的视觉管理方式，有助于优化城市管理工作流程。

（三）管理过程的互动性

　　城市管理过程涉及区域规划、生态治理，以及人口、交通、物质环境的管理等多个方面，目的在于实现城市公共事务的良好治

---

① 孙湘明：《信息设计》，中国轻工业出版社 2013 年版，第 26 页。

理。传统的城市管理特征，呈现为一种单向的权力运行模式，往往按照层级原则自上而下地发布行政命令。在长期实践中，这种管理形式暴露出市民参与积极性不高、政府管理行为缺少监督等一系列弊端。而城市视觉管理则强调管理的民主性，注重管理过程的参与和互动，对传统的单向管理构成有力矫正。

视觉信息的交互性不仅体现在管理权限的多向度和管理方式的民主性上，也体现在管理媒介的多样性上。视觉设计手段构建出视觉管理的特质，扭转了传统管理控制面较窄、信息反馈迟缓、人际传播速度慢、难以产生重大影响的局限，提高了管理信息沟通与反馈的时效。因此，管理信息的可视化为"视觉化的管理模式"提供了现实基础，城市视觉管理充分体现了以人为本和可持续发展理念。

第二节　城市视觉管理的主、客体与目标

视觉管理作为一门全新的研究领域，管理的对象及目标是视觉管理研究的首要问题。视觉管理的主体与客体对象构成了视觉管理的特定要素。视觉管理目标的确立决定着视觉管理的主要任务、基本原则和行为方式，是城市视觉管理活动的基点和终极归宿。

一、视觉管理的主体与客体

就一般而言，矛盾存在于一切事物之中，每一事物的发生发展过程都可以在某种程度上看作主体与客体之间的矛盾运动。视觉管理主体可以界定为参与管理活动的人或组织，而管理客体不仅包括管理对象还应包括管理媒介。

（一）视觉管理主体

视觉管理主体指在管理实践中从事组织、管理、指挥、引导、创造等活动的政府或企业或社会组织主体所组成，承担着城市公共管理的主体责任。现代城市管理注重政府、企业和社会组织之间的共同协作关系，以及利益相关者对城市公共事务的广泛参与，构成一种多元化、多层次的城市管理主体。

1. 政府

政府作为城市管理的主体，可以调动大量的社会资源，利用行政指令和公共政策对城市的经济、社会事务实施管理，理所当然成为视觉管理的主体，承担着城市视觉管理的建设职责。城市政府视觉管理的主体责任体现在如下几个方面：

首先，体现在体制建设上。鉴于目前我国的城市视觉管理方式较为分散、未成系统体系的现状，迫切需要对视觉管理系统进行长远规划，形成相互协调、共同作用的完整视觉管理系统。从制度层面上来讲，政府要将城市视觉管理纳入现行的城市管理体系之中，亟须从政策、法制、机制等方面构建起科学的视觉管理体制。

其次，体现在对城市视觉管理的系统规划上。城市视觉管理是一项系统工程，与城市的发展战略和发展定位息息相关。政府的有关职能部门要对城市视觉管理这种特殊的管理形式对进行全面、科学的考察，结合城市发展战略进行合理的系统规划。同时，对城市视觉管理系统建设要进行整体规划与系统控制，并建立起相应的科学评估体系。

最后，体现在视觉管理的推广和使用过程中。城市视觉管理的推广与使用过程，离不开管理主体的制度支持实现常态化。政府主体要在城市管理的各个环节，要调动一切积极因素，通过相关职能部门、新闻媒介、企业团体和社会组织，有力地推动视觉管理融入城市管理的方方面面。视觉管理的推广与使用过程本身就是一种管理活动，不但是形塑城市形象的过程，也是提升城市知名度和美誉度，扩大城市影响力和吸引力的有效途径。在美国视觉管理已成为

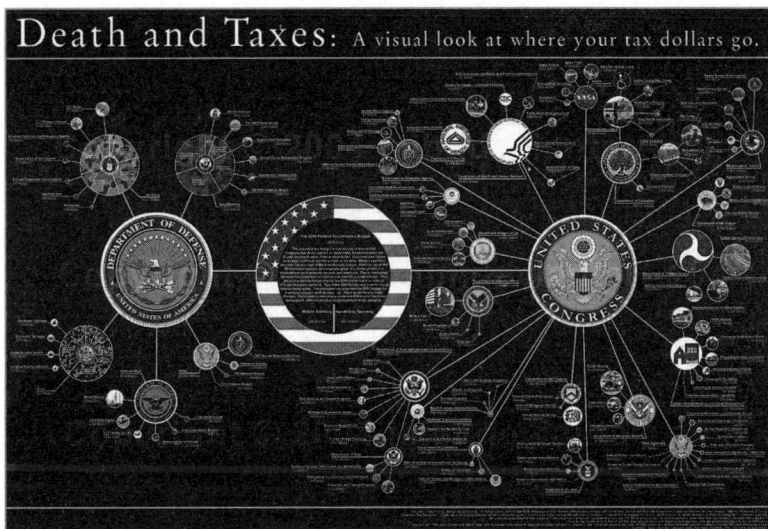

图 2—8 美国政府税收管理图

一种常态，政府的政策发布往往都是以视觉的形式展开，美国财政部发布的年度"税的用途"就是典型一例（如图 2—8）。总之，城市视觉管理的推广与使用需要政府各职能部门的协同配合才能实现。

2. 企业

企业不但是城市经济发展的实体，也承担着相应的城市视觉管理的主体责任。企业作为城市视觉管理的主体责任包括主要有两个方面：

一是企业的内部管理职责。可以说城市视觉管理的早期实践就源于企业的形象管理。其核心就是建立起一整套完整的视觉识别系统，承担起对企业与品牌的管理职能。通过企业的标志、色彩、建筑物等视觉要素，来传播企业的伦理价值，规范企业与品牌的行为。对内通过获得员工的价值认同来加强企业的凝聚力，对外树立起了企业的良好社会形象。

企业形象战略究其本质上就是一种视觉管理行为，与城市的发展密切相关，国际上许多知名企业通过形象战略对企业和品牌实施视觉管理，取得了举世瞩目的成就。美国 IBM 公司秉承"走在世界科技的前列"的发展理念，以具有"速度和力量"的线性标志，构成了一个集现代性与企业传说为一体的、具有鲜明个性的视觉形象。企业还注重城市发展进程中企业所承担社会责任，在"智慧城市"项目中，将企业形象传播与人性化城市公共设施建设有机结合。为人们提供了休息的长椅、躲雨的雨棚、无障碍坡道等更多的便利。(图 2—9)

二是企业承担的社会责任。企业作为各种社会关系集合的特定群体，在追求利益最大化的同时，也承担着越来越多的社会责任。企业视觉识别系统的功能也逐渐由以物质文明为主体，向精神文明领域拓展的转变。学者艾力昆顿进一步指出，现代企业必须摆脱一味追求盈利最大化的商业营运目标，通过寻求经济、生态以及和谐的社会责任之间的平衡来获取企业持续发展。无疑如何满足公众的期待与需求是企业形象战略的关键所在，恰恰在企业社会责任上能够充分地反映出公众对企业组织的期望。企业社会责任的概念，最初是由美国学者谢尔顿于 20 世纪 20 年代年提出的，随后，50 年代博温先生在《商人的社会责任》专著中，将企业责任定义为企业的义务，意指所有符合社会价值观与满足社会需求的活动都是企业的义不容辞责任。

图 2—9　IBM 公司视觉识别系统

在城市发展的进程中，企业的价值取向和品格在一定程度上代表着城市的价值取向和品格，企业形象的集合构成了城市的视觉形象。以美国亚特兰大城市为例，可口可乐公司是该市最大的企业，可口可乐的视觉形象在城市中随处可见，由企业建立的可口可乐博物馆成为了城市最大的文化亮点，构成了城市的记忆名片。企业的物质文明与精神文明程度，很大程度上代表着城市与社会的发达水平。

因此，企业的视觉管理模式逐步扩大到城市形象塑造与城市视觉管理上是社会发展的必然。

（二）视觉管理客体

城市视觉管理是一种包含"人—物"关系的实践活动，所以城市视觉管理客体不仅涉及人，也涉及物。城市视觉管理客体主要是指城市视觉环境和各种视觉媒介。

1.视觉环境

所谓的城市环境是指影响着城市人类活动的自然和人工因素的总和。在人类赖以栖身的生存环境中，城市环境无疑是其中最重要的组成部分。在城市文明发展进程中，城市环境早已在最初的自然环境的基础上，拓展为带有种种人类活动烙印的"人化自然"，成为一种自然与人文联系最为紧密的生存地带。城市环境是以视觉形式显现出来的，因此也可称之为视觉环境。

作为视觉管理的客体，城市环境在特定区域内承载着城市至关重要的政治、经济与文化职能，对周边地区具有较强的辐射力和吸引力。这就使得城市视觉环境不仅在审美的维度上，也在实用的维度上成为了视觉管理的重要对象。

从视觉管理角度而言，城市的视觉环境环境包括非物质环境和物质环境两个方面。城市非物质视觉环境意指城市的内在环境，主要是指城市发展战略、价值取向和文化取向等品质内涵的视觉形态。以城市标志为主体的城市非物质环境物化形态，集合为城市品牌形象视觉管理的核心视觉要素。城市的物质环境是指城市实体空间中的景观、建筑、广场、街道等，构成了城市的物质性形态，成为了城市可读的视觉媒介。凯文林奇指出，对于一个可读的城市来说，其街区、标志物或街道应该是易于辨识的，并且它们应该构成了有机联系的统一整体。[①] 当人们倘徉在城市的大街小巷时，和谐的城市物质环境在带给人们感官愉悦的同时，形成一种文化认同的心理感知。简而言之，城市的非物质环境构成了城市视觉管理的内在的核心价值体系，城市物质环境构成了城市核心价值的外在形式。2016 年 G20 杭州峰会的视觉形象设计，有机地将物质与非物质要素相结合，恰如其分地表达出了 20 国团结、合作、交流、沟通的理念与西湖断桥的地标景观结合，构成了鲜明的视觉形象，并以此为依据展开卓有成效的视觉管理活动。(图 2—10)

　　城市视觉环境作为城市视觉管理的对象，无论是就审美而言，还是就城市发展而言，都有着较高的视觉诉求。因此，城市视觉管理则是实现人们对于城市视觉诉求的重要路径。在城市视觉环境的管理规划与实施过程中，要充分考虑城市发展和居民的需求，要以

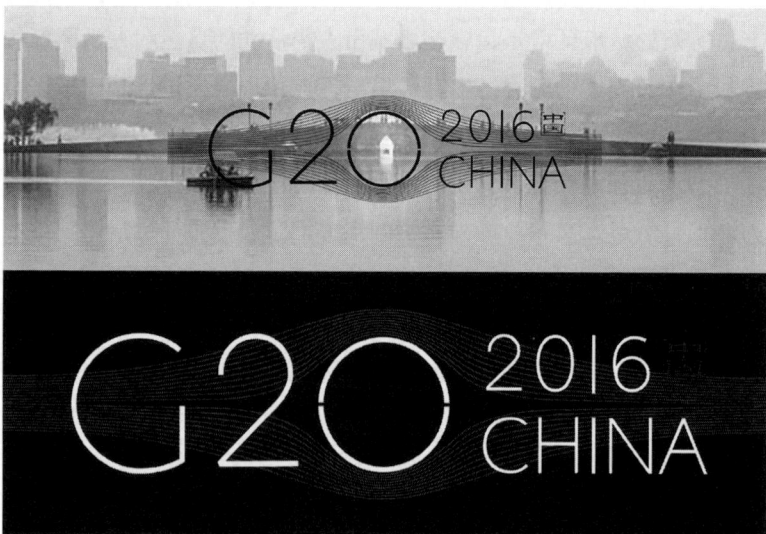

图 2—10　2016 G20 杭州峰会

① ［美］凯文·林奇:《城市意象》，华夏出版社 2007 年版，第 2 页。

公众易于接受和理解的视觉语言形式进行科学定位，使得城市视觉环境成为人们易于把握和理解的生存场域，拉近环境与人的距离。通过视觉管理改善城市视觉环境，为居民提供舒适的生活环境，这也是城市视觉管理的核心价值所在。

2. 视觉媒介

无论城市的物质环境与非物质视觉环境，都必须转化为视觉媒介得以实现。所以说，视觉媒介不仅是城市管理的视觉载体，也是城市视觉管理的对象。海德格尔将"现代之本质"归结为："世界被构想和把握为图像了。"① 事实也是如此，城市凭借着视觉媒介成为了可读性城市，视觉媒介凭借着其视觉优越性，沉淀为城市的视觉文化特质。

视觉媒介作为城市视觉管理的客体，既包括物化的物质环境与非物质环境的视觉形态，也包括静态、动态和新媒体等视觉媒介。视觉化的城市非物质环境，是以规范化、系统化的城市品牌形象视觉识别系统为基准展开城市的视觉管理；城市物质环境是以城市规划的景观、建筑、公共艺术等视觉形态为基础实施视觉管理。就视觉媒介的管理规范而论，目前国内尚未建立起规范的视觉媒介管理体系，较为成型的有《国家公共标志图集》和《道路交通标示大全及图解》，基本上是沿用了美国的国家标准，主要集中在静态媒介管理领域。视觉媒介从用途上还可分为行为规范系统、公共信息系统、公共服务系统、公共安全系统、旅游导识系统、公益文化系统等类别，而对这些领域的视觉规范与管理还有待于学术补白。

此外，光电艺术是一种借助于灯光技术来打造城市形象的视觉艺术形式，也是城市视觉媒介的一个重要的组成部分，理所当然地应该纳入城市视觉媒介的管理之中。以现代广告为主要视觉特征的美国曼哈顿时报广场，在光效技术支撑下，综合了静态媒介、动态媒介和新媒介特征为一体，突破了城市亮化的传统局限，在视觉上给人一种特殊的美感，形成了一道亮丽的城市风景线和文化记忆点（图2—11）。

---

① ［德］海德格尔：《林中路》，孙周兴译，上海译文出版社1997年版，第78页。

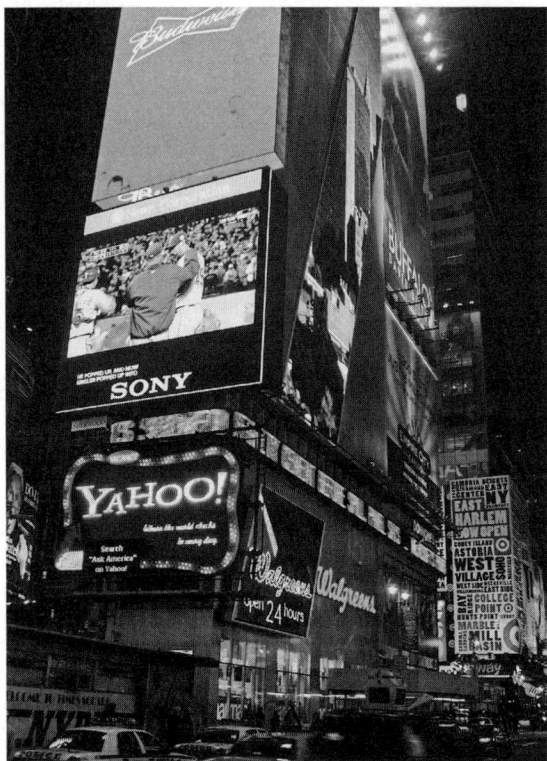

图 2—11　纽约曼哈顿时报广场

二、视觉管理目标

　　城市视觉管理的目标既取决于满足城市社会经济发展的需要，也取决于视觉管理本身的功能设定。从城市视觉管理基本视界出发，我们认为视觉管理旨在促进城市良序发展、提高城市管理效率和提升城市生活品质。

（一）促进城市良序发展

　　城市存在和运转于一定的秩序内。公共秩序是指人们为维持正常的生产、工作和社会活动所必须具备的秩序环境。公共秩序的内涵与外延一直处于变化之中，人类文明的发展不断地为公共秩序注入新的内涵。满足现代社会人们对公共秩序的现实需求与期待，建构起良好有序的公共秩序是时代的需求，也是城市视觉管理的目标所在。

城市视觉管理借助于认知意义与城市存在的视觉澄明，使得公众能够便捷高效地接收、理解管理信息与管理意义，使得城市管理活动得以规范。透过视觉符号系统所行塑的"视觉图像"，公众可以快速、准确地领会视觉形象背后的城市的文化意蕴与价值诉求，从而使个体行为得以规范，建立起良好有序的城市公共秩序。早在战后初期，汉斯·维希曼和汉斯·古格罗特认为基于系统思维的设计能够有效地实现系统化综合和多元化，能将纷纭的世界归于既定秩序之内，使得万事万物处于某种彼此影响和制约的相互联系之中。① 建构起以城市核心形象、色彩形象和空间形象的城市形象视觉管理系统，以城市交通环境、企业环境为核心的城市环境视觉管理系统，以及城市公共安全、公共秩序、公共服务为核心的城市公共服务视觉管理系统，有助于在整体上改善城市运行和优化城市发展路径。

城市视觉管理对于建立良好的公共秩序的巨大作用，从 2008 年奥运会的视觉管理上可见一斑。人们所铭记于心的不仅是中国体育代表团所取得优异成绩，而且还对北京奥运期间的城市公共秩序印象深刻，甚至后者所带来的愉悦感和满足感远远超过了前者。在奥运会期间无论是比赛场馆、道路交通系统，还是信息传播系统，通过信息完全性和规则明确性的视觉设计实施管理，实现了城市文明有序、出行便捷，以及建立起良好的国际形象的管理效应，大大降低了出行成本和管理成本。北京奥运可谓视觉管理被用于规范城市秩序的典范。

总体而言，视觉管理在城市公共秩序体系的建构中，要能够有效地将管理理念、管理信息、管理规范注入视觉管理系统之中，借

① ［德］海因特·富克斯等：《产品·形态·历史：德国设计 150 年》，斯图加特对外关系学会 1985 年，第 76 页。

助于视觉符号清晰明确、简单易识的传播优势传递给公众，规范人们的行为活动，建构井然有序的城市公共秩序。

（二）提高城市管理效率

伴随着泰勒的科学管理理论的提出来，管理效率被认为是一种运用投入与产出分析来评估管理状况的一种科学方法被广泛接受。随后哈林顿·埃莫森进一步明确了科学管理的核心是管理效率，并随之提出十二项效率原则。法约尔则提出了提高管理效率的十四项原则包括分工、专业化和放宽管理权限等内容。这些原则同样可以作为提高城市视觉管理效率的基本原则，在现代管理和视觉设计理论的支撑下，借助于计算机、网络等科学技术，最大限度地实现系统化、标准化、模块化，强化视觉管理活动的客观性、规律性、参与性是提高视觉管理的效率有效途径。

城市视觉管理以整体的姿态展现给人们眼前的城市图示，城市管理指令借助于视觉语言的规范意义发生效力。从这种意义上来讲，城市视觉管理既是一项社会性系统工程，亦是全面提高城市管理效率的重要手段。谈及管理效率，不能把视角仅仅集中在管理主体的管理能力和水平上，管理信息的处理能力与传播方式、信息接收的敏感度等因素同样起着决定性的作用。从提高视觉管理效率的视角而论，信息与运动同在，甚至可以说运动是信息的基本存在方式，视觉管理过程自始至终都伴随着视觉信息的运动而运动。缺乏系统规划、杂乱无序视觉信息是城市主要的信息污染源，非但不能引起人们的视觉注意和接受，反而降低了管理信息的有效传播效率。城市视觉管理通过对城市信息进行有序处理的系统设计，使受众以最便捷的方式获取信息，所以说视觉管理是城市现代化管理水平的标志。以英国为例，英国是最早实施公共交通视觉管理的国家之一。且不谈 20 世纪 30 年代哈利·贝克设计的伦敦地铁图成为了世界地铁视觉设计的典范，1973 年由英国交通运输研究所研发交通智能系统（SCOOT），在技术层面上通过在路面传感器，实时收集车流量信息，经计算机处理后发布即时交通指示信号。单从改变传统交通标示的文字与图标等视觉符号的尺度来讲，就有效地提高了 10%的行车速度，对于这个 87%的公路旅程由小汽车完成的国家来说，其视觉管理的效率可想而知（图 2—12）。此外，视觉导向系统在机场、地铁等场所中的实施，有效地提高管理效率更是显而易见。

图 2—12　英国道路交通智能管理系统

不难看出，城市视觉管理的功能价值集中体现在管理效率上。城市视觉管理体系的实施，是建立井然有序的城市公共秩序、保证管理活动高效运行和提高管理效率的有效手段。

（三）提升城市生活品质

城市是人类为在实现自身存在目的的过程中而创造出来的人文环境。人文性理应成为城市与生俱有的品质属性，理应成为城市管理的内在追求和提升城市生活品质的显性表征。在这里我们且不谈城市视觉管理在建立城市公共秩序角度对于提升城市生活品质的实际功效，单从城市视觉管理通过文化价值的培育——即通过人文性、审美性来提升城市生活品质的人文属性。

首先，重塑了感性在城市管理中的人文价值。城市视觉管理因其对于感性和理性的并重而为城市提供了人文色彩。人类进入现代社会以来，以科学主义为表征的理性之上的观念逐渐取得了对感性的压制，表现在城市管理中往往遵从理性化组织方式，将抽象的、枯燥的理念以理性文本的形式占据了城市公共生活空间，换句话来说，理性与感性相分离的人性断裂就发生在传统的城市管理之中。以感性与理性共同构成的视觉管理，将城市管理的理念内置于视觉形式之中，赋予了理性的城市管理理念以感性的视觉表征，以艺术的姿态满足了人们的这种感受需求。遵循科学规律设计的规范性城市视觉环境，以及饱含了大量的艺术元素的视觉媒介，使得城市变成一个充满人情味的人文场域，有效地提升了城市的生活品质。

其次，强化了视知觉在城市建设中的审美作用。对美的追求使人内在的本能需求，也是人类社会发展的共同目标。艺术作为人类实践活动的主要形式之一，不可避免地担负着为提升人类生活品质的使命，城市视觉管理亦是如此。正如凯文·林奇所言："作为一个人为的环境，城市应该是这样的：以艺术手段来造就，为人类目的而具型。……在我们的土地上，我们开始使环境本身去适应人类的感觉图形和象征性过程。"①这样一种艺术化与图像化的城市生活图景，事实上是我们所真正期待的，尽管我们自己可能还未察觉到。这种宏大的社会图景显然不是传统城市管理所能造就的，却正是视觉化城市管理对提升城市生活品质的担当。在这里城市视觉环境和视觉元素作为一种艺术化的管理实践，它以一种喜闻乐见的视觉艺术形式来满足人们的生存、人文和审美需求，提升了城市的品质和品位，朝着海德格尔等哲学家们所构想的"诗意的栖居"的生活方式迈进。

此外，城市居民当然不仅仅是城市公共服务的"对象"，其最

① ［美］凯文·林奇：《城市的印象》，项秉仁译，中国建筑工业出版社 1990 年版，第 88 页。

根本、最重要的身份乃是公民，这意味着城市居民在法理上成为城市的主人，一切城市管理活动的出发点和落脚点都在于满足公众需求。对城市生活品质的评估，可以划分为城市居民的幸福指数、环境指数、公共秩序指标、公共安全指标等客观指标，城市居民对城市视觉管理效率所产生的肯定、愉悦和满足的积极心态，是衡量管理效应和提升城市品位和质量的标准。因此，城市视觉管理具有鲜明的公共性，公众满意度和获得感理应成为评估城市生活品质的技术指标。

综上所述，城市视觉管理是多种社会、经济、技术条件的共同作用的结果。政府与企业承担着视觉管理的主体责任，即对视觉管理的体制与机制进行系统规划和建设。视觉环境与视觉媒介作为城市视觉管理的主要客体对象，要侧重于处理好人与物、人与环境的关系。确立起以促进城市良序发展、提高城市管理效率和提升城市生活品质的城市视觉管理目标，是视觉管理的生命所在，就能最大限度地发挥视觉管理系统的综合管理功能，有助于视觉管理活动的系统规划、实施和有序展开。

第三节　城市视觉管理要素与原则

城市视觉管理要素与原则作为视觉管理基本研究的重要内容，涉及城市视觉管理如何实现的问题。城市视觉管理要素作为实施视觉管理活动的形式主体，包括了形式要素和环境要素。视觉管理原则是实施管理活动中观察问题与处理问题所必须遵循的准则。视觉管理原则可概括为：形式性与功能性相结合的原则、技术性与艺术性相结合的原则、情境性与文化性相结合的原则，以及整体性与规范性相结合的原则。把视觉管理的要素和原则作为视觉管理的基本问题进行研究，有助于夯实研究基础和完善学科体系。

一、视觉管理要素

城市视觉管理要素的界定不同学科有着不同的认识。凯文·林奇从城市意象的观点，出发将其归纳为五要素：区域、节点、标志、路径和边缘。城市视觉管理要素是实施视觉管理活动的形式主体，扮演着视觉管理活动实施的桥梁与媒介角色。管理要素的合理性、恒定性、科学性是有效实施城市视觉管理活动的基础，决定着视觉管理的特质与品质。概括起来，城市视觉管理要素可简单分为形式要素与环境要素两种类别。

（一）形式要素：符号、色彩与文字

城市视觉管理的形式要素主要是通过形式要素的视觉规范建构起一种全新的视知觉秩序，从而有效地承载管理信息和传达管理指令。

1.符号规范

从视觉管理的维度上来讲，符号是指具有视觉语义承载功能的物质形式——图形符号。广义符号学认为宇宙间凡是经过人为加工，具有价值与意义的物象都是符号。正如德国哲学家卡西尔（Cassirer）所言，人作为符号的动物，人类精神文化所具有的具体形式，如语言、宗教、艺术等，无一不是符号活动的产物，符号的存在直接影响到我们的认知方式和行为方式。狭义的符号学是指门类符号学（下位符号），从属于门类语言是视觉语汇的图符形式，包括二维与三维符号形态。正像结构主义语言学家索绪尔（Saussure）描述的那样，符号连接的不是事物和名称，而是概念和音像形象。前者符号的含义与事物表征相联系称之为"能指"，指物体所呈现出的符号形式；后者符号的含义与概念和形象相连接称之为

"所指"，指潜藏在物体符号背后的内涵意义，"能指"与"所指"之间的关系具有约定俗成的性质。

视觉符号是一种有别于词语文字的、说明性的语言形式。在意大利著名符号学家艾柯看来，符号是在特定的社会文化语境中，可用以代表其他事物的某种东西。[①] 就此而论，视觉符号是体现为图形的，含有并传递某种信息的沟通工具。随后，传播学者保罗·M.莱斯特进一步提出，图像形式便利了视觉信息的产生、表达和接受，而且由于其将多元化的视觉材料和视觉形象的制造者和接受者都串联在一起，使其具有了前所未有的影响力和辐射面。[②] 视觉符号作为城市管理指令与信息传递的媒介载体，以直观、简明、易懂和易记的形式特征进行管理信息的传播。相对于传统文本语言而言，视觉符号以不同年龄、不同文化和不同语言的人都易于接受和把握的视觉语言形式，有效地提升了信息的传递效率。

视觉管理的符号系统，可以规范为功能性的指示性符号系统和意义性的象征性符号系统。

城市视觉管理中的指示性图形符号多以具有"能指"功能为主体的标志或标识形态出现，在城市交通导向导识系统、公共服务系统和公共安全系统中承担起警示、提示和指示等管理职能。而城市视觉管理中的象征性图形符号特指以"所指"为主的视觉符号，借助于一事物对另一事物的表征传达着一定的象征意义。这类符号是由人们的长期对事物的感受所产生的联想的集合生成，是社会文化积淀的产物。象征性符号往往是通过将城市发展理念、价值认同、文化内涵等内置于符号系统之中，并以此为核心构成了一种城市视觉文化现象。常见于以表达城市文化为主体的非物资领域的城市视觉管理。在中国传统文化中，象征性符号借助于谐音、比拟、双关语等修辞手法，将语言的象征意义推向了极致。如竹子象征气节等高尚的品质；牡丹则成为了富贵的象征。即便在几千年后的今天，我们还是可以依靠刻画在阿尔塔米拉石窟的野牛图形和半坡遗址中

---

① 李幼燕：《理论符号学导论》，社会科学文献出版社1999年版，第2页。

② 卢少夫：《图形创意设计》，上海人民美术出版社2004年版，第13页。

的彩陶鱼纹等视觉符号，来解读远古时代人类发展的历史与生存状况。

图形符号究其本质属于视觉语言系统，准确地说构成视觉语言的语汇系统，其语构、语义和语用系统与普通语言学并无根本区别。如果说有区别的话，那就是语义的编码与解码规则有所不同。普通语言学遵循的是严谨的自立型语构学规则进行编码与解码；而视觉语言则遵循的是外界依存型语构学规则——即依赖于它所依存的外部世界的规则进行编码与解码。因此，在这个意义上讲，作为门类语言的视觉语言也需经过语言学规则的规范，集合为一整套完整的符号系统才能够完整表达视觉语义；就图形符号系统本身的规范而言，对禁令、警告、提示一类的约束性或非约束性管理指令进行系统规范，可以现行的国家公共标志规范为基础，以伊索图形为造型标准展开对视觉符号系统的规范。

2. 色彩规范

色彩作为重要的视觉形式要素，从视觉管理角度出发是指城市外部空间中各种视觉事物所具有的色彩，是一个广泛且综合的概念。海德格尔曾把色彩称为"第一视觉"，色彩的重要性由此可见一斑。一般意义上的色彩是指光投射到物体表面时，物体吸收了某种光波又反射某种光波而产生的色彩现象，人的视觉色彩反应就是由此而生。如果从科学上细究可以发现，物理学是从光的波长、频率，测定其分类与性质来定义色彩；化学上定义的色彩是由颜料的分子结构及调和而成的物质形态。但是物理与化学对于色彩本质的定义也并非决定性的。那么光与色如何作用于人类的视觉器官——眼睛与大脑的？它们的组织关系与功能是什么？这些问题显然触及到色彩生理学与色彩心理学领域，并由此引出了色彩结构、色彩的象征性、色彩的主观感知、色彩的辨别力、色彩的表现性等一系列的问题，这些都将成为色彩规范考量的科学依据。

视觉管理中的色彩要素可称之为管理色彩，以色彩的感受性、辨别性和象征性为基础进行语义规范，可分为直接语义色彩和间接语义色彩。

首先，直接色彩语义通过直观色彩表面所获色彩语义，是由色彩的结构和色彩的辨别力所决定，或者说是依据感性认识来理解色彩的指义，它是由色彩的生理机制所决定。直接语义的管理色彩可设定为红色、黄色、蓝色、绿色、褐色、黑色或者白色，并对其组合搭配关系进行规范。以公共标志的色彩设定为例，红色因其纯度值最高、视觉冲击力强，适用于传达禁止、停止、危险警示等管理语义；黄色是色系中为最为光亮的色彩，具有高明度与高纯度的特性，提醒、注意等管理信息多用黄色表示；蓝色是趋于理性沉稳的色彩属性，常用于提示类管理信息的传达；绿色由于其中性的色彩属性，则适合传达安全、允许等管理信息；褐色是一种低明度的暖色，一般适合表达就有人文内涵的管理内容；黑色和白色通常作为背景色与边框色与其他色彩搭配起来使用，通过纯度对比和色相对比增加色彩的辨别力，也常在一般性的图形、文字等元素中广泛使用。（图2—13）在道路交通中的交通信号系统就是使用这种色彩规范。此外，在城市或企业的功能分区，或人员、设备、工作范围的区分中也普遍使用色彩规范，不过这属于一种自定义的色彩直接语义规范。

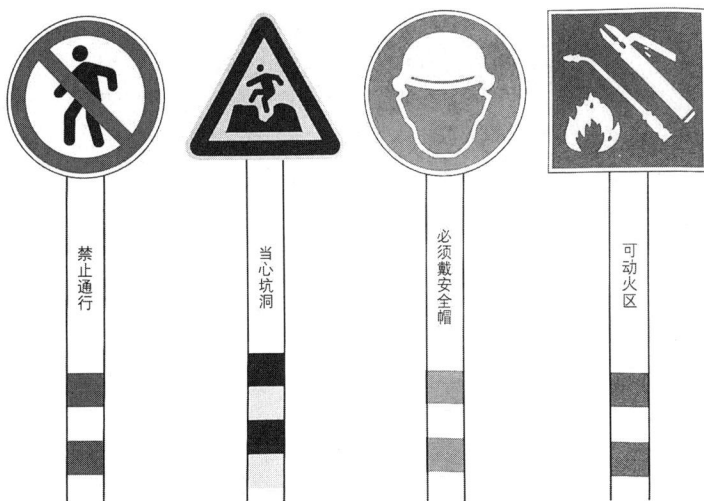

禁止通行　　当心坑洞　　必须戴安全帽　　可动火区

图2—13　视觉管理色彩规范

其次，色彩的间接语义是指通过直观色彩表面，在获得直接语义之外而获得的其他内涵语义，也可以说是指色彩的象征意义。色彩间接视觉语义的生成是感觉与感知共同作用的结果，主要由色彩的心理效应所决定。作为色彩的间接语义规范，往往是以视觉识别系统规范的形式，用一整套和谐色系来表达城市的人文内涵，并通过色彩规范集中体现出城市的和谐关系，城市色彩的构建正是由此而来。在城市发展历程中某些颜色常常会在漫不经意演绎为一座城市的记忆。以印度为例，他们对色彩的痴迷达到了难以想象的程度，印度的拉贾斯坦邦就有四座以单一颜色为特征的城市，这些色彩的形成与城市的风俗、宗教、地理等文化与自然环境不无关系，当然成为了城市的主色调和色彩规范的基准（图 2—14）。

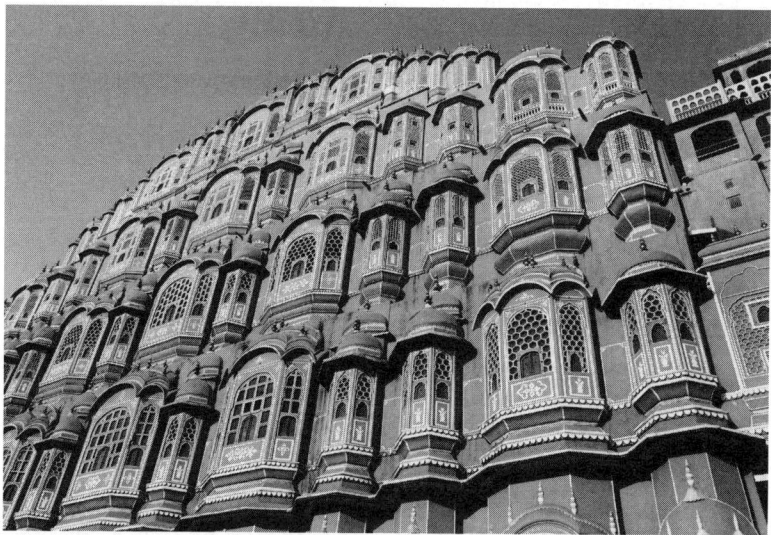

图 2—14　粉红之城——印度斋普尔

管理色彩不仅以色彩规范的形式传达直接性的管理指令，同时也以系统规范的形式承载城市的历史文化内涵等间接性象征语义。如果我们仅仅靠直觉来理解色彩，不依靠所掌握的色彩科学法则，我们就无法掌握色彩的全部。只有把握好色彩属性和色彩的功能，对管理色彩进行合理的规范，才能将色彩的视觉管理职能发挥到了极致，也可以说规范的色彩管理与人们的工作、学习、出行息息相关。①

3. 文字规范

无论是中国文字或外国文字归结起来无非是表音文字或表意文字，表音文字是指字符表示的是语言中的语音，语义是通过语音二度联想才产生的；所谓的表意文字是指字符表示的是语言中的语义，符号中含有表示意义的字符或图形，一般由形声字（义符）和声旁（音符）结构，或由图画文字演化而来的象形字所构成，符义由文字的能指与所指共同构成。无论何种文字其本质都是一种广义的符号系统。

视觉管理意义上的文字规范可分为字体规范和应用规范两个方面。

首先是字体规范。现行的字库字体繁多，归纳起来可分为印刷体和手写体两大类。手写体细分为楷书、行书、草书、隶书、魏书、篆体等，印刷字体又可分为宋体和黑体，以及由此变化而来的仿宋体、圆黑体、叠圆体，综艺体、方正体和珊瑚体等，更不用说外文字体了。基于传递效率和视觉辨别力的考量，视觉管理的字体规范一般设定为黑体字（又称等线条或粗体）为主，因其笔画粗重、字形丰满，阅读醒目，特别适用于传达简明的管理指令，并适合于图形符号的搭配使用。

其次是应用规范。视觉意义上的文字规范以辨别力、可视度、阅读性为考量依据，还必须将其纳入有效的阅读空间、距离、尺度对其识别度进行科学评估，这样才能有效地提高文字的视觉传达效率。依据科学测定步行者的有效阅读距离为 0.6 米—30 米，以此为据美国联邦公路管理局制定了文字应用规范，英文文字的高度应控制在从 2—10 厘米之间（图 2—15），日本制定的汉字应用高度标准则为 1—12 厘米之间。当然，汉字的有效的阅读空间受其笔画多寡的直接影响，这个标准只是一个基本参考值。

就字体之间的搭配关系而言，应用规范法则可归纳为黄金法则

① ［瑞士］约翰内斯·伊顿：《色彩艺术》，人民美术出版社 1985 年版，第 8 页。

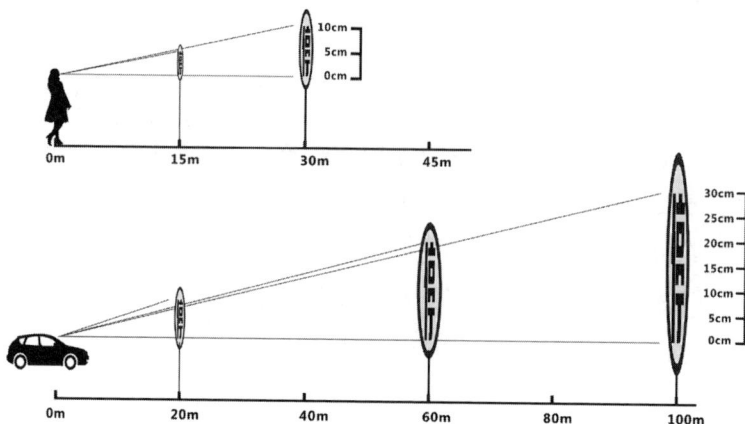

图 2—15　美国联邦公路局标识字体标准（USACE）

（1：0.618）和等量法则。就是说中英文搭配时，中文字的高度为1，英文高度应为中文的 0.6；字体的笔画实体面积为 1 的话，底白的面积应为 0.6 左右，黑体字粗壮饱满的特征正是由这种比率关系而来；图形与文字在搭配使用时，图形的高度如设定为 1 的话，那么文字应是图形高度的 0.6。这种比率关系也是的文字间或图文之间理想的行距比率，呈现出一种文字间和图文间最佳的和谐比例关系。但在实际使用中由于文字过多或强调某一主体信息时，往往可以采用等量法则来进行比率的调整。依据人类的视觉规律，人类在识别物象大小和空间体量时，往往会依据某一物象的比例与其他物象进行比较，经科学测定人类视觉最容易辨认物象的比例关系为 1／4以内，因此图文要素之间或文字要素之间比例关系的缩小或放大调整，原则上可遵循 1／1、1／2、1／3、1／4 的比例关系进行调整。

　　一般意义上文字要素在视觉传达系统中只是起辅助和帮衬的作用，但是其字体、大小、版式等都会影响到视觉传达的效果，在图形符号和色彩不足以清晰地传达特定的信息内涵时。文字作为标识字单独使用时使得视觉语义传达更为简洁、明确，因而也是一种不可忽视的重要视觉要素。在 20 世纪 70 年代在英国道路交通系统（SCOOT）改造中，从识别度和视觉传达效果考量，适度地扩大了交通标志的文字与图标等视觉符号的尺度，就有效地提高了 10 英里的行车速度，就是一个典型的案例。

视觉管理的形式要素的规范必须严格遵循科学规律。可以现行的国家公共标志设计原则为基准，根据视觉管理各个系统的特点，构建成起一整套规范的、整体识别度强的视觉符号系统，提高视觉符号系统的识别率和传播率是形式要素规范的目的。

（二）环境要素：自然与人文的统一体

城市环境由自然环境和社会环境符合构成，且是对于城市发展有着积极或消极作用的一种空间环境。我们所谈的环境要素实际上是采用视觉形式对城市环境所进行的规范性管理活动，一是将环境作为管理客体对象进行管理规范，另一是对环境中人的行为进行规范管理。如果说视觉媒介是城市视觉管理的形式要素的话，那么环境要素就是城市视觉管理的系统要素。城市原本是人类的栖息地，"以环境为本"理应是城市视觉管理秉承的核心理念，建立起人与环境和谐共存的生态城市空间当然是城市管理所追求的终极目标。

城市视觉管理的环境要素可大致分为：生态和谐的自然环境系统和社会和谐的人文环境系统。

1.自然环境规范

自然环境规范一是指视觉管理的形式要素要与城市所处的地理位置和自然条件等元素相吻合，二是指通过视觉管理对城市的自然环境进行规范。自然环境往往是城市的记忆点和城市中最富有灵性和生命力的部分，我们所生活的城市大多都是顺应自然环境而建。我国自古以来就有"天人合一"的思想，追求对于天人关系的体认，冀求人与自然环境的和谐统一。城市视觉管理借助于符号、色彩、文字等形式要素，一方面要充分利用自然赋予的宝贵资源，另一方面冀借视觉管理来保护宝贵的自然资源，使城市发展与其所在的地理、气候等自然环境建立良好的互生共融关系。

首先，自然环境规范是一种生态环境的战略管理。自然环境构成一切人类社会活动的环境载体，正所谓"树多则山秀，山秀则气盛"，良好的自然环境所具有的意义不言而喻。自然环境的视觉管理应以"以环境为本"核心理念，视觉管理的规划与实施要从顺应自然地理环境上进行考量，在视觉形式要素的空间布局方面，要考虑到是否能与自然环境形成视觉上相通共融的整体性。譬如那些依山而建、近水而居的城市都应以自然环境为主体的空间布局，并以此为依据实施视觉管理。不但在城市形态规划上要考虑自然环境因素，而且视觉管理的形式要素在体量、位置或者尺度等方面上也要考虑与自然环境因素的融合，才能有效地保护与改善城市的生态环境（图2—16）。

图2—16 土耳其地下之城卡帕多西亚

其次，自然环境规范要反映自然环境特征。一方面要从自然环境中提取典型的视觉元素，作为城市的记忆特征和形象特征。另一方面在城市视觉管理的设施建设上，往往可以考虑就地取材，充分利用当地盛产的自然资源，无论是石材、木材和竹材，其天然的色泽与质感与周围的环境能够产生和谐共生的效果。除材料外，在形式与结构上面，视觉管理的设施也可以顺应自然的本性与特征，将自然元素灵活巧妙地运用到视觉管理的形式要素中，从而创造与大自然相互呼应的视觉语境。

冀借于视觉管理的环境规范一方面对自然环境进行科学规划，同时也对环境实施有效的管控，使得自然环境与人工环境相互融合、相得益彰。

2.人文环境规范

人文环境可定义为在一定社会系统内外的文化氛围，包括城市居民的思想观念、价值认同等。人文环境是人类生存及活动范围内的物质与非物资条件的总和，是为适应人类社会文明进步的客观需求而生成的社会环境，具有人为的、社会的、非自然的特性。城市的人文环境既是历史遗留下来的，也是人类主观意识创造的产物，延续着城市的历史文脉和历史记忆。从视觉管理而言人文环境可理解是一种认知环境，且是隐藏在社会本体中的无形环境，是一种潜移默化的民族灵魂。

首先，人文环境规范是一种和谐社会的战略管理。人文环境规范应秉承"以人为本"的管理理念，给予市民更多的人文关怀，潜移默化地影响着公民道德行为规范，以人们乐于接受的视觉形式，唤起人们对维护城市人文环境的社会责任，打造起如同美国著名学者马歇尔·伯曼所言的那样：让我们自己在这个世界上宾至如归的和谐的人文氛围。

从城市战略管理角度来讲，城市人文环境规范以城市形象为典型代表的管理形式，将城市文化"原型"本源内置与视觉管理系统之中，规范为具有视觉连续的、整体的、内在的文化符号与文化结构，赋予城市全新的生命力。从这个意义上讲，城市视觉管理不但是一种管理形式，也是一种城市文化形态。意大利罗马城的"母狼育婴"的城徽就是人文性的有力佐证。传说源于特洛伊王子是罗马人的祖先，因其叔父篡位将两个小王子装进筐内投到台伯河中。后来两个孩子被一母狼搭救并被哺育成人。从公元前1753年起，罗马城就建在母狼哺育他们的台伯河畔并因此得名。由于罗马城这段特殊的历史传说与文化印记，使得罗马城徽成为了承载独特的文化记忆的视觉符号，并以此来增强了城市的文化凝聚力、归属感和认同感（图2—17）。

图 2—17　罗马城徽

　　城市是人化自然的产物，城市的人文环境是人类为实现自身存在目的而创造的。城市作为人类的聚居场域，人文性是城市与生俱来的根本属性。传统的城市管理强调理性忽视感性、强调文本忽视图像，使城市管理缺乏应有的人性温度。通过城市视觉管理一方面源于城市的人文性，同时也是城市的人文环境的重要因素。城市管理就是创造出能够孕育人之感性得以生长的环境，往往将城市典型的人文符号融入城市视觉管理中，通过城市形象视觉管理来认同城市的文脉，恢复城市的历史文化街区建设，重构人们的城市人文记忆。城市人文环境在视觉管理上的重塑，使得城市管理从一个理性场域向一个人性的彰显的场域转化，真正实现城市的人与人、人与社会、人与环境的整体和谐。

　　其次，人文环境规范是一种系统规范。在某种意义上讲人文环境视觉规范已成为城市人性化管理的文化表征，表现为由一连串文化概念所构成的视觉符号系统，既承担着视觉的"标识"作用，还承载文化的"符号"角色。一方面，规范的人文环境视觉管理系统起到有效指代、引导识别，提供认知和帮助的作用，在城市公共空间的导视系统、公共服务系统视觉管理尤为明显。另一方面，城市视觉管理系统又可视为一种文化性符号的存在，它通过某些外在的感性视觉要素，向人们展示背后蕴藏着的历史文化内涵和人文意蕴，成为向公众传递城市文化脉络的意象符号。

由此可见，自然环境规范与人文环境规范是人类生存的基础条件，是构成城市空间秩序的前提并直接决定了城市的发展与未来，成为一座城市的文明发达程度的标志。

二、视觉管理原则

城市视觉管理原则体现为视觉管理活动的一般规律，是实施城市视觉管理活动应遵循的基本准则，也是在处理人与自然和人文环境等环境要素，以及图形符号、色彩规律、文字信息等形式要素及其相互关系时所遵循的准则。管理是兼顾目标性与时效性、整体性与规范性、科学性与艺术性相互协调的行为活动，而城市视觉管理既要遵循科学、规范、严谨的理性管理规律，又要兼顾适宜、美观的感性的艺术原则。因此，对于城市视觉管理而言，其原则势必是形式与功能、技术与艺术、情境与文化、整体与规范等原则的集合。

（一）形式性与功能性相结合

在设计领域，形式与功能的关系永远是一个新颖的话题。作为功能论者的建筑师沙利文提出了"形式追随功能"的著名论断。其后的密斯·凡德罗则针锋相对地提出了"功能追随形式"的观点①，路易·康提出"形式唤起功能"②，菲利浦·约翰逊提出"形式追随形式"，③ 屈米提出"形式追随幻想"。当代先锋建筑师则将

① 刘先觉：《密斯·凡德罗》，中国建筑工业出版社 1992 年版，第 73 页。

② 薛求理：《路易斯·康的实验室设计及其建筑观点》，《世界建筑》1981 年第 2 期。

③ 《大师》编辑部：《菲利普·约翰逊 / 建筑大师 MOOK 丛书》，华中科技大学出版社 2007 年版，第 200 页。

形式与功能的关系思考推向了更宽广的视域，出现了"形式追随文化""形式追随虚构""形式追随生态"①，甚至"功能追随反形式"②等具有后现代特征的观点，形式与功能的关系问题因此变得有些混乱不清。不过，总的来说，当代"形式与功能"的关系呈现为决定与反决定、制约与反制约、相互依存与互为促进的逻辑模式。

城市视觉管理的形式与功能应为相互依存、互为促进的有机结合。视觉管理的功能性主要在于提高城市管理效率、营造规范有序的城市秩序、提升人们对城市管理的满意度方面。而管理功能的实现往往离不开典型的视觉符号、科学的色彩计划、严谨的文字规范等形式要素。一方面，城市视觉管理的形式要服从于功能的需求。无论符号、色彩、文字等形式要素的选择，还是静态媒体、动态媒体、新媒体形式的选择，其目标都是提高管理信息的有效传播率、强化视觉记忆来提高管理效率。另一方面，视觉管理的功能必须借助于形式才能实现，视觉管理的形式要素反过来又沉淀为城市的文化内涵，重构城市人文环境。

城市视觉管理是一种借助图像艺术形式实现管理目标的管理活动。因此，在视觉设计中既要强调管理功能的合理性与高效性，又要遵循视觉艺术的形式美原则与规律，实现管理功能与视觉形式的统筹兼顾。以美国波士顿"自由之路"城市历史步道设计为例（图2—18），从重塑波士顿的文化形象和城市历史记忆的管理目标出发，在视觉形式的选择上，既要考量人们的文化诉求与文化认同的需求，也要从视觉要素的识别度、清晰度、心理效应等方面来考量视觉形式的合理性。

（二）技术性与艺术性相结合

技术与艺术两者是两个完全不同的概念，但是却相互联系。技

① 李振宇、邓丰：《形式追随生态———建筑真善美的新境界》，《建筑学报》2011 年第 10 期。

② 曾坚：《当代世界先锋建筑的设计观念——变异、软化、背景、启迪》，天津大学出版社 1995 年版，第 8 页。

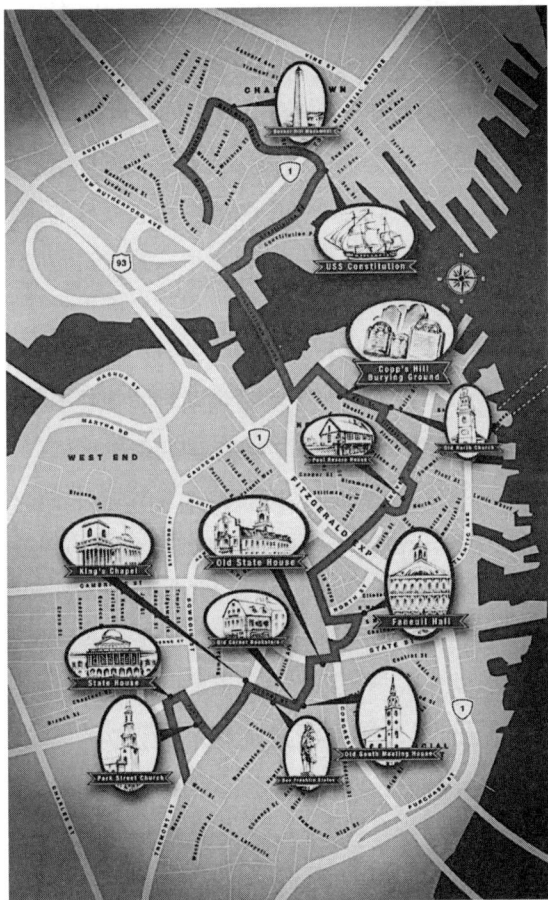

图 2—18　波士顿自由之路

术可以认为是人类利用自然改造自然的方法、技能和手段的总和，即是人类为了满足自身的发展需求和愿望，在长期改造和利用自然的过程中，积累起来的知识、经验、技巧和手段。艺术原本就是才艺和技术的综合，后来慢慢演化为一种对美的思想和境界的术语，同时艺术也指富有创造性的方式、方法。简而言之，技术是一种方式、过程或手段；艺术既一种现象、观念和方法，也是一种富有创造意味的方式、过程和手段。技术与艺术究其本质和发展规律而言，犹如一个硬币的两个面，具有不可分离的属性。正如苏珊·朗格所言，对于新表现形式的创造都体现为一种技术，这使得艺术发展的一般过程与实践技艺的演化呈现为平行关系。她还立足符号论给予了技术新的解释，将技术视为创造表现形式和感觉符号的手段，而技术的使用过程则是为实现以上目的而运用人类技能的过程。①从这一意义来看，技术性与艺术性互为联系并具有趋于整合的态势。

城市视觉管理信息传达的科学、严谨、准确性是对技术的基本要求。作为承载管理指令和管理信息载体的视觉符号系统，须以直观、简明、易懂和易记的视觉形式特征进行管理信息的传播。对图形、文字、色彩的辨别力、可视度、阅读性等视觉要素的考量，都离不开科学依据和技术规范。同时，视觉管理的形式原本就是一种视觉艺术的形式，以人类最为适宜的视觉形式，承载了城市的价值取向和人文内涵。在科学技术的快速发展的今天，人们的对美的生活追求愈加离不开技术的支撑，同时也对城市视觉管理提出更高的审美诉求。在城市视觉管理的规划与设计过程中，不仅要从技术上考量其科学性、合理性和安全性，还要从艺术上考量其视觉形态的审美性，实现技术性与艺术性原则的完美结合。

（三）情境性与文化性相结合

情境是指在特定时间范围内周围事物呈现的环境意象。情境与环境有别，环境多指客观的物理状态，而情境蕴含了个人对周围环境的感受或情感态度，多指个人在行动方面对待周围的生理、心理上的特性和状态。情境与文化又互为关联，作为情境外在环境刺激物的文化往往表现为信息承载的文化符码，并可以被人所直观感知。对于视觉管理而言，城市的文化情境泛指城市中裹挟人类生存的自然物、人工建物，以及人工物背后所含有的文化意义和所指。城市视觉管理作为一种独特的文化现象，势必会形成一种被人类感知、识别的文化记忆，逐渐形成一种视觉文化形态，潜移默化地影响着人们的行为习惯和价值认同。鉴于此，情境性与文化性相结合的原则顺理成章地成为了城市视觉管理必须坚持的重要原则。

城市视觉管理活动的空间环境因素十分复杂，大到自然环境、

---

① ［美］苏珊·朗格:《情感与形式》，中国社会科学出版社 1986 年版，第 51 页。

社会环境，小到企业环境、商业环境等，不同空间环境的特征、功能、性质等因素直接或间接地制约和影响着城市视觉管理的有效展开。将城市的文化品位和内涵通过视觉管理注入城市的空间环境中，营造出适宜的情景场域，有效地提升了城市的视觉管理效应。换句话来说，城市视觉管理一方面要承担起城市文化基因的传承与传播的责任；另一方面通过由文化所衍生出的伦理责任和价值认同的情景场域，潜移默化地影响人们的行为规范。情景性与文化性相结合，就是要营造出一种与城市环境相协调、与城市文脉相呼应的管理文化场域。城市文化情景的营造是一个城市文化软实力的显性指标，既作为视觉管理的目标，也是视觉管理的场域。

情境性与文化性相结合的原则与城市的发展定位和管理理念设定密切相关。原研哉先生在日本梅田医院的视觉导识系统设计中，融入了丰富的文化元素营造出一种极具人文关怀的管理场景，以极具亲和力的布面为主要材料，营造出了舒适、温馨的就医环境，使医院成为有利于病人接受诊疗服务的人性化场所。因此，梅田医院还荣获了联合国世界健康组织"婴儿之友医院"的称号（图2—19）。

（四）整体性与规范性相结合

著名建筑学家伊利尔·沙里宁认为，宇宙中的万事万物，不论微小抑或巨大，都既体现为独特的个体，又体现为个体及其相互关系所构成的整体。[1] 整体性亦是系统性的体现，具有部分构成整体的意思。钱学森先生认为系统是"由相互作用和相互依赖的若干组成部分结合成的具有特定功能的有机整体"。[2] 尽管说城市视觉管理的内容广泛、形式多样，但并不意味着管理形式是单一的或者是分散的，而是一个广泛的、整体的、统一的机体，是一种在整体战

---

① ［美］伊利尔·沙里宁：《城市：它的发展、衰败与未来》，顾启源译，中国建筑工业出版社1986年版，第92页。

② 钱学森：《论系统工程》，上海交通大学出版社2010年版，第43页。

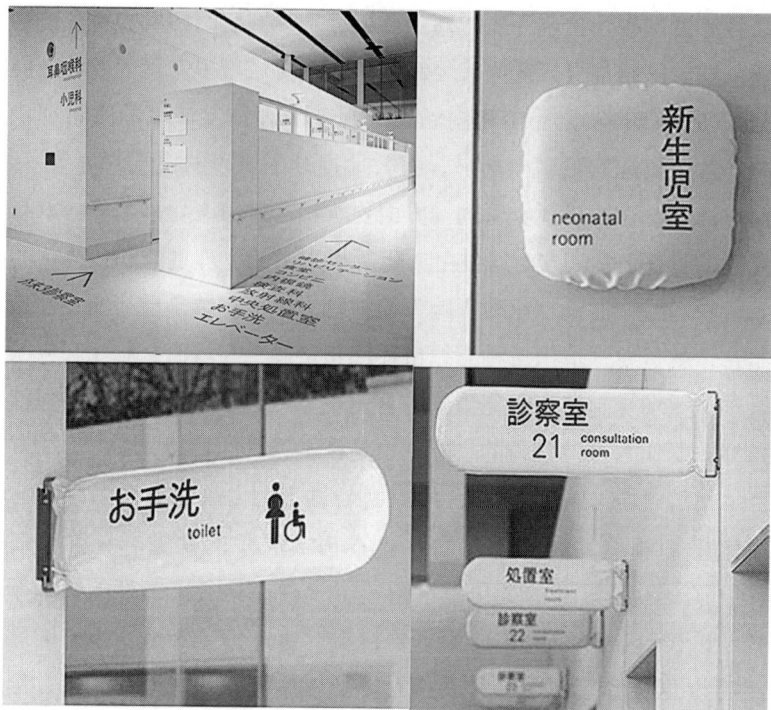

图 2—19 日本梅田医院标识

略布局、系统规划下展开的规范性管理活动。

城市视觉管理的整体性与规范性相结合原则,一方面体现在:由形象视觉管理、环境视觉管理和公共服务视觉管理构成的系统建构上,以及系统及各子系统间相互作用的系统关系上;另一方面体现在:视觉管理系统的科学规划上,以及管理形式和手段的视觉规范上。无论是符号、色彩和文字等视觉要素的设计,还是导识系统、指示牌、交通信息等管理设施都要必须符合国家标准。整体性与规范性相统一原则,不仅彰显出了视觉管理的系统性与规范性特质,而且满足了视觉管理设施的标准化生产需求,节约了管理成本,从而有效地提高了视觉管理效率。

总的来说,视觉管理系统结构中的符号、色彩和文字构成了视觉管理的形式要素,承载着管理指令和管理信息传达的职责。城市的自然环境和人文环境构成了一种对城市发展有着积极作用的空间环境,承载着城市的历史与文化构成了视觉管理的系统要素。视觉管理实际上是一种采用视觉形式对城市空间环境进行的规范性管理活动，一是将环境作为管理客体对象进行管理规范，另一是对环境中人的行为进行规范管理。

就城市管理的原则而言，城市视觉管理是一种遵循功能性与形式性、技术性与艺术性、情境性与文化性、整体性与规范性原则相结合的管理方式。它既要遵循功能的价值追求，又要富有形式的审美特性；既有赖于科学技术的支持，又需要有深刻意蕴的艺术情愫；既要能营造出现实的感知情境，又要对城市文脉有着直接的观照。因此，城市视觉管理是一项复杂的、战略性的系统工程。

第四节　城市视觉管理手段

所谓的城市视觉管理手段可以定义为为实现管理目标所使用的方法与措施。视觉管理手段的设定要以视知觉科学为基准，以视觉控制科学依据，从视觉生理、视觉心理、视觉环境等角度，强调管理的视觉规范性与科学性。可以归纳为视觉控制与视觉警示两种类型。视觉警示一方面体现为以法律法规为基准的刚性管理特点，强调管理制度的严谨性与规范性。另一方面体现为以人为本的价值取向和社会公德为基准的柔性管理特征。管理手段上并非完全依赖强制性的法律法规制度，同时也强调从管理对象的视觉感受出发，以指示、提示、劝导、敦促、提醒等柔性管理手段实现管理目标。

一、视觉控制

人类获取的信息 83% 来自视觉，11% 来自听觉，剩余的 6%

来自嗅觉、触觉、味觉等其他感觉。人们普遍认为语言是人类最为重要的传达、交流的方式，据不完全统计，世界上的语言有 5000 余种，语言差异成为不同种族、民族之间沟通的最大障碍。视觉形式以其直观生动的形象逾越了语言沟通的障碍，成为人类重要的信息获取的主要渠道。作为视觉管理手段的视觉控制，是从人类对视觉信息的感知、识别、接收、反馈等视知觉特点出发，以约束、限制、引导、干预等形式，对视觉管理形式要素的图形符号、色彩、空间进行科学规范。归结起来，城市管理的视觉控制手段主要反映在色彩、形态、尺度、规划等四个方面，奠定了城市视觉管理的科学基础。

（一）色彩控制

从色彩学的角度上来讲，色彩感觉往往先于形态作用于人的视觉，在人的感知序列中排在首位，人们对色彩的感觉是最直接和最感性的。色彩在提高我们生活的品质和审美品位的同时，以其直接心理效应和间接心理效应的视觉特性，成为了视觉管理的重要手段。对于人类生活来说，对于颜色的知觉有着至关重要的意义，它既是视觉审美的核心官能，又对我们的情感状态发挥着深刻的影响作用。① 所谓的色彩控制是以城市的色彩规划为基准，通过色彩规划与规范的方式对城市色彩进行控制。城市的色彩管理宏观上是对城市色彩的整体规范与控制；微观上是指个体色彩的语义规范与限定。

就城市色彩的整体控制而言，首先要对城市色彩进行科学规划，设定符合城市发展战略与文化特色的色彩体系，通过主色与辅助色相搭配的一系列色彩规范来对城市色彩进行管理。城市色彩既可以认为是一种管理要素，也是认为是一种文化形态，凭借着色彩的语义功能，不但可以通过科学的色彩组合来调节城市空间层次关系，而且可以表示城市的区域功能性质及区域间的架构关系，建立起和谐、有序的城市空间秩序。

---

① ［美］盖尔·戴博勒·芬克：《城市标志设计》，张枫等译，大连理工大学出版社 2001 年版，第 6—11 页。

图 2—20 英国伦敦城市色彩环境

　　国外许多城市的色彩不仅从城市的建筑与空间关系上，并且从色彩的动态关系上来考量。印度的斋普尔通过色彩将城市分为红区、蓝区和黄区，形成了不同文化的识别符号。此外，英国伦敦的城市建筑和社区色彩基本选用明度适中的灰色系列，而汽车、电话亭等公共设施上，则多选用鲜明亮丽的点缀色，通过色彩控制达到一种城市色彩环境的动态平衡效果，打破了传统建筑厚重的沉闷和压抑，既给城市注入了一种动态活力，也给人们留下了亲切生动的城市印象（图 2—20）。

　　就个体色彩控制而言，色彩对人的心理情绪影响是色彩控制的科学依据，不同的色彩具有不同的色彩语义，并给予受众不同的心理暗示。微观上的色彩控制是指色彩的语义规范与控制，并多以原色与间色为主。红、橙、黄等暖色由于其波长较长，给人产生前进、膨胀、兴奋等心理效应，容易引起视觉注意，往往作为警示色彩传达刚性的管理指令；蓝、绿等冷色系由于其波长较短，给人以沉静、收缩等心理效应，多适用于提示、指示等管理信息的传达。在色彩搭配上，警示标志通常使用红色与白色或黄黑搭配；公共安全标识和操作规范多使用黄色与黑色搭配；而提示性管理指令或导识系统则多使用蓝色与白色或绿色与白色搭配。

（二）形态控制

形态控制或称之为形象控制，主要是指对城市空间中的物质形态的尺度、形状、样式、体量等视觉要素进行规范与管理，实质上是一种形象管理方式。城市物质形态本质上也是一种视觉形态，作用于人的心理机制，并由此构成了不同城市意象，反映出不同的城市文化传统、价值观念、生活习俗和审美意味。我们常说的"触景生情"，就是指由人对所见事物而产生的联想意象，或是说出事物而唤起的相似生活经验和思想情感。美国艺术理论家约翰·派尔以壁画为例阐释了他对形态控制的看法，其认为壁画产生的最初目的或许不在于装饰人类所居的洞窟，而只是对于获取更多猎物的神秘想象，而从现代人的视野来看，壁画的意义在于使天然洞窟变成了可创造和控制的人工空间。① 由此可见，人类早在原始社会时期就已掌握以形态来改变环境、控制空间的本领。

从本质上讲，城市形态控制主要是从审美角度，对城市形态的尺度、形状、样式、体量进行视觉规范管理。宏观上的城市形态控制是建立在以城市发展规划为依据的，通过形态控制将城市发展规划落到实处。在城市发展进程中，由于缺乏整体规划和形态控制，城市丧失了其本质内涵与个性趋同化现象非常普遍。希冀于形态控制的视觉管理手段，创建出千姿百态的个性城市形态，也是城市管理的理想境界。苏州的城市形态吸取了苏州园林建筑的元素，通过形态控制使苏州的文化得传承与延续（图2—21）。以中轴对称形态的北京紫禁城，通过形态控制给人以肃穆的威严感和恢宏的气势。以国家博物馆概念建立的华盛顿城市形态，经过200年来有效的形态控制，保留了历史的原貌。

① ［美］约翰·派尔：《世界室内设计史》，刘先觉等译，中国建筑工业出版社2003年版，第10页。

图 2—21　贝聿铭先生设计的苏州博物馆

　　微观上的形态控制，一方面是讲对城市基本形态要素的视觉规范与控制。点、线、面不同的聚合方式，构成了城市的不同形态和基本格局，呈现出或均衡或对称、或优雅或宏伟、或传统或现代的不同审美属性和特征。另一方面就视觉管理的媒介形态而言，人类在长期的生活实践中总结出，不同的视觉形态具有不同心理产生暗示和不同的视觉语义功能。圆形具有均匀、内敛、聚集的特征，在心理上给人一种收缩感，能够收敛人的视觉注意，形成视觉焦点；三角形给人稳重、锐利、醒目、外拓的心理暗示，被认为是最稳定的结构，在心理上形成警示的视觉印象；方形（菱形）具有方正和敦厚的特点，也能形成视觉焦点。因此，城市环境视觉管理和公共服务视觉管理标识系统常用的形态有：圆形、正方形、菱形和三角形，并与相适应的色彩搭配，分别代表着指令、禁止、提示和警告等不同的管理指令（图 2—22）。

（三）尺度控制

　　尺度控制主要指对视域、视野以及各种比例关系给人带来的视觉

图 2—22　公共管理标识中的五种基本形态

感受的把控。尺度是一个具有多重含义的概念，一方面表示物体的尺寸、尺码，另一方面是指依照某一参照标准衡量对象的比例关系，这种尺度标准往往以人为参照系。

　　因此，人体工学是尺度控制的科学依据，同时还要充分考虑到人的视觉生理与心理因素。尺度控制既包括宏观层面的城市整体物质形态的尺度把控，也包括微观层面上视觉媒介与接收者之间的尺度把控。

　　在宏观上，人的活动范围、活动方式决定了城市空间的尺度控制范围。从城市空间设计的经验可知，建筑的高度与广场的宽度的理想比例为 1∶3，按此比例的城市空间不仅不会给人带来压抑感，反而会给人们带来良好的视觉享受。如果人行道的护栏与街道之间相距太远，难免使得行人潜意识地产生慌张和不知所措的负面感觉。再如，人类能够目之所及的最远距离为 30 米，居中视距约为 5 米，最近视距介于 1—2 米之间，所以高速公路两旁的交通管理信息，信息的载体远离高速公路的距离应控制在 1—30 米之间，否则将会因信息阅读困难而降低有效传播率。由此尺度控制在城市视觉管理中的重要性可见一斑。

　　就微观层面而言，城市视觉管理媒介的尺度设计，要充分考量空间环境、受众行为方式、人流组成及分布，以及视觉信息载体设置的位置与受众的关系，这些都是合理尺度考量的重要依据。德国建筑师马特尔斯经过多次的科学测定，得出人的水平视野为 120 度，垂直视野上为 50 度和下为 70 度，45 度仰角是观察物体细部最适宜的角度。以此为据公共管理信息标牌设置的最大距离观察角度应控制在 90 度以内，不小于 75 度。（图 2—23）在纵向垂直视野上，向上为 30 度、向下 40 度，最佳眼睛转动区域为上、下应控制在 25 度至 30 度之间。人在站立时的自然视线往往向下偏离 10 度，在坐时的自然视线为向下偏离 15 度。（图 2—24）文字识别的最佳阅读角度应控制在左右 30 度以内，垂直面内视线向上 50 度、向下 70 度的范围以内。这些都是尺度控制所应予考量的科学依据，只有符合人视觉规律的尺度才能有效地提高管理信息的传播效率。

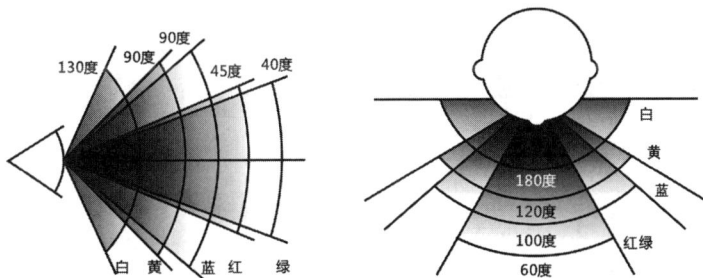

图 2—23　水平方向色彩视野、垂直方向色彩视野

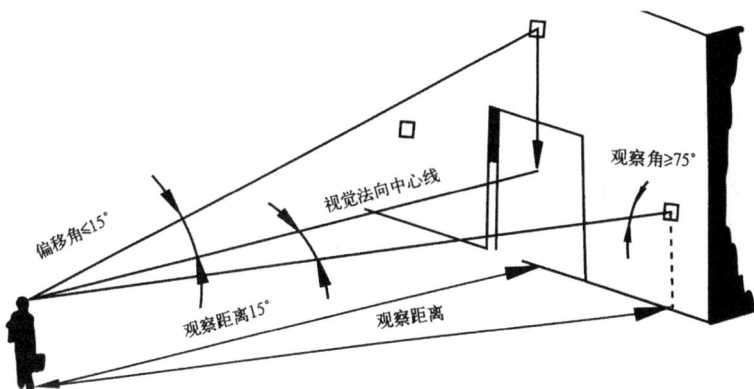

图 2—24　设置要求

（四）规划控制

从宏观上讲规划控制是指市整体的规划控制，微观上的规划

控制是指视觉管理系统的规划控制。古希腊时期的先哲柏拉图、亚里士多德在其《理想国》和《政治学》中，早就提出了通过理性规划来设计理想城市蓝图的观点。18 世纪以后，空想社会主义思想家如欧文、圣西门等就开始尝试用规划控制来引导人们的行为，以便建立一种新的城市形态秩序。

总体而言，城市视觉管理的规划控制是以城市发展战略为核心，以系统论和控制论为理论依据，围绕城市发展定位而展开的一系列视觉管理规划活动。视觉管理的规划控制可概括为整体规划控制和区域规划控制两类。

城市视觉管理系统的整体规划控制，既要对城市的视觉形象、视觉环境、公共服务三大系统，及其子系统之间的关系架构进行规划，也要对视觉管理的系统要素进行规划。以俄罗斯特维尔市的城市视觉规划为例：为实现城市旅游发展的战略目标，将城市标识设定为核心视觉形象，以伏尔加河上的桥梁和城市教堂建筑为基本视觉元素，对城市地标建筑、空间环境、公共艺术、导识系统、信息推广系统等方面，展开一系列的整体规划与控制。（图 2—25）

图 2—25　特维尔城市视觉规划

城市视觉管理系统的区域规划控制，主要是指对某一视觉管理系统或某一城市区域进行视觉规划与控制。区域规划控制与整体规划控制虽有格局上的个性差异，又必然与整体协调统一。纽约市在对公共休闲空间进行的规划控制时，为了区别于行政区、社区、商业区等其他区域，首先从公共休闲空间的区域标志形象入手，选取了闹中取静的生态象征物"绿叶"作为园区的标志形象元素；然后再将具有典型代表性的公共休闲空间，如曼哈顿中央公园、海滩、绿地公园及附近的活动场地、游泳池、历史建筑、纪念碑和运动场馆等进行分区视觉规划；最后针对不同区域的空间功能性质，通过统一的图形、文字、颜色和版式规范，形成了既统一又有区别的视觉管理信息系统规范设计。新视觉系统通过简化图形与模块化规划设计，有利于视觉管理活动的实施（图2—26）。

图 2—26 NYC Parks

二、视觉警示

视觉警示是指符号、色彩、文字等视觉形式要素作为管理指令的载体，通过视觉接受并对受众产生心理暗示起到警示效果，来约束和规范人的行为活动，实现管理目标的管理方式。就视觉警示而言，常用的有引导性的和禁止性的两种警示方式，涵盖了指示、提示和禁令三种手段。

（一）指示：生活指引

指示是视觉警示中最常见和广泛应用的一种视觉管理手段，通过指示性符号为公众提供指引性、导向性、说明性等管理信息，指示和引导人们按规定的方向、路线、地点进行活动来实施管理。视觉指示具有较强的功能性，能够直观、即时地将管理信息准确地传达给受众，在活动组织、方便生产等方面有着特殊的作用。视觉指示属于一种非约束性的管理方式，多应用于环境视觉管理系统。

从历史上看，城市视觉管理的雏形早在工业革命时代便已经初步显现，许多西方城市采用路标、标牌、地图、街道编号等形式对公共场所和道路交通进行管理。20世纪60年代，西方学者凯文·林奇提出了空间导向系统（Way finding System）的概念，导向系统作为城市环境视觉管理的信息媒介，其简洁、易读、易懂的视觉形式，有效地解决了在复杂的城市环境中快速、准确地获取信息的问题，给我们的城市生活带来了极大的便利。20世纪70年代后，许多发达国家还相继为城市标识系统制定了相应的法规和法案。随着城市的发展，视觉指示系统作为环境视觉管理的不可或缺的重要方式，对于提高城市现代化管理水平上起到了极其重要的作用，并成为了考量一个城市管理水平和文明程度的显现标志。

视觉流程与视觉导向规律作为一种生理与心理、感性与理性相结合的信息视觉认知模式，且是指示系统设计的重要科学依据。一方面，视觉流程规律反映出人的视觉习惯与视觉规律，即知觉在对信息的感知过程中，遵循一定的视觉规律而形成的视线移动的轨迹。另一方面，视觉指示系统具有一种特殊的指向功能，无论是箭头、几何形态、交叉点等形式要素，还是人物的手势、体态和面部朝向等视觉要素都具有明显的指向作用，引导和影响着人的视线移动方向。视觉指示系统正是利用这种视觉规律，来指示和引导人们的活动方式。

视觉指示系统包括方向指示、操作指示、安全指示等，广泛用于城市环境、企业环境、工作环境、商业环境、居住环境，以及城市各类公共活动的规范管理。奥利维亚·罗森塔尔曾提出"不需要问路，你也不会迷失方向"① 的视觉管理目标，充分说明了指示系统的管理功能为人类生活提供何等的便利。以美国纽约为例，即便你是长期生活在这里的居民，走出曼哈顿的地铁时，如果没有方向指示系统，也很难自己找到捷径穿越错综复杂的道路。针对这一问题，纽约政府牵头专门组织起了以导识专家迈克·罗林森、工业设计师林斯·杰克逊，以及 RBA 工程师、城市规划师和地理信息专家等组成的顶级设计团队，来解决纽约城市遇到的方向迷失问题。现已完成的曼哈顿市中心导识系统的规划设计，为步行者、骑自行车者和乘坐公共交通工具的人们提供了系统的道路与方向指示信息。该视觉指示系统的方向指示均与受众面对的方向相对应，每隔 5 分钟的步行距离就会出现一个对应街区的导向标牌，并标出了300 多个免费自行车停放点。该导识系统经过多方测试其指示性能优越，使步行者能够并然有序地行进，大大地节约了时间成本，有效地解决了城市空间环境的优化问题（图 2—27）。

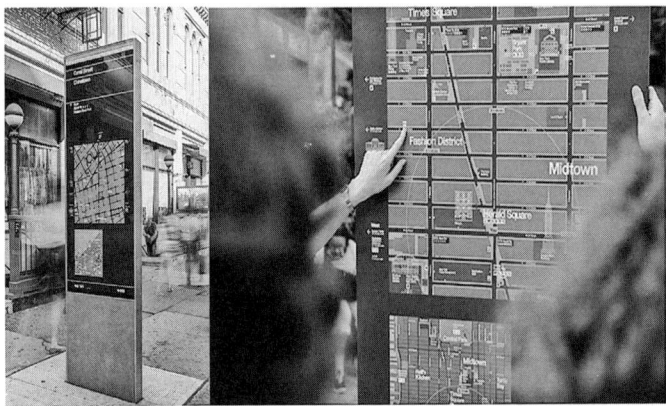

图 2—27　NYC Way finding

（二）提示：信息提醒

视觉提示指的是以视觉的方式提醒人们要警惕信息所传达的内容，或提醒人们当心可能会发生的潜在危险。视觉提示是依据

---

① ［法］吕迪·鲍尔：《设计与设计家》，中国青年出版社 2006 年版，第 3 页。

巴普洛夫的条件反射活动的规律来引起人们的心理反应和视觉注意。视觉提示的基本法则与广告心理诱导法——AIDMA 法则有相似之处：即一个完整的广告行为活动包含了注意（Attention）⟶兴趣（Interesting）⟶欲望（Desire）⟶记忆（Memory）⟶行动（Action）①。引起注意是导致行动的起点，提示的管理指令首先要引起视觉注意然后才能干预或引导受众的行为发生改变。提示按程度上的严重性可分为预警和警告两种程度。

预警提示多用于自然灾害或恐怖袭击等方面的预警。预警信号由名称、图标、色彩等视觉元素组成，在台风、暴雨、寒潮、高温、雾霾（PM2.5）、地震等自然灾害或恐怖袭击的预警中，按照灾害的严重性和紧急程度，依据色彩的视觉冲击力依次分为红、橙、黄、蓝四级，分别代表特别严重、严重、较重和一般四级预警信号。预警信号主要根据不同灾种的特征和预警能力来确定其预警等级（图 2—28）。

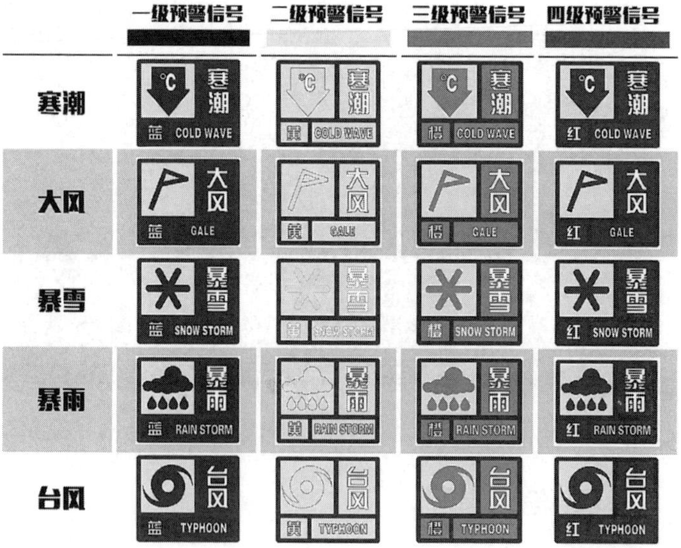

图 2—28 《气象灾害预警信号图标》

① 孙湘明：《现代广告设计》，湖南美术出版社 2010 年版，第 16 页。

警告提示常用于城市交通环境、公共安全等视觉管理领域，提醒人们注意周边环境，避免可能发生的危险。如交通管理的视觉提示用来警告行人、车辆潜在的危险。警告提示为了引起人们的充分注意，在形式要素选用上多以黄色为底色和黑色图案搭配，并选用顶角朝上的等边三角形的视觉形态，形成了最强的视觉冲力效果，达到提醒注意的目的。在重大体育赛事上，裁判员也通常会使用黄牌来警告运动员的规约行为。

（三）禁令：制度规约

禁令是根据法律法规和公共政策而制定的用以规范人们行为的强制性指令。禁令包括禁止和指令：禁止是用禁止图形来告诫人们禁止做出违反法律、法规的行为活动；指令是使用图形来指导、命令人们必须做出某种强制性动作或必须采取某种防范措施的活动；所以说是视觉警示中最严肃的一种刚性管理方式。20 世纪 70 年代，由美国政府委托美国视觉艺术学院设计的道路交通视觉导向系统，充分地显现出了视觉管理的潜能和作用，得到了国际社会的普遍认同，随后美国政府将其法案化，逐步成为了国际道路交通视觉管理的标准。我国的道路交通视觉管理系统也沿用了这种国际规范。

视觉禁令在道路交通系统视觉管理系统的使用最为广泛，常常以禁止、限制、强制的方式对车辆和行人的交通行为实施管理。交通警告标志是警告车辆驾驶员在当前路段的交通状况、行车环境、行驶速度作提醒、限制的规范管理，以保障车辆和行人的出行安全。除了运用于交通环境之外，视觉禁令也广泛应用于工作和生产环境或公共空间中，广泛使用禁烟、禁火、禁油、辐射等禁令标志，尽可能创造一个安全生产的良性环境。

总之，城市视觉管理提供了一种新的城市管理范式，并呈现了视觉文化的另一幅图景。城市视觉管理是一场城市管理的革命，赋予理性的城市管理以感性的视觉表征，有效地实现了将城市管理的法律、法规、政策、指令等制度性管理信息，由文本性语言形式向视觉语言形式的转向，并通过具有特定意蕴的图形、色彩、文字等视觉媒介传递给公众，实现城市秩序良性发展、管理效率明显提升、生活品质诗意发展的管理目标。城市视觉管理秉承了形式与功能、技术与艺术、情境与文化、整体与规范相结合的原则，形成了管理媒介多元化、管理方式简明化、管理过程互动化的现代管理特征。城市视觉管理运用视觉控制和视觉警示的管理手段，涵盖了色彩控制、形态控制、尺度控制和规划控制等控制手段，以及指示、提示、禁令等管理手段，有效提高了城市的管理效率。

城市视觉管理基本问题
Basic Problems of Urban Visual Management

管理主客体与目标

罗纳德·科斯	
Ronald H. Coase	
企业的性质	
谢尔顿	
Oliver Sheldon	
企业社会责任	
泰勒	
Otto Neurath	
科学管理理论	

管理要素与原则

哈米德·胥瓦尼	
Hamid Shirvani	
城市设计的八要素	
索绪尔	
Saussure	
结构主义语言学	
沙利文	
Louis H Sullivan	
形式追随功能	
艾柯	
Umberto Eco	
符号学	
林德尔·厄威克	
Lyndall F Urwick	
古典管理理论学	

视觉管理手段

亚里士多德	
Aristotle	
理性规划	
巴普洛夫	
Ivan P Pavlov	
条件反射活动规律	
凯文·林奇	
KevinLynch	
空间导向系统	

第三章 视觉发生机制

城市视觉管理原理

视觉管理的相关理论散见于美学、信息论、图像学、品牌学、管理学、传播学和设计学等学科领域之中。所谓城市视觉管理原理，乃是从生理和心理角度上，把视觉发生机制作为视觉管理研究的原点。具体来说，这一思考是以视觉现象、视觉规律、视觉认知为基点，对视觉现象的发生机制进行了梳理，尝试着从视觉生理、视觉心理、视觉审美、视觉传播四个层面建构起视觉管理生成原理的框架和知识体系，以期为视觉管理打下坚实的学理依据。

第一节　视觉生理机制

由于人们对视觉媒介的依赖程度与日俱增，我们将今天所处的时代称作"读图时代"。有视觉依赖便意味着视觉消费，在这个意义上，文化语境中的"读图时代"事实上同时也是一个"视觉经济"时代。这种发展趋势可以理解为某种形式的视觉文化转向，而且显而易见的是这种趋势已经逐步渗透到城市管理领域。早在古希腊时代，亚里士多德便在《形而上学》中开门见山地指出：求知是人类的本性，在此过程中，除了理性，我们首先借助的是感性，在多种感性之中，又以视觉为重。① 视觉作为人感知外界事物的前提条件，视觉系统的组织结构及其功能结构构成了视觉管理生理基础。视觉生理过程是人感知外界事物的过程，视觉成像机制与视觉认知机制构成了视觉生理理论的主要内容。

一、视觉生理模型

对于视觉成像机制的探讨最早可以追溯到古希腊时期自然哲学家们对光的物理学问题以及眼睛对光的反应的探讨。至文艺复兴时期，开普勒和沙伊纳对眼屈光成像原理进行了较为系统的阐释。随后伴随着大脑的记忆机能研究也进入生理学的研究视野，关于感觉信号处理研究得到了进一步深化与拓展，由此初步构建起视觉生理成像理论。在视觉生理过程中，视觉成像模型不仅仅局限于生理机

---

① 转引自 [德] 恩斯特·卡西尔著：《人论》，甘阳译，上海译文出版社 1985 年版，第 12 页。

制，而且也成为视觉效果评估的重要依据。

（一）机械成像

机械成像是以光电成像系统为主的成像模式。人眼的生理成像原理与相机的机械成像原理极为相似。在现代数字技术支撑下的数字相机和数字摄像机的光电成像模式与人眼成像模型更为契合。光电成像从获取场景信息到图像显示经历了由传感器感光、光电信号转换、信号输出等一系列复杂的转换和控制过程。通过图像传感器将光信号转化为电信号，并经过光电转换、输出等步骤完成机械成像过程。

数字相机的感光器件相当于人眼的感光系统，其作用是通过控制入射光的曝光量，使机械视觉能够拥有与人眼视觉感知相似的效果。不过感光器件不能模拟人眼视觉系统对外部光线亮度变化的感知与调控，需要借助于附加设备或技术来达到对入射光曝光量的实时调节，并完成光电信号的转换工作，最终实现机械成像（图3—1）。

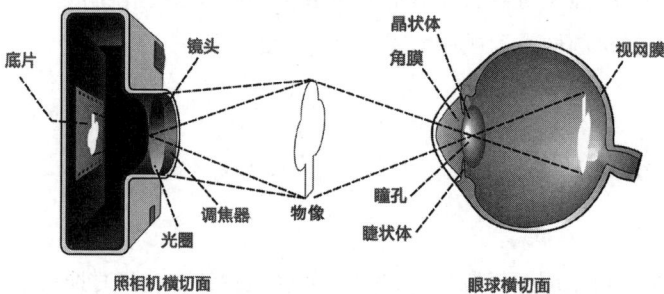

图3—1 相机眼球成像模型对比图

在眼睛的生理构造中，最外层的角膜和房水、晶状体、玻璃体等屈光介质共同构成了眼睛的屈光系统，其作用是使射入眼内的可见光汇聚到视网膜上。而内层的视网膜上含有丰富的感光细胞成为了视觉信息传递的第一个站点，负责将射入的光信号转换为生物电信号，通过视神经将视网膜所获到的视觉信息传到大脑皮层的视觉中枢神经，从而产生视觉。

（二）生理成像

虽说视觉成像原理如同机械成像原理但却有本质区别，人眼本身是一个更为复杂、更为精密的视觉系统。生理成像是视觉生理组织结构的基本功能，而视觉生理组织结构就是视觉生理系统内部各组成要素的联结方式或组织形式，是视觉产生的物质基础。它包含两层含义：静态上是指包括眼睛、视神经和大脑视皮层在内的视觉生理结构要素；动态上是指视觉生理系统内各要素之间的组织关系。

首先，人眼的视觉生理成像过程是由光学过程、化学过程、神经处理过程所构成。（图3—2）人眼成像原理就是视觉信息从视网膜到大脑视皮层的处理过程。[①] 当物理上的光照射到物体表面时，将所携带的光信息反射进入到作为感受器的人眼，在经过角膜、晶状体的折射后，将图像投在视网膜上。然后，视网膜将光信号转化为生物电信号，并通过视神经传入大脑视觉中枢，视感觉就是由此而来。

人眼的生理成像机制为视觉管理实践中各种视觉现象与发生机

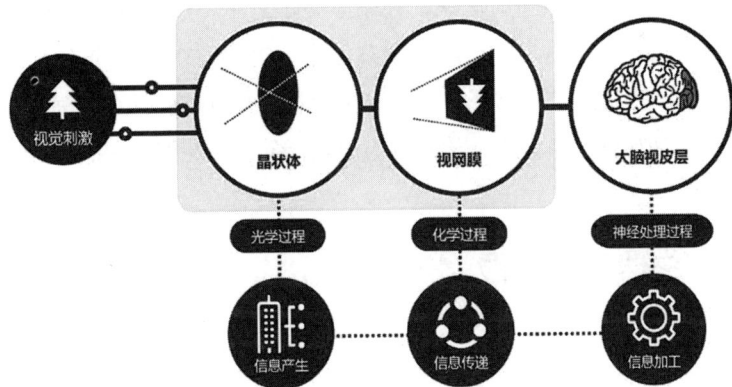

图3—2　视觉生理成像模型

----

① 卢佩：《基于类生物视觉特性的目标识别》，中国科学院2014年博士学位论文。

制提供了生理学依据。由于人眼是以光波为适宜刺激的特殊感官，所以人眼对光刺激的能量水平有适应功能。眼睛的适应功能可以概括为距离适应、明暗适应和颜色适应。其次，人脑作为视觉生理成像模型的有机组成部分，在生理成像过程中起着不可或缺的关键作用。人脑是中枢神经系统的主要部分，具有信息加工和储存的基本功能。人脑主要通过脑皮层来处理图像信息，大脑皮层中的枕叶中的初级视觉皮层、顶叶联合区中的高级视觉皮层以及与记忆有关的脑结构，构成了视知觉信息处理的生理基础，[①] 视觉活动是在不同的脑皮层区域的参与下完成的。其中，初级视皮层主要负责接收视觉信息，并对输入的视觉刺激进行加工，如大小、颜色、形状等简单的视觉特征。高级视皮层汇集了枕叶、顶叶和颞叶的神经束，具有联络和整合功能，主要负责整合视觉感觉通道传来的信息，并表现出对复杂刺激模型的一定偏好性。在初级视皮层、高级视皮层神经元的共同作用下，人脑得以实现图像信息的接收、加工和储存工作。

人脑边缘系统中的海马体与杏仁体是参与记忆活动的重要脑部结构，负责将感觉体验转换为记忆。在记忆的过程中，海马的作用是将感觉信息转换为瞬间记忆并加以贮存。杏仁体主要负责联络不同感觉所形成的记忆。在外界刺激的作用下，视皮层的神经元会与海马神经回路建立暂时联系，在刺激终止之后，这些暂时的神经联系会以某种痕迹的方式储存在脑皮层中，随后，在一定的条件下又会重新活跃起来，最终形成视觉形象记忆。视觉体验保存在海马中，会转换为视觉形象记忆，从而成为影响视觉管理功能导向的依据。

二、生理认知过程

生理学上的视觉认知是以感觉为基础的，包括注意、选择、知觉、记忆的信息认知和处理过程，视觉认知模型间的联结是大脑视

---

① 张鹏：《图像信息处理中的选择性注意机制研究》，国防科学技术大学 2004 年博士学位论文。

皮层对传入的信息进行识别和形象比对，然后快速定位到感兴趣的信息，并即时作出选择，最后在海马区形成视觉记忆。人类的视觉系统是一个多通道、多任务的复杂系统，视觉认知模型也与视觉经验、视觉情感、视觉价值体系等因素密切相连。为了改善和提高信息处理和传送的效率，视觉文本的建构应以视觉认知模型为依据，构建了以视觉注意、视觉选择、视觉记忆为主要内容的视觉认知模型。（图 3—3）

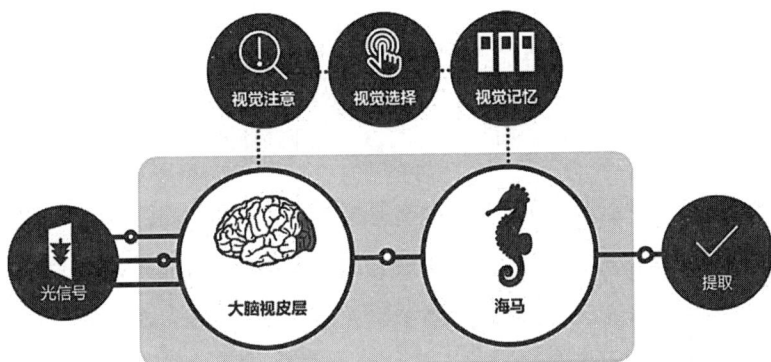

图 3—3　视觉生理认知结构

（一）视觉注意

视觉注意是当人的视觉感官被特定物象所吸引时，而将自身视线投向该物象的活动。视觉情境中定位视觉信息的一种特性，所以说注意通常指视觉信息加工和处理的选择性。① 美国心理学鼻祖威廉·詹姆斯曾说过："注意就是在同时出现的众多事物中选择一个来处理而摆脱其他事物的过程。"② 人脑通过视觉注意机制，可以快速定位到感兴趣的信息，并让其优先进入视觉感知和记忆，以便及时作出反应。

---

① ［英］艾森克·基恩：《认知心理学（第五版）》，高定国、何凌南译，华东师范大学出版社 2009 年版，第 166 页。

② 寿天德：《视觉信息处理的脑机制》，中国科学技术大学出版社 2010 年版，第 76 页。

视觉注意机制在视觉管理信息加工处理过程中发挥着极其重要的作用。视觉认知过程具备主动性和选择性，视觉注意机制在对视觉信息做出选择时，往往只从大量视觉信息中提取有效信息，或者说只保留需要的信息，极大地加快了信息的处理速度。所以说，引起注意是视觉传达的第一要素。

在视觉管理的形式要素的处理上，如：形状、颜色、明度、方位和大小，通过有效的视觉组织都可以生成视觉注意的焦点。例如图3—4（a）中，表明了色彩差异性对视觉注意的引导，其中黑色的五角星较之白色的五角星，更吸引注意力；图3—4（b）则反映了形状信息对视觉注意的引导。根据视觉注意特性，在视觉管理活动中，可以通过对管理信息的选择、控制和调节来设定视觉注意点，提高管理信息有效传播效率。

（a）　　　　　　　　　（b）

图3—4　视觉注意示例图

（二）视觉选择

视觉选择是对视觉信息进行分析和整理的过程，是一种提取视觉场景中有效信息的机制，同时也是视觉信息处理的一个重要环节。

视觉选择虽属生理学范畴，但与知觉的理性思维密切相关。在大脑思维机制的指导下，视觉系统会对视觉对象进行积极主动的选择、组织和识别。视觉选择遵循的是整体优先特性原则，也就是先整体后局部的识别规律。如用"T"和"V"构成的图像，"T"为整体识别特征，"V"为局部识别特征，"T"的整体知觉总是先于"V"。在格式塔心理学家看来，人们认识事物的真正含义其实是在整体上全面地把握事物，而不仅是抓住事物的部分特征。人们对整体的认知不受局部特征的影响，而观察局部特征时却受到整体特征的影响。视知觉的整体特性有助于把握事物的基本特征，捕捉到事物的本质。（图 3—5）

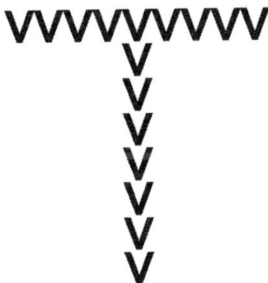

图 3—5　先整体后局部

就视觉管理而言，在视觉选择机制的作用下，人们可以通过视觉的快速搜索、定位来获取有效信息，并对其进行分析、整理，形成视觉意象并以此影响行为结果。此外，当人们的知觉处于某种模糊状态时，人们大脑中贮存的视觉经验和记忆，在外界的视觉刺激下被唤醒，继而影响到对视觉信息的识别与认知。

（三）视觉记忆

在生理学意义上的视觉记忆是指对视觉信息进行编码、贮存、提取（再现）的神经活动过程。视觉记忆是人脑的一种基本功能，也可称为映象记忆或图像记忆。视觉记忆的生理过程是由大脑皮层中的神经元将接收到的生物电信号暂存在海马区，而后遇到相应的信息刺激，海马区就会自动筛选信息，进而以脉冲形式传出，并在大脑中再现形象。视觉记忆中的信息具有未经心理加工的特点，所以能够保持信息原有的直接编码形式。

视觉记忆的特征有二：

其一，视觉记忆具有负载容量大和瞬间储存的特征。施佩林（Sperling）曾就感觉记忆的时间特性和记忆广度进行过实验，提出视觉感觉记忆有着相当大的容量和"图像记忆大约在半秒内就开始消退"的结论。[①] 也就是说，视觉感觉记忆能够将接收到的感觉刺激物理特征精确表征保持几秒钟，并使从环境中获取信息的容量得到一定程度的扩充。

其二，视觉记忆还具有从"整体"到"局部"的特征。人脑对图像的识别与记忆模式，首先是将图像看做一个整体，对图像的整体信息（颜色、大小等）进行编码，以获得整体意象；然后再对图像的局部区域信息进行识别和记忆，以丰富图像的内容，加强对图像的深层理解和记忆。

综上所述，视觉生理认知结构是对认知的工作原理与过程的科学概括，为人类发现并掌握视觉现象及其发生规律提供了科学依据。具体而言，视觉成像模型为视觉管理提供了的生理认知基础，并在视觉认知模型的作用下，以视觉注意、视觉选择、视觉记忆为特征的生理认知过程，构成了视觉信息的加工、处理和运行机制。在视觉管理活动中，利用生理认知规律来处理视觉信息，能够帮助人们快速获取视觉信息，提高管理效率。

第二节　视觉心理机制

视觉不仅仅是一种生理感官，或是肉眼看的行为，而是一种依赖于过去经验的思维活动。自光进入人眼之后，需要经过复杂的生理和心理过程，人才借助视觉完成对于外在事物的把握。这使得视

---

① 张国：《颜色整合的感觉记忆加工机制》，中南民族大学2008年博士学位论文。

觉兼具生理性和心理性两重属性。视觉思维总是与各种理性因素交织在一起，并通过具体的心理机制对行为发生作用。

视觉心理学（或称格式塔心理学）是认知心理学的一个子学科，其认知取向在于研究外界影像通过视觉器官所引起的心理机理反应。广义的认知心理学侧重研究人的认识过程，而狭义上的认知心理学，侧重于研究认知的信息的加工和处理模式。由于外在世界影像的丰富性和内在心理机能复杂性，视觉心理认知机制实质上是一个包含了感觉／知觉、注意／记忆、表象／言语等在内的心理认知过程，从心理学角度研究视觉生成机制，有助于更为准确地把握视觉媒介的管理特性。

一、视觉心理结构

如果说视觉生理认知模型是建立在视觉成像原理基础上的话，那么视觉心理模型是建立在以感觉与感知为主体的认知结构上。视觉心理模型是一种阐述视觉认知规律的一种形态结构，认知模型要素之间的联结是大脑视皮层对传入信息进行识别比对的感觉之后，大脑再依据人所具有的知识与经验对信息进行加工和思维形成视知觉。视觉认知和视觉信息的处理过程，体现着客观事物性质与心理之间联系。（图3—6）

（一）视感觉：直觉心理现象

从心理学上来看，感觉构成一切心理现象的来源，正是感觉的存在才产生了心理现象。直觉属于人的本能反应，对于视觉图像和客观事物，直觉会以合乎逻辑的方式对之进行理解和判断。感觉与直觉不同，前者属于认知的生理现象，后者属于认知的心理现象。在认知过程中视觉生理现象和心理现象几乎在瞬间同时发生，两者互为关联并共同作用，从这个意义上讲，视感觉也是一种直觉心理现象。

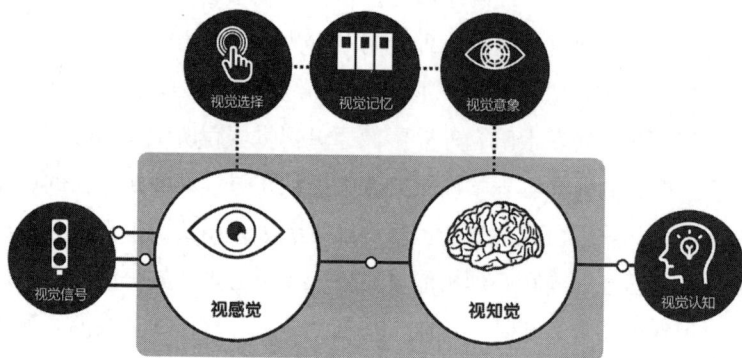

图 3—6　视觉心理认知模型

　　首先，视感觉在心理学上构成视知觉的生理基础。呈现为一个从视觉生理器官（眼睛）接受到视觉刺激后，视感觉可把物理能量转换成大脑能够识别的神经编码，经过神经系统一路传导到大脑，大脑再把感觉到的视觉现象进行比对和认知，然后快速定位到感兴趣的信息，并即时作出选择，最后在海马区形成视觉记忆。所以，视感觉是一个包括注意、选择、知觉、记忆等视觉信息的识别和处理过程，一方面在于它是一种不受年龄、人种、地域和文化限制，是人类与生俱有的感受外部世界的视觉能力。另一方面，视感觉是认知的初级阶段，如果没有视感觉的生理基础，也就无从谈起视知觉。也即是说，感受到光线以及事物之存在属于视觉生理层面的问题，至于所见者是何、有何意义则属于视觉心理层面的问题。

　　其次，从认知心理学角度视感觉属于一种直觉心理现象。当眼睛接受到视觉刺激后，视感觉经过神经系统与大脑产生联系，然后再经过心理加工过程进行认知，视觉认知模型间的联结是大脑视皮层对传入的信息进行心理比对和认知的结果。从这种意义上来看，视感觉也属心理认知范畴。事实也是如此，眼睛在光的持续作用下，感受性会发生变化，从而产生诸如视觉残像、恒常性、视错觉等特殊的视觉现象，同时视觉的选择和记忆功能，形成了一种视觉完形的特殊生理视知觉现象。丹麦心理学家鲁宾（E.J.Rubin）曾经创造出了一个实验心理学的图形——《鲁宾之杯》，揭示图底关系这种特殊的视知觉现象，图中的图形和背景可以相互转化，视觉焦点关注白色时是一只杯子，关注黑色时为两个相对人物的侧脸。格式塔心理学家苛勒将这种现象解释为：人在某个空间中所体验到的秩序，在结构上总是与人脑的一般功能秩序保持一致。[①] 认为人大脑中产生的事物表象与物理时间的结构是一致，心理经验与大脑间有必然的对应性，构成了不能被分解的格式塔。这种经验现象中的共同存在被称为"经验的完形"。（图3—7）

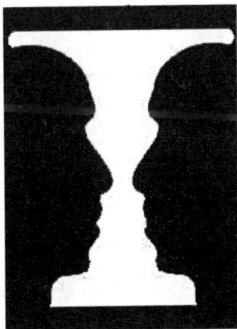

图 3—7　鲁宾之杯

（二）视知觉：知觉心理现象

视知觉反映为一种心理行为，是对于外界事物所发出的感觉信息的加工活动[②]，这些加工过程为感觉信息提供了额外的解释。换言之，知觉是外在事物对人之感性发生作用后人脑随之产生的对于事物完整形态的认知。知觉与感觉上的差异，取决于心理因素的介入。视知觉以视感觉为基础，又高于视感觉。

首先，在感觉、知觉和思维的认知过程中，人在以往生活中所获取的知识与经验对认知活动起着决定性作用。因此，感觉到的事

---

① W. Kohler. *Gestalt PsychologyL A Introduction to New Concepts in Modern Psychology*, NewYork: Liveright, 1970: 61.

② ［美］理查德·格里格（Richard J.Gerrig）、菲利普·津巴多（Philip G.Zimbardo）：《心理学与生活》，王垒、王苏等译，人民邮电出版社2003年版，第102页。

物与感知到的事物之间，存在着事实上的事实与实际上的事实之间的差异。以视错觉为例，由于人自身的生理感知结构的局限性，人们在对视觉物象的感知上有时会产生错觉，缪勒莱尔视觉实验中线的视错觉便是一个视错觉的经典例子，而这种视错觉有时会严重影响到视觉的认知结果。（图 3—8）

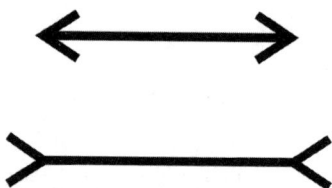

图 3—8 　缪勒莱尔错觉实验

其次，感觉与知觉的同时性。理论上人的认知行为应是感觉先行于知觉。但就事实而论，人的视感觉与视知觉的认知过程中是在极短的时间内完成，几乎是同时发生。由于感觉与知觉之间相互联系，所以在认知结构上就产生了许多的重叠。在格式塔心理学中，认知既包含生理上的视觉接收，也包括心理上的视觉认知。格式塔代表人物惠特海默提出的图底、封闭、临近、相似、连续等知觉组织原则，也充分地证实了这一观点。以格式塔完形论的一个经典试验图形为例，我们会本能地在三个圆形缺口的整体联系中发现一个三角形，然而在分解的圆形中却不能被感知。其中之所以会"出现"一个虚拟的三角形，原因就在于心理完形潜质作用下的补充性知觉行为。同样原理的视觉认知行为频繁地对人类认知行为产生着影响。（图 3—9）

在具体的视觉符号系统设计中，一方面，可以利用视觉现象来消除其负面影响；另一方面，也可以利用这种视觉规律来增强视觉形式的趣味性和视觉注意力。

从视觉管理角度而言，人们对城市主体的认知也是知觉范畴的认知行为，人的视知觉不仅受限于客观事物，还受认识主体的意识影响。鲁道夫·阿恩海姆曾说：鉴于观者能够根据自我偏好而对事物形象进行任意编排，观看因而纯粹是一种人强行赋予现实世界以

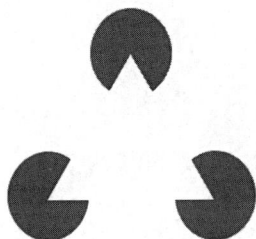

图 3—9　知觉组织图形

形态和价值的主观行为。① 精神分析学家弗洛伊德也曾提出本我、自我和超我的三层人格结构。他认为："本我是生物的'我'，依据本能而行动；自我是现实的'我'，依据现实的要求而行动；超我是理想的'我'，按照道德原则而行动。"② 人格结构理证实了驱动视觉管理行为的心理能量源于生物和认知的本能需求。在影响视觉管理行为的众多因素当中，知觉构成了其心理基础（图 3—10）。认知需求在人格结构中的流动和配置，直接影响着管理行为的结果。

视知觉也可理解为在管理环境中的客体或事件与认知主体之间关系中产生的。知觉具有主动选择性，在接收的繁杂的视觉信息中，人们会根据自己的需要和目标去选择自己感兴趣的信息点，来进行知觉分析或知觉建构。③ 此外，知觉还具有整体性和记忆性功能。在视觉形象的反复刺激下，人的大脑会形成关于视觉对象的整体印象和记忆。知觉的主动选择性、整体性和记忆性等功能特性，是通过视知觉要素（如色彩、图形、文字等）作用于人的视觉器官，形成视觉识别与记忆，直接影响着管理客体的心理机制和个体行为结果。

---

① ［美］鲁道夫·阿恩海姆：《艺术与视知觉》，滕守尧、朱疆源译，四川人民出版社 1998 年版，第 55 页。

② ［奥］弗洛伊德：《自我与本我》，林尘等译，上海译文出版社 2011 年版，第 9 页。

③ 张浩达：《视觉传播：信息、认知、读解》，北京大学出版社 2012 年版，第 41 页。

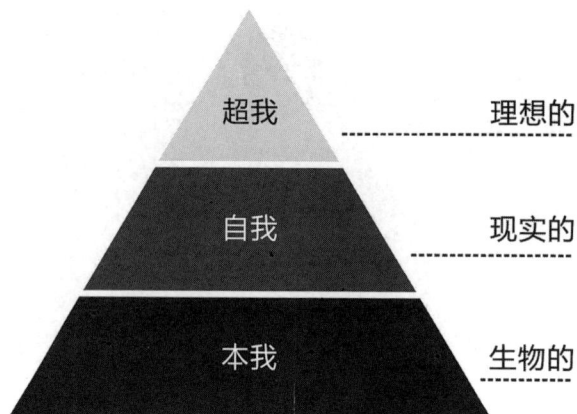

图 3—10　弗洛伊德人格结构图

二、心理认知过程

如果说视觉的生理认知是以感觉为基础的直觉认知过程的话，那么视觉心理学认知结构则是以知觉为基础的感觉、感知、记忆、思维等的视觉信息认知和处理过程。心理认知结构要素之间的联结是大脑视皮层对传入的信息进行识别比对的感知后，大脑再根据人所具有的知识与经验对信息进行加工和思维所形成的视觉感知。视觉认知呈现为一个由外向内的视觉发生过程，也是一个人们认识、理解视觉现象，保存视觉认识经验的过程。

概括起来，心理学角度的视觉认知过程主要包括视觉理解和视觉意象两方面。

（一）视觉理解：图像与视觉文本

视觉理解本质上就是视觉思维，视觉理解是视觉心理过程中最为重要的一环，经历了视觉注意、视觉识别、视觉记忆、视觉想象等一系列视觉认知心理过程。正如阿恩海姆所言，唯有世界是可见的，它才是可理解的，每一种知觉都含有思维，每一种推理都含有直觉，每一种观测都是创造①，这种观点集中反映为视觉思维是人类最有效的认识活动这一概念的核心思想。阿恩海姆的成就在于，将感觉与感知、感知与思维有机地联系起来，彻底突破了感性与理性二分论的思维禁锢，对视知觉的认识达到了一个全新的高度。

视觉理解可以概括为对视觉图像的理解和对视觉文本的理解两个方面。

首先，视觉理解反映在人类对图形的识别、处理和解释能力上。所谓的视觉理解不仅仅是指对事物的形象性或可见性的理解，也包含着对事物的假设、推理和判断等复杂的知觉活动，尤其对较为复杂的视觉映象的认知活动，需要更为高级的心理活动过程的参与。实验证明，当人面对复杂的视觉信息时，作为视觉感受器的眼睛会不断地运动，导致视网膜上的视觉映象也随之移动，因而只有位于视觉中央部位的映象最为清晰，其他部分的映象则趋于模糊。但人仍可在复杂的信息环境中保持清晰的知觉反映，并对物体的位置和状态保持正确的判断。这一心理过程被称为视觉理解，或被称为心理表征和视觉表征。

阿恩海姆认为，视觉形象从来都不是机械地复制感性材料，而是富有创造性地把握现实，视觉形象包含着想象性、创造性的美。② 作为视觉表征的图像也成为具有事物外在形式的表象和事物内在精神的表意的符号系统。因此，视觉表征是人的心理世界对知识或信息的表现和记忆途径，是外在世界在人内心中的再现。所以说，视觉表征是人类思维活动的结果，也是视觉理解的物质界面。

其次，视觉理解反映在人类对视觉文本解读能力上。如果我们说对图像的理解是以图像的个体为特征的话，那么对视觉文本的理解机就是一个对图像整体理解的概念。奥图·纽拉特在上世纪所创造的伊索 ISOTYPE 图形系统，对如何运用表征图形符号系统来替代传统语言文本形式进行了有益的探讨，希冀伊索图形语言能够成

---

① ［美］鲁道夫·阿恩海姆：《艺术与视知觉》，滕守尧、朱疆源译，四川人民出版社 1998 年版，第 377 页。

② 周宪：《视觉文化的转向》，《学术月刊》2004 年第 2 期。

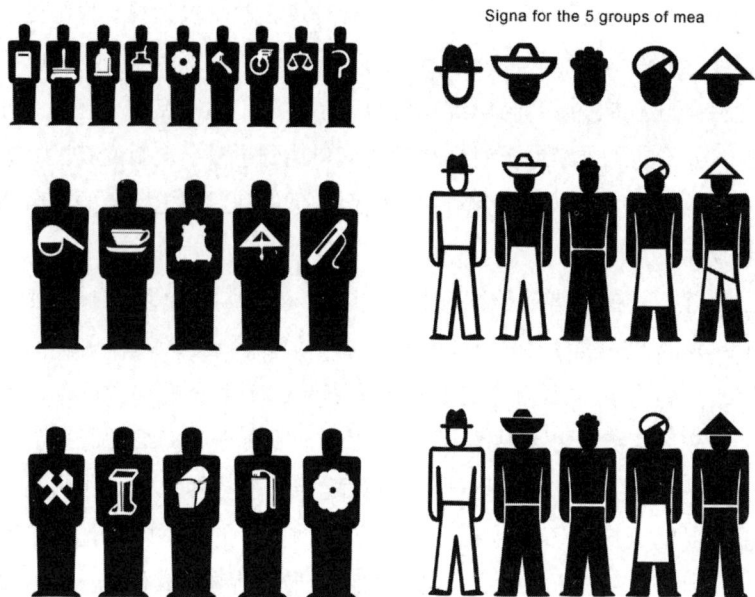

Signa for the 5 groups of mea

图 3—11　伊索图形系统

为通行世界的语言。① 这种试验，很大程度上就是一种视觉文本的构建尝试，对现代设计产生了极其深远的影响。（图 3—11）

　　对于视觉文本的建构，首先是一个视觉表征的集合和整体理解的概念。视知觉总是遵循先知觉其整体后进行局部加工的基本规律，视觉文本以抽象、简约的符号形式及其集合与排列，从而能够以简洁、有序的视觉方式处置纷纭的管理信息，集中体现了知觉的整体性组织能力。广义上的视觉文本有些类似于海德格尔"世界的图像化"的观念，旨在对现代世界主体的认知制度建构，以及文化规制和价值秩序的视觉建构。狭义上的视觉文本是指具有特定视觉形式的具体物象。视觉文本建构起从主体认知到文化规制的运作准则，形成视觉性的实践与生产系统，使得人类一些非视觉性的传统语言文本形式开始向视觉文本的转向，构成了读图时代的典型特征。知觉的这种组织方式同样也广泛适用于知识的学习、记忆

———————

① 　孙湘明：《信息设计》，中国轻工业出版社 2013 年版，第 28 页。

和认知。[1]

（二）视觉意象：生成与认知

视觉意象有别于物象与形象。心理层面的"意"是事物的应然形态与人的情绪或意向相连；而"象"是事物的实然形态与客观视觉形象相连。《周易》之"观物取象""立象以尽意"，刘勰之"独照之匠，窥意象而运斤"[2]，王昌龄之"久用精思，未契意象"[3]等相关阐述，均体现了意象构造的理念。归纳起来，意象反映了客观物象的感性形态借由物我沟通而对主体心灵的塑造和建构。依据心理学家麦金（R.H.McKim）的论点，意象是由客观可见的、想象虚拟的、观念生成的三种形式相互作用的结果。视觉思维中的意象与非视觉思维的言语思维或逻辑思维截然不同，突破知觉与思维的分界和现有规范，有机地将表象世界与抽象思维联系起来，是一种极富创造性的思维方式。

首先，视觉意象作为一般思维活动的认识功能，体现在意象与感性因素之间联系的把握上。视觉思维的知觉特征不仅仅局限于直接的知觉范围内，主要源于人的主观意识和理性的心理判断和推理的结果。人的视觉在接触到物象的瞬间所产生的知觉判断，会在人的心智中产生一个相应的意象，阿恩海姆认为：思想需要依托视觉意象才得以最终完成，由于语言能够为思维提供这种意象，这使得其总是对创造性思维大有帮助。总之，意象的形成源于心灵对感性事物的本质阐释和对事物的总体结构特征的积极主动把握。

由物象到意象的生成过程可表述为：视觉对象是认知主体与客体交流的视觉媒介，而作为客体的视觉对象通过认知主体的意识与观念的介入，赋予了认知主体的情感和经验等形象特征，从而意象

① 王鹏、潘光华、高峰：《经验的完形——格式塔心理学》，山东教育出版社 2009 年版，第 235 页。

② 祖保泉：《文心雕龙解说》，安徽教育出版社 1993 年版，第 520 页。

③ 王昌龄：《诗格》，郭绍虞主编：《中国历代文论选》，上海古籍出版社 1979 年版，第 83 页。

以不同程度的抽象形式被创造出来。中国古代的"太极图"就是这样一种有意味的形式，被把握并被体认出意象的最为突出的本质结构特征。

其次，意象生成的视觉思维过程受到视感觉和视知觉的支配，具有明显的形象性、象征性和模糊性特征。精神分析学家弗洛伊德曾对意象和梦的形成机制进行了分析，将梦看做某种思想，或是某些类似于亲身体验过的、呈现为某种情境的物象化了的思想。① 而且梦中大部分的经历为视像，梦的主要成分是视像，同时混之以感情、思想或其他因素。② 因而得出了梦的形成机制与意象的形成机制十分相似的结论。当然，意象与梦的区别在于，意象是人有意识的主观能动参与活动，并根据经验来进行分析、判断和理解。此外，意向也与记忆相关，如果说生理学意义上的视觉记忆是未经心理加工的信息，能够保持信息原有的直接编码形式的话，那么经过心理加工的记忆构成了对事物的整体意象。

综上所述，视觉思维是视觉管理的一种主要思维模式。首先，视觉心理机制为视觉管理提供了认知的基本规律，体现为以直觉心理现象和知觉心理现象为特征的认知结构；其次，视觉理解和视觉意象构成了主体的心理认知过程。视觉表征作为的视觉管理的形式要素乃是一种思维交互的基本媒介，构成了以视觉图像与视觉文本形式的管理形式，成为了人们接触视觉管理的第一界面和鲜活的城市意象，并以整体的态势使人们获得完整意义上的视觉认知；同时，视觉思维始终存在于视觉管理活动之中，并以其显性的视觉形态潜移默化地影响着人们的观念、情感、信仰与价值体系形成。从心理学角度厘清各种视觉现象的视觉规律和心理发生机制，对视觉管理实践具有重要的实践指导意义。

---

① ［奥］弗洛伊德：《精神分析引论》，高觉敷译，商务印书馆1986年版，第63页。

② ［奥］弗洛伊德：《梦的解析——揭开人类心灵的奥秘》，丹宁译，国际文化出版公司1998年版，第384页。

第三节　视觉审美机制

从审美意义上讲，视觉管理实际上是一种艺术介入管理的形式。作为视觉管理形式要素的图像既是视觉管理的媒介，也是一种饱含艺术意蕴的审美对象，因此，视觉管理也就与审美心理学产生了必然的联系。

审美是一个复杂的心理活动过程，不但与视觉生理发生机制有关，而且与人的感知、理解、想象、联想、情感等心理活动密切关联，形成了错综复杂的审美心理机制。对视觉审美的研究，经历了从审美客体到审美主体，再到审美主体的"审美经验"的探讨历程。审美心理学对审美的主客体之间关系的研究，对于审美经验的生成无疑具有重要的意义，正是因为人类在审美活动中建构起来的审美关系，揭示了人类在审美过程中心理活动的基本规律。

一、审美心理结构

西方美学对"审美关系"在审美心理结构中的作用的研究始于经验美学。休谟所言的"对象的美只在于我的心里"，可以说就是审美"关系"说的萌芽。不过狄德罗真正从理论上进行了进一步的确认，在他提出的关于"美在关系"的命题中，明确了关系的种类，包括实在关系、察知关系，认为判定对象是否美要把它放到"关系"之中去。对于狄德罗"美在关系"的理解有两点，其一是肯定"关系"的客观性，即肯定美的客观性；其二在于看到了"关系"处于不断地变化之中，而正是这种变化对审美产生了一定的影响，"距离说"和"移情说"这两种美学心理学观点在其中得到了肯定，表现为在审美心理结构中审美主体与客体之间的关系影响。

（一）审美关系

审美关系主要是指审美主体、审美客体及其之间的关系。蒋孔阳先生曾对审美关系有一个很好的解释，他指出审美这一术语属于动宾结构，定然要有一个审美主体，即审美的人，定然要有一个审美对象，这就是现实生活中具有美的属性的事物，审美主体与审美客体发生了美学上的关系，这就是审美关系人间之所以有美，以及人们之所以能够欣赏美，原因在于人与世界在审美的意义上的会通。① 因而，审美客体、审美主体以及他们之间的审美关系是视觉审美心理结构建构的基点。

从唯物主义历史观角度，马克思的艺术哲学理论对审美关系有着更为深刻的解释，他深刻批判了黑格尔一直致力于追问"美的发生"问题，认为这种方式必然导致了形而上学或神秘主义的神学，使美和美感最终成为孤立、绝对的形态。马克思认为关系是一种对象性的关系的现实存在，任何自在地存在于人之外的自然界只是无。② 马克思对审美关系是美存在的肯定，得出合乎历史事实逻辑的结论。对于人的存在而言，不管是自然中的美还是艺术中的美，美的产生是建立在人与审美象的审美关系上。

审美客体、审美主体和审美关系构成了审美的逻辑起点，且是审美心理生成的基础。在存在主义哲学视域下，美学的一切问题都应当放在人对现实的审美关系中加以考量。人对现实的审美关系事实上是以客观世界为中介，伸展到人的本质力量，建立起审美对象与审美主体间在心理上的关系。在此关系中，尽管审美主体与客体的关系永远处于恒新恒变的状态中，但是人始终都处于审美的主动地位。随着人对现实关系范围的越来越大，审美心理研究的对象也在不断扩大，自然而然地扩大到了视觉审美和视觉管理领域。

① 蒋孔阳：《美学新论》，人民文学出版社 2006 年版，第 3 页。
② [德]马克思：《1844 年经济学哲学手稿》，人民出版社 2000 年版，第 116 页。

（二）审美心理模型

审美心理结构是通过在审美关系观照下的心智活动历程，来揭示审美的心理奥秘。审美主体的审美心理结构包括主要由两个部分构成。（图3—12）

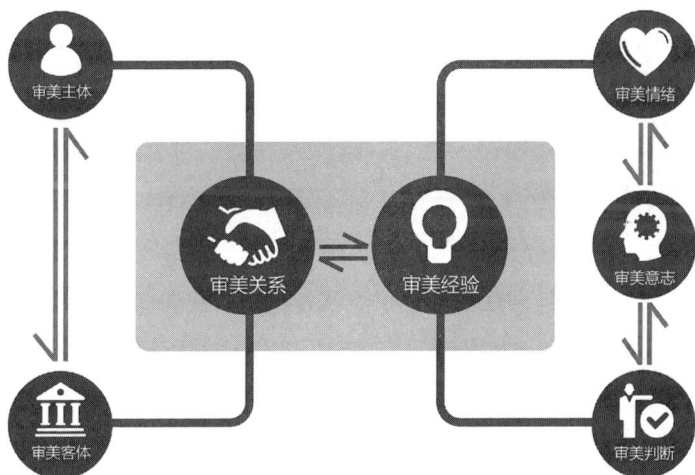

图3—12　审美心理模型

其一，从审美客体到审美主体。人类的一切认知活动，都是从对客观事物的感受开始的。从心理学的意义上来讲，审美过程必然经历审美主体对审美客体的视觉感受和心理感知的过程。在视觉审美活动中，无论是艺术作品或者其他任何美的事物，之所以能作为审美的对象被感知，那是因为这个审美对象，给了审美主体一种美的视觉器官刺激，才能带来不同程度的生理上的快感和心理上的愉悦。在审美过程中通过视觉感受器使得审美客体作用于审美主体，因而感性的世界才能够被审美主体所把握。

总而言之，一方面，审美活动离不开审美对象的直观感性把握，总是在对审美对象的形状、色彩、线条和质地的直觉感受中完成。另一方面，审美活动取决于主体的判断力和审美能力。审美的主客体两者并不能互为替代，但是却互为作用、互相联系，正如蒋孔阳先生所言，美的形式不取决于物质对象本身所具有的形式，而在于这种对象能够体现出某种心灵的形式。① 因而，审美活动也必然经历一个从审美客体到审美主体的审美认知过程。

其二，从审美经验到审美态度。从审美心理学角度而言，审美心理活动取决于审美主体的经验和知识的介入。受现代美学思想的影响，审美经验总是与"审美判断"和"审美态度"等命题相联系。审美心理学试验证明，审美经验受审美主体的情绪、态度和价值观所形成的心理定式和个体的审美能力所左右，即使在面对同一审美对象时，不同的审美主体会有不同的审美判断，而审美判断却是由审美主体的审美态度所决定，审美经验所涉及的各种心理因素，都可以囊括在审美态度的概念之中。

审美经验是一种可细分为感知、想象、情感、理解等较为复杂的心理过程，但是却浓缩于审美主体的瞬间审美把握之中，很难也没有必要机械地将其分离。

二、审美心理过程

审美活动是一个相当复杂的心理过程，受审美主体的审美态度、审美判断所制约，并在人的大脑感知、理解、想象、联想、情感等因素共同作用下，构成了审美的心理机制。如果说所谓的审美是指美感的产生和体验的话，那么审美心理活动则指人的认知、情感、意志。审美心理学的研究旨趣就在于探究人类审美经验中所产生的知、情、意三种心理反映和审美者的个人取向。

对认知的阐释在前面的视觉生理现象和视觉心理现象章节中已经进行了探讨，本章侧重于探讨情感和意识等审美心理因素。视觉审美理论是对管理空间的视觉秩序及其组织方法，成为了审美主体在审美活动中进行审美判断的规范尺度。

---

① 蒋孔阳：《美学新论》，人民文学出版社 2006 年版，第 13 页。

（一）审美情感

审美心理学理论中的"情"是指情绪和情感，审美主体对客观审美对象所产生的审美态度，可转变为生理上的感觉，而生理感觉又在审美过程中被审美主体体验出来，这种审美体验所引起的审美愉悦和快感结果就是情感活动结果。但是，情感属于一种潜意识的心理活动，往往潜藏在意识的深层不易被觉察也不易剥离出来。休谟认为，独自消受的快乐定然会衰落，独自承担的苦痛则会变得更加残酷。[①] 在他看来，审美情感的产生是社会化影响所带来的后果。因此，审美情感产生的基本条件便是具有社会性，也是一般主体过渡转化为审美主体的必备的基本条件。总而言之，情感作为审美心理活动中的重要因素，其最重要的功能表现在审美意志的外化，以及审美主体的主观体验和生理唤醒等方面。

就视觉管理而言，视觉管理的功能实现主要是借助审美的情感因素的潜能调动。从大的方面讲，城市是审美意志的外化形态，作为审美对象和审美情感发生的场域。城市的文化记忆、历史叙事和个性气质是连接人们审美情感的纽带。进而言之，城市为视觉管理为提供了情感交流的文化场域，城市作为审美对象不仅要注重城市形态和空间的审美性，更重要的是要考虑到城市空间是否满足人类的心智活动和情感的需求，也就是说，城市存在的意义在某种程度上取决于人是否与审美环境发生情感上的联系。因此，在城视觉管理活动中，城市居民的情感诉求理应成为管理考量的重要依据。

从小的方面讲，无论是符号还是视觉文本的语义生成，很大程度上依靠调动人的情绪和情感。视觉管理在表现形式上所呈现出的单纯、简洁、完整的形象，在感性层面上潜能表现转化为具体的审美对象，或者说能够唤起审美主体的情感效应。所以说，审美客体在形式上应当具备的形象性抑或是唤起审美情感的潜在功能。作为审美客体的视觉管理形式要素如果不能给人动之以情的话，至少说在表现形式上存在有某种欠缺。

---

① ［德］马克思：《1844 年经济学哲学手稿》，人民出版社 2000 年版，第 87 页。

此外，审美情感是基于居民对城市环境的情感需求与心理认知为基础展开的管理行为，其情感的发生是通过人们的审美感受和审美体验而实现的，审美体验正是这样一种影响着我们的情绪，并控制着我们精神的一种心理行为活动。

（二）审美意识

审美意识产生与审美主体能动地反映审美客体的过程。生理实验证明，在人大脑的前额叶周边存在着一个意识脑区，其功能就是对脑内外觉察到的表象信息进行处理，但是意识脑区并无独立的思维能力，真正的思维是以潜意识的形式发生在各个脑区。审美意识作为知、情、意、行等审美心理活动中的重要环节，主要包含了人的审美感觉、情趣、经验、观念和理想等心理行为活动。换言之，审美行为是一种在意识支配和调节下的心理行为活动。

审美意识具有自由性和社会性两种特性：

其一，审美意识是一种自由意识。审美活动是一种意识作用下的自由选择，即所谓的自由意识。作为自然人，审美主体以一种自由观照的态度来对待所感知到的事物，超越了物质对象所造成的约束。西方许多先哲和美学大家，也都将自由意识作为审美产生的重要条件。黑格尔把机体是否有自由意识当作审美的评价准则，将这种人与对象之间自有关系定义为"绝对精神"，把人与物质形式之间的关系看成是否具备美和美的程度高低的标准。席勒认为"人只有在游戏时才是人"，① 因为在"游戏"时人在完全自由的状态下的审美形态。他还进一步指出，只有人只对事物的"外观形象"感兴趣的时候，他才是真正的人，便意味人已经脱离了对象的表征性的束缚。蒋孔阳先生把自由意识看作是审美关系产生的条件，认为审美关系只会发生在人具备了自由意志之后，因而自由是人产生美的必要条件，同样地，当人在原始的自然状态中无法逃脱物质的藩篱时，换言之，当人还没有获取自由之时，即便他是有意识的，却也

① ［德］席勒：《美育书简》，徐恒醇译，中国文联出版公司 1984 年版，第 41 页。

还是不能审美的。① 由此看出，自由意识反映出了自然人的本质属性，是一种人的本质力量。

其二，审美意识的社会性。所谓的自由意识是相对的，人的社会性使得人并非完全具有的自由意识。对于审美主体而言，意识的社会性是人的最基本也是最重要的潜力，影响并促使主体审美意识的形成。康德对审美的社会性有着贴切的阐述：美的经验的兴趣只在社会中，对于同一个审美客体，如果一个人无法与其他人一起获得对于它的审美愉悦，那么他仍旧不能感到满意。② 康德想要表达的意思是，只有具备以上属性的社会人，才具有可能表达自己七情六欲的思维冲动。与其说主体审美意识的形成，是大脑与审美关系相互作用的结果，不如说是受到社会关系的潜移默化影响。

在马克思眼里，不同社会阶层的人之所以对同一事物的审美感觉完全不同，原因在于他们受生存或利益的约束，因而缺乏完整的自由意识，从而影响到对美的外在形式感知。就像对于忍饥挨饿者而言，食物并不具有具体形式而只是某种抽象存在，即便此时食物具有最基本的形式，但是此时的饮食活动或动物的同类行为并无二致。③ 由此可以看出，社会意识形态、价值认同以及主流文化思想都会对个体的审美意识、审美态度和审美判断产生深刻的影响，并潜移默化地影响着人们的思维方式和行为方式。

总而言之，客观事物要想转化为审美客体并被审美主体所接收，必须经过认知、情感、意识等心理活动过程。在更多的情况下，审美心理过程是丰富的内涵和完美的外在形式共同作用下唤起审美主体的生命体验，美感也是在这样的一种过程中产生的。客观事物之所以能够在人的内心中生成美或美感，一方面是因为审美主体和客体本身所具有的美的潜能；另一方面，更有赖于主客体之间的审美关系的建立，当这种审美机制被建构起来之时，就是美和美感的诞生之刻。

从视觉审美角度上来看，视觉管理活动也是这样一种在审美情

① 蒋孔阳：《美学新论》，人民文学出版社 2006 年版，第 168 页。
② [德] 康德：《判断力批判》，邓晓芒译，人民出版社 2002 年版，第 139 页。
③ [德] 马克思：《1844 年经济学哲学手稿》，人民出版社 2000 年版，第 87 页。

感和审美意识作用下的管理活动。无论是作为视觉媒介的图形、色彩、文字及其组合关系等审美要素在形式上所表现出的形象特征，还是审美主体在信息接收过程中所获得的美的感受，在审美主体与审美客体的相互作用下形成了改造审美对象和城市环境的动力。总之，视觉管理也是一种将美外化于形、内化于心，运用美的规律去调节和引导社会行为和个体行为的管理活动。

第四节　视觉传播机制

　　视觉传播方式先于语言和文字已成为了学界的共识，在后现代社会中，视觉已经成为居于主导地位的核心力量，不仅决定着美学观念的走向，而且在很大程度上影响着观众的心理。[①] 伴随着视觉显示技术、通讯技术及信息技术、图像化技术的进步，使得传统以语言形式为主体的传播方式向视觉传播方式的转型，成为了一种不可阻挡的发展定式。视觉传播以其高度的识别性和跨地域性，弥补了传统文本传播的不足，打破了地域文化和语言上的限制，成为当今社会最普遍、最有效的传播方式之一。

一、视觉传播模型

　　传播模型的建立最早可以追溯到信息论创始人香农提出的"5W"模型，即为"谁——说什么——渠道——效果（who、say

[①]　［美］丹尼尔·贝尔：《资本主义文化矛盾》，赵一凡等译，生活·读书·新知三联书店1989年版，第154页。

what、which channel、what effect)", 随后布雷多克添加了"为什么、在何场所(why、where)"发展为"7W"传播模型,施拉姆从符号学的角度,将其进一步归纳为一个由信源、编码、信文、解码、反馈组成的传播模型。这种普适性的传播模型同样也适合视觉传播,不同之处在于,视觉传播是以符号和图形作为主要传播媒介。

(一) 结构模式

根据施拉姆提出的信息传播模式,视觉传播模型建构的基点在于视觉信息的建构和传受过程。可以归纳为,由信息发送者依据编码规则将信息构成视觉信文,通过传播通道与媒介进行传播,接收者再依据编码规则对视觉信文进行解码,还原信息和反馈信息的过程。(图3—13)

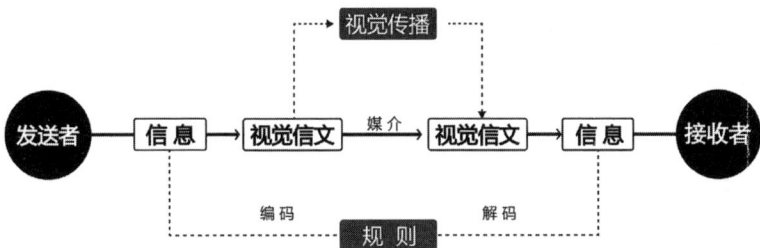

图3—13 视觉传播模型

首先,视觉传播的编码规则。语言学上的编码规则是一种严格意义上语构规则,被称为规则依存性编码规则。相对语言学编码规则而言,视觉语言的编码与解码规则是一种相对松散,或者说是并不完备的艺术编码系统,属于一种外界依存型艺术编码规则。[1] 视觉信息编码与解码有赖于特定的语境和视觉规律,以及人的经验、意识和判断,甚至情绪和情感都会影响到信息的解读与重建。也就是说艺术性编码所"传达"和"接受"的视觉信息,很大程度上取决于收信人对它的"意义"的自我阐释和理解。

---

[1] 张宪荣:《设计符号学》,化学工业出版社2004年版,第55页。

其次，在信息编码与解码过程中，信息发送者与接收者的双方，依据共知的环境依存型编码规则，进行视觉信文的编码和信文解码与重建。也就是说信息发送者借助可感知和可承载内容的视觉符号进行信文编码，信息接收者将接收到的可感知信文进行解码，并重建信文抽象意义的过程。视觉编码主要借助视觉符号将人的经验形式化，可以说信文必须经过赋义、赋值的符号化过程，才能转化为一种可被感知的视觉信文和特定的视觉语义，"意义"的符号化（编码）与符号的解读（解码）成为了视觉传播的关键所在。从这种意义上讲，看似并非十分严格环境依存性编码规则，并不意味着视觉编码比语言编码更容易。

借助于视觉传播模型可以知晓，信息的意义是被生产出来的，而不仅仅是简单地传递。信息编码与解码的过程，既是视觉信息的"意义"生成过程，同时也是意义传达的首要条件。

（二）传播媒介

传播媒介的发展使视觉信息的生产与传播越来越简单，视觉信息的表现形式也越来越丰富，也使人们信息的获取方式越来越方便。在数字化时代的背景下，视觉传播形式呈现出一种由静态形式向动态形式，由单一媒介向综合媒介形式转向的发展趋势。新媒体的出现不仅大大地降低了视觉信息复制的成本，而且也极大地拓展了传播的空间。

首先，静态视觉传播形式泛指二维的传播方式，几乎涵盖了社会生活的方方面面。具体而言，静态传播形式是以视觉表征为代表包括视觉符号、视觉形象、视觉文本、图形图表为主体传播方式，具有形式简洁、形象鲜明、内容概括等形式特征。视觉传播的效果往往是以视觉印象或视觉记忆的方式被保留下来，大大地提高传播效率并被人所记住。但是视觉传播也并不是没有缺陷，高度概括的图像并不可能被所有的受众所熟悉和认知，考虑接收者视觉经验的差异，往往需要辅之以简洁的文字解释，在受众所熟悉的语境下，往往单凭简单的视觉符号就足以传达意义。

其次，视觉传播的动态形式并不是传统意义上的电影或电视艺术，而是指以传达信息与知识为目的的动态视觉文本、动态图像图表的传播方式，当然也包括了相应意义上的影视作品。对于较为复杂的视觉信文，往往需要一定的时间以叙事的形式表达，当单纯的静态方式无法实现传达目的时，动态媒体成为了最为合适的选择。相对静态传播方式而言，动态视觉传播方式能够以生动与真实的形象，逼真与浓缩的场景，连贯的叙事情节，更容易被信息接收者所理解。事实上，无论是静态媒介还是动态媒介的传播方式，往往也借助听觉或触觉等感官元素进行信息传播，但无论何种方式视觉图像仍然是其主体部分，其他感官形式只不过是主体信息的补充而已。

再次，综合媒体的传播方式一般是指多种媒体的综合，传播所使用的视觉要素含二维和三维的图像、文本、声音等视觉、听觉、触觉甚至味觉等多种感官因素，并以其高速度、大容量、互动性、即时性、开放性、易检索等特性，跨越了时间、空间和媒体的边界，成为了当今主流的资讯传播方式。互联网为综合传播提供了多维度的传播通道，新媒介的产生改变了信息的显示方式、接收方式和阅读方式，实现了信息发送、信息传播、信息接收的无障碍传播。综合媒介在打破传播的空间和时间域限的同时，带给人们一种与传统传播媒介迥然不同的阅读体验。信息获取的渠道变得如此直观与简单，使得人们的选择性得到了空前的扩张。

随着现代传媒技术的巨大发展，新的时空关系正在不断被创造出来，人们的公共与私人生活正在以新的面貌得到重塑，而社会关系和感觉路径也处于快速更新之中。综合媒介的传播形式让视觉形态更为多元化，有助于满足人们更高审美趣味与个性化需求，并且受众也逐渐参与到信息传播中来，体现出更为积极的主动参与态势。

二、视觉传播方式

视觉传播的历史由来已久，从结绳记事开始以图像为媒介的视觉传播活动就已经存在。顾名思义，视觉传播是一种运用二维或三维、静态或动态直观视觉图像，以视觉符号的形式承载和传达意义的传播行为。视觉符号作为视觉传播的主要方式，既是视觉传播系统产生、变化和发展的基本动因，且是维持视觉传播运动必不可少的因素。这里所讲的视觉传播方式，并非视觉生理意义上的视觉现象，而是从视觉符号的意义生成和符号组织结构角度上的一种具有创造性的传播方式。

（一）符号化传播

符号化传播是利用符号的表征性进行信息传播的形式。符号学意义上的符号，泛指包括文字、语言、图像、电码，以及数学与化学符号等符号现象。而视觉传达意义上的符号，特指一种能被感知的客观形式来显示"意义"的图像符号系统。视觉符号作为信息的物质载体或和精神外化形式，在视觉传播中具有特殊的指代功能和交流功能。符号学作为一种普遍适用的原理，不仅可以指代某一事物或特定的意义，而且可以是一种可以指代人类思想和文化的概念。

语言学家索绪尔把符号分为能指和所指两个部分，能指是符号的物质形式，而所指是指符号的物质形式与人的心理意识发生作用的结果。① 依据穆勒（J.Mm）对符号"意义"层次的区分，符号的意义可以划分为明示义和暗示义两个层次，分别与符号的基本结构能指与所指相对应。

首先，符号的明示义是指视觉符号语词系统的内涵意义。明示义源于直观视觉对象的感性认识，是符号的直观形象与客观物象直接联系，也是人脑对客观对象的属性反映，并与符号的能指相关联。具体而言，明示义是符号本身的视觉形式所直接承载的直观意义，如轮廓、形状、结构、色彩等视觉信息，及肌理、温度、硬度等视觉信息。明示义在反映符号内涵意义的指称上具有相对的稳定性。

其次，符号的暗示义是指视觉符号语词系统的外延意义。暗示

① ［瑞士］菲尔迪南·德·索绪尔：《普通语言学教程》，刘丽译，九州出版社2007年版，第153页。

义源于人类的意识中的精神意义，或者说人脑对客观的实体对象与观念中的客体照应性反映。具体而言，暗示义源于由符号形式所引发使用者与约定俗成的某种概念发生的联想，是指在意指作用下的符号意义生成机制。暗示义在反映符号外延意义的指称上具有相对的可变性、任意性和不稳定性。

歌德提出关于"万物皆符号"的论断，把我们的世界概括为一个符号化的世界，揭示了符号存在是一种普遍现象。符号作为人类的创造物，符号的意义生成有赖于人类的思想，符号意义的建构是在意指作用下通过赋义、赋值的符号化过程所实现。符号的明示义和暗示义构成了完整的符号表意系统，两者之间互为联系是一个不可分割的统一体。

（二）文本化传播

文本视觉化传播是以一种符号集合的传播方式。符号并非仅仅是单一的个体形态，可以把符号视作视觉传播系统的基本语汇要素。符号的集合可构成视觉文本或称之为视觉语言基本单元，能够表达更为复杂的信息或更为完整的意义。因此，符号的文本化传播，呈现为一种具有叙事性、层次性和次序性的组织结构。

首先，视觉文本具有文学话语的叙事功能。符号的叙事性是人类的一种表意方式，呈现为以时间维度展开的、具有一定艺术意味的形式特征。以符号集合形式所构成的视觉文本，所涉及的叙事方式、叙事角度、叙事话语修辞等方面的技巧，与文学叙事方式基本相同。其区别在于，文学是用语言形态来塑造形象，而视觉传播则是用形象来表达语言。从表面上来看，这种差别似乎将两种传播方式分隔在两个完全不同的领域，但并无本质差异。从某种意义上讲，视觉文本是一个更大的表意系统，是一种广义的"语言传播"概念，每一个符号单元都可能成为一个单独表达意义的部分。

其次，视觉文本具有一定的符号"意义"组织功能。符号不仅具有表征意义且具有一定的组织意义。视觉符号的"意义组织"可以理解为形式意义和延伸意义两种组织形式。形式意义上的组织，除了从视觉生理因素的视觉注意、视觉选择和视觉记忆上的考量之外，视觉文本的层次性、次序性和结构的逻辑性呈现为具有明示义的组织特征，在很大程度上决定着视觉传播系统的性质和功能。而延伸意义的组织，是一种从形式意义与心理、社会和文化相关联的意义组织。延伸意义存在于接收主体的积极理解和阐释的心理活动过程中，或者说符号的延伸意义隐藏在直觉的形式结构与人的心理结构的联结之中。在符号意义的生成过程中，由于符号形式要素的不同组织形式，延伸意义也就存在着多种表达的可能性。符号意义组织关系并不是一成不变的，当延伸意义成为一种约定俗成的意义时，会引起质变转化为形式意义。①

视觉传播的根本意义在于"意义"的表达。就视觉管理而言，就是利用视觉传播这种特殊的功能，将管理的观念、意义及内涵以一种视觉符码的形式进行视觉传播，通过视觉符号实现传播者与接受者之间的信息传递、情感沟通和文化交流。因此，视觉符号理所当然地成为视觉管理不可或缺的语言形式和意义载体，符号化视觉传播与文本化视觉传播方式，也必然成为视觉管理信息传达的主要方式。

综上所述，国内外学者对于视觉管理学理的研究散见于相关的学科领域。我们尝试着以视觉生理和视觉心理现象为研究的基点，融汇心理学、艺术学、设计学、传播学等学科理论，初步构建起以"视觉生理机制、视觉心理机制、视觉审美机制、视觉传播机制"为基础的学科原理体系框架。

从视觉生理机制上，视觉作为人感知外界事物的前提条件，眼睛和大脑独特的生理构造为视觉现象的形成提供了物质基础。视觉生理认知结构通过对认知的工作原理与过程的科学概括，为人类发现并掌握视觉现象及其发生规律提供了科学依据。简而言之，视觉成像模型为视觉管理提供了的生理认知基础，并在视觉认知模型的作用下，形成了以视觉注意、视觉选择、视觉记忆为特征的生理认知过程，构成了视觉信息的加工、处理的运行机制。在视觉管理活动中，利用生理认知规律来处理信息，能够帮助人们以视觉形式快

---

① 　张宪荣:《设计符号学》，化学工业出版社 2004 年版，第 58 页。

速获取管理信息，为视觉管理奠定了生理基础。

从视觉心理机制上，视觉心理机制为视觉管理提供了认知的基本规律。视觉管理的形式要素乃是思维的一种基本媒介，视觉心理模型作为一种阐述视觉认知规律的一种形态结构，在大脑视皮层对传入信息进行识别比对的感觉之后，大脑再根据人所具有的知识与经验对信息进行加工形成视知觉。视觉认知和视觉信息的处理过程，反映出客观事物性质与心理认知结构之间联系。视觉思维自始至终存在于视觉管理活动之中，视觉理解和视觉意象的认知心理过程，以其显性的视觉形态潜移默化地影响着人们的观念、情感、信仰与价值体系形成。

从视觉审美机制上，视觉形象要想转化为审美客体并被审美主体所接收，必须经过认知、情感、意识等心理活动过程。视觉管理活动也是这样一种在审美情感和审美意识作用下的管理活动。无论是作为视觉媒介的图形、色彩、文字及其组合关系等审美要素在形式上所表现出的形象特征，还是审美主体在信息接收过程中所获得的美感体验，在审美主体与审美客体的合力作用下，形成了改造审美对象和城市环境的动力。总之，视觉审美机制通过审美情感和审美意识有效地调节和引导社会行为和个体行为，将美外化于形、内化于心。

从视觉传播机制上，以符号为主体的视觉传播其根本意义在于"意义"的建构与传达。视觉传播可以归纳为符号化视觉传播和文本化视觉传播传播两种途径，呈现为一种形式意义与延伸意义相互作用的组织结构关系。就视觉管理而言，就是利用视觉传播的这种特殊功能，将管理的观念、意义及内涵以一种视觉符码的形式进行传播，实现传播者与接受者之间的信息传递、情感沟通和文化交流。因此，以视觉图像与视觉文本形式的管理形式，理所当然地成为视觉管理不可或缺的语言形式和意义载体，构成了人们接触视觉管理的第一界面和鲜活的城市意象，并以整体的态势使人们获得完整意义上的视觉认知。

城市视觉管理原理
Principles of urban visual management

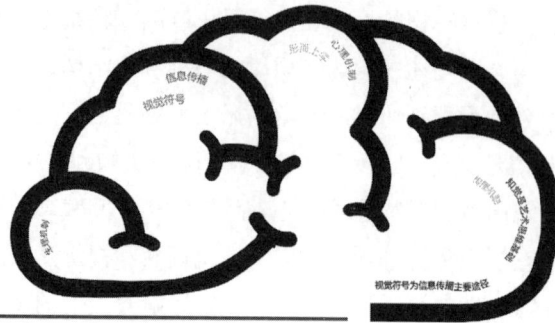

视觉符号为信息传播主要途径

生理机制

亚里士多德
Arist o teles
形而上学

约翰尼斯·开普勒
Johannes Kepler
屈光成像

威廉·詹姆斯
Wil liam James
心理学

心理机制

埃德加鲁宾
Edgar Rubin
格式塔心理学

西格蒙德·弗洛伊德
Sigmund F reud
精神分析学

鲁道夫·阿恩海姆
Rudolf A rnheim
视觉管理

审美机制

恩斯特·马赫
Ernst Mach
科学哲学

克莱夫·贝尔
Clive Bell
形式主义美学

冯·恩格斯
Von Engels
哲学

传播机制

恩斯特·卡西尔
Ernst Cassirer
符号形式哲学

罗兰·巴特
Roland Ba rthes
符号学

第四章 价值认同

城市形象视觉管理①

---

① 本章部分内容作为阶段性成果，曾以《城市形象视觉管理研究》为题，发表于《中南大学学报》（社会科学版）2014 年第 6 期，第 224—230 页。

城市视觉管理系统是由形象视觉管理、环境视觉管理、公共服务视觉管理和系统规划与体制建设所构成。如果说，环境视觉管理系统和公共服务视觉管理系统侧重于具体操作层面或实施层面的管理的话，那么，城市形象视觉管理则是一种建立在价值认同基础上展现精神力量的宏观管理。

一个国家需要一种形式来体现力量，一个城市也需要一种形式来体现精神。城市形象恰恰就是这样一种体现城市精神的独特视觉形式，成为一座城市发展不可或缺的重要资产，也成为一种全新的城市发展战略。城市形象是人们脑海中所形成的对一个城市的综合认知印象，也是城市的历史文化传统和社会群体的价值观念、行为方式等要素，作用于社会公众而产生的一种心理意象。城市形象战略设立是出于营销城市的目的来打造城市品牌，并非出自于城市管理的需求，但无论是在战略规划阶段，还是在实施过程中，城市形象对城市的管理功能逐步显现出来，并形成了城市形象视觉管理这种全新的管理理念和独特的管理形式。

第一节　城市形象视觉管理视界

城市形象是一种反映城市发展战略、价值认同、展现城市文化内涵的形式符号，在提升城市核心竞争力方面发挥着不可或缺的作用。城市形象管理的思想最早可追溯到美国芝加哥的"城市美化运动"，开创了用美学形式进行城市管理的先河。随着人们对城市价值体系、空间关系、行为方式、活动特点的深入研究，城市形象理论得到了长足的发展，并逐步形成了城市形象视觉管理的理论雏形。时至今日，城市形象管理理论已经逐步摆脱了原初的单纯性、功利性的特征，开始借助于精神理论的内核，趋向于向手段丰富、内容集约、目的聚焦的管理方式转型，成为城市视觉管理的重要组成部分。

一、城市形象视觉管理界定

城市形象主要由显性形象与隐性形象两方面所构成。显性形象是指可以被触摸、感知到的关于城市的空间形态、形式语言、自然环境、公共设施、经济发展水平等；而隐性形象则是指难以被直观感知的城市精神内涵、人文情怀，以及渗透在市民骨子里的价值观念、思想观念和行为方式等要素。可视的显性因素和不可视的隐性因素共同构成了一个完整的城市形象。城市的建设者、管理者在建构城市形象之初，就已经意识到优化城市生活空间、改善城市外在面貌、提升城市生活质量对于提升城市形象的重要作用，试图依靠改变内部、外部形象来打造城市品牌，树立起城市独特的形象。在城市形象的塑造过程中，蕴含着诸多关于视觉管理的因素与方法，并随着经济的发展、文化的进步城市管理方式也不断得以丰富与完善。城市形象视觉管理实质上属于一种间接型、非约束型的人性化管理手段，以简洁化、形象化的视觉形式，直观、快速和有效地传达视觉管理信息以实现特定的管理目标。因此，城市形象视觉管理以其主观性、能动性和人性化管理为特征，不单单有助于打造城市品牌、树立城市美誉、提升城市品质，而且有效地拓宽与丰富了城市管理的内涵与手段。

（一）企业形象管理

自 20 世纪 70 年代起，管理理论的研究开始向企业组织与周围环境之间的互动关系转型。于是，这一时期的研究重点逐渐演变为探索如何借助管理来适应不断变换的外部环境。迈克尔·波特（M.E.Porter）在他的《竞争战略》一书中将战略管理推向了理论研究制高点。80 年代末叶，受信息化和全球化趋势的影响，视觉化的趋势已在管理中初现。美国管理学家李夫和波西在《眼见为凭》一书中预见视觉管理方式将在未来的管理实践中变得更为现实。美国的智陆公司尝试着用视觉方式来管理公司和员工，该公司将自己的未来发展蓝图、企业文化、企业理念、经营状况等用海报、图表等视觉形式表现出来，并将其放置在公司显眼的位置来提醒员工和客户，以期在人们心中树立起一个良好的企业形象。

总之，这一时期对于视觉管理的尝试主要停留在企业管理的层面。到 90 年代后，随着科技的进步、经济的发展和人们认识的提高，城市形象视觉管理逐渐形成了一整套完善的理论体系和实践模式。在全球范围内，人们开始逐渐地认识到视觉管理的重要性，一些开拓型城市开始尝试以这种新型管理方式对城市进行管理。

（二）城市形象管理

著名城市学家伊里尔·沙里宁曾经发出这样的感慨，"让我看看你所居住的城市，我就能够说出这个城市的居民在文化上追求的是什么。"①诚然，城市总是以其明晰的形态轮廓和复杂的空间网络形式被勾勒出其整体的意象，而这种意象又是被以符号的形式所表征。

从宏观上来看，早在 20 世纪 60 年代，西方的一些城市就开始引用企业形象识别系统的管理范式对城市进行管理，形成了城市形象视觉管理的早期雏形。城市形象的设定需从城市自身的特质出发，将城市独有的人文要素和自然要素集合为能被公众所认同与接受的视觉表征符号，在人的视觉思维机制的作用下，构建起一幅宏伟的城市视觉图像，并以此引发人们的情感共鸣，形成对城市美好的意象，激发城市的凝聚力与向心力。因此，城市形象作为根植于市民内心的情感记忆符号，直接或间接地影响着人们对于自身所生活的城市的体验与感觉，这些丰富的内涵成为了城市形象管理必不可少的视觉资源和管理媒介。

从微观上来看，人们可以通过一个凝聚城市文化和历史的形象符号来快速便捷地获取城市信息，并以视觉的方式直接介入对城市形象的规范与管理。例如，1974 年，美国联邦交通部在交通管理上推出了一系列能够快速高效地辨识方向、设施、设备、场所等内容的视觉图标，并在实际运用中取得了良好的视觉效果，逐渐成为了一种国际化公共交通管理标准。上海作为国际化大都市也曾尝试实施过"公务员形象系统""市民形象系统"等视觉管理方式来规范人们的行为活动与工作方式。

经城市形象视觉管理所精心塑造出的城市空间环境，在带给城市居民一种审美享受的同时，也在倡导一种积极健康的生活方式和井然有序的生活秩序，有效地解决了城市道路、交通、绿化、公共基础设施等问题，优化了城市环境、提升了城市的品位和幸福指数，激发人们对城市的归属感、认同感、荣誉感和依恋感。

① ［美］伊利尔·沙里宁：《城市：它的发展、衰败与未来》，顾启源译，中国建筑工业出版社 1986 年版，第 98 页。

二、形象视觉管理特征

时代在变化，城市在变化，管理的形式也在变化。早在 20 世纪 30 年代马丁·海德格尔就曾预言读图时代的来临，甚至极端地指出现代世界的本质正演变为图像。正如海德格尔所言，视觉化成为新世纪不可逆转的发展趋势，并由物质领域向非物质领域急速膨胀，不仅影响着人们的行为方式，也改变着人们的思维定式，构成了一种不可逆转的视觉文化现象。

在新世纪的今天，经营城市的形象战略进一步地向管理领域拓展。城市形象视觉管理以视觉可触及的感知样式为呈现形态，将抽象的、非物质性的城市精神与价值观物化为可视的视觉形态，以视觉符号的形式直观地传达于受众，实现其管理目标与职能。

（一）精神表征化

城市精神是维系城市发展的原动力，也是城市发展的最高哲学。城市精神犹如一座丰碑，在唤醒公众的主体意识的同时，强化城市的凝聚力与向心力，并且以此为基础构成了城市形象系统的核心动力与基本出发点。

城市发展的价值取向构成了城市的精神内核。基于价值主体的差异性与价值自身的多样性，价值观可以划分为核心价值观和一般价值观。城市核心价值观，是一种社会制度长期普遍遵循的基本价值原则，表现为城市的价值取向、价值追求，凝结为城市发展的价值目标。城市核心价值观的形成源于城市群体对城市发展理念与精神的认同，以及对城市主体存在的意义以及重要性的总体认同。一般价值观是社会意识形态在各个领域与群体的细化，以价值尺度和价值准的形式，成为城市群体判断事物的价值评价标准和行为准则。

城市精神可以通过物化的形态表征出来，成为一种文化认同与识别认同的符号形式。城市标志本质上是城市精神的物化形态，也是城市核心价值观的表征符号。从认知心理学角度来看，城市的表征符号，较之于其他感觉器官与感受对象构成的关系更为接近事物的实体形态。这主要源于视觉形式较之于其他的感官形式更有利于对事物本质的再现，也就是说，视觉形式所揭示的事物大多都是二元以上的结构，具有极强的可见性特征。而这种再现功能所造就的可见世界是最符合认知主体的需求，有利于快速地形成认知、识别与记忆。

具体而言，非物质化的城市精神，通过物化可转变为具有普遍认同意义的表征符号，实现物质性的价值转化。以香港区徽为例：紫金花是香港的市花代表着香港，镶嵌于中华人民共和国国旗红色底面上，花中的五星与中华人民共和国国旗上的五星相呼应，象征香港为中华人民共和国的一部分，红白双色寓意着香港实行的一国两制政策，区徽以视觉表征的形式恰如其分地表达出了香港一国两制的政体特征。（图4—1）

图4—1　香港特别行政区区徽

总而言之，城市群体所有的行为依据都源于自身的价值观念。城市精神的表征化，打破了地域文化与语言上的限制，具有高度的识别性和非强制性的管理特征。伴随着城市可视化进程，这不仅意味着城市精神的可视化，价值体系的表征化，也意味着城市形象视觉管理的成型。

（二）形象差异化

从视觉识别角度上而言，差异化是城市形象认知与记忆的基础。可以说城市形象战略的本质就是差异化，那么形象视觉管理也必然体现出城市的这种文化差异特征。换而言之，城市形象的差异化是城市个性的集中表现，一般可以从定位差异与识别差异两个方面来解读城市形象视觉管理的差异化特征。

1.定位差异

城市形象视觉管理的定位差异可具体划分为文化差异、地域差异和战略差异等方面。

首先，文化差异是城市之间相互区别的最重要因素。城市文化是一个城市在不同时期的思想、历史与民族发展的集合，是城市的本源与血脉，深刻地影响着城市发展。城市文化作为城市发展的"母体"，其文化的差异性体现为城市文化的独特性与不可复制性，不仅构成了城市感知与认知的基础，也决定着城市不同的文化导向和不同的视觉管理模式。

其次，地域差异也是城市视觉管理需要考量的重要因素之一。由于城市所处的地理位置，导致了城市在自然条件与地貌特征上的差异，并最终影响到城市的发展。以摩洛哥的阿尔迪加为例：特殊的地理位置，造就了这座城市面朝广阔的大西洋，背倚苏斯平原，南临撒哈拉大沙漠特殊的地域特征，成为了气候温和、风景秀丽、举世闻名的避寒胜地。因此，在阿尔迪加的城市视觉形象设定中，充分融入地域特征：碧蓝的线条既是水波也象征着山峦，标志中心的黄点则代表太阳，突出了阿尔迪加是一个避寒的胜地。城市名称同时用了阿拉伯文、柏尔文和英语三种语言构成，体现出阿尔迪加热情好客的个性和这所城市面向国际的姿态。（图4—2）

最后，城市的战略规划对城市的未来发展具有决定性的意义，战略差异具有唯一性与排他性，也是一个城市最显性的认知差异。战略定位的差异，无疑导致了城市价值体系的差异和视觉形式上的差异。城市战略建构起与其相适应的城市精神与价值体系，是城市

图 4—2　阿尔迪加城市形象

的一种思想智识活动。

2.识别差异

城市定位的差异必然以视觉识别符号的差异显现出来。识别差异不仅来自于视觉图式本身，也来自于视觉元素之间的组织结构关系，构成了形式与造型上的差异。

首先，形式差异是指视觉符号系统在视觉式样和整体面貌上的差异，具体表现为其视觉元素的形状构成规律及结构上存在的差异。城市形象管理的形式要素之间的组织方式的差异，构成了视觉管理的结构语义的差异，这种结构不仅仅指代城市形象的物理结构，也指代城市群体在认知城市形象过程中的思维结构。视觉符号的结构形式构成了或均衡协调、或疏密有序的视觉节奏与韵律，形成了极具可读性的信息结构。这种视觉形式结构，在体现自身的形式结构美的同时，也传达出了不同的形式结构语义。例如，德国汉诺威 2000 年世博会主题视觉形象，虽然并不是一个以管理为主体的视觉设计，但却是一个可以适应不同功能需求，调整色彩与结构形式，以动态的视觉形式体现出了管理的逻辑结构和层次。被公认为是一个满足视觉形式与技术手段的需求变化、极富动感会呼吸的视觉符号形式。（图 4—3）

其次，造型差异是指城市形象视觉管理在视觉图式上所呈现出的差异。依据生理与心理学原理，无论视觉管理系统所处的空间与位置如何，人的视觉识别最初关注的是从对视觉元素形状的辨别与

图4—3 汉诺威世博会形象

认知开始的。因此，即便是视觉符号脱离了符号所指的深层语义，其视觉符号能指本身也能承载一定的管理符号的明示义。造型差异造就了视觉符号的鲜明个性和强烈的视觉冲击力，更易于引起视觉的感官刺激，并能在瞬间引起视觉注意。例如，悉尼的城市核心形象就是以极点图的结构，构成了一个既可向外扩散，又可以向内集中的视觉图式，犹如是一种声音或意念的传播，象征了悉尼城市的凝聚力与辐射力（图4—4）。

无论是形象定位上差异化还是识别上差异化，都是以城市的某一特色或者功能为主体，以鲜明的个性视觉形象张扬着城市的特色。城市的多维性与复杂性，决定了差异化定位既要形象突出，又要统筹兼顾。形象上的差异势必也导致管理上的差异，差异化管理既要强调宏观上的整体统一，又要把握微观上的灵活机动。通过差

图4—4 悉尼城市形象

异管理来打破城市管理的同质化，形成既统一又有区别的视觉管理系统。

简而言之，城市形象视觉管理改变了传统意义上的管理模式，作为城市核心价值观的物化形态，以其显性的精神表征，作用于城市群体的观念、情感、信仰与价值体系等，通过潜移默化地影响人们的心理意识；以其形象差异化，凸显城市的本体特色和独特的视觉文化特征，构成了最具凝聚力的城市形象，对城市群体的心理与行为产生着重要的影响。

第二节　城市形象视觉管理理念

城市形象视觉管理理念既是一种思想模式和观念模式，也是城市形象管理实践的规律和经验的总结。正如黑格尔所言，生活中一切伟大与神圣的事物，其高贵之处均源于理念。如果抛开黑格尔"绝对理念"论中唯心论的成分，黑格尔对理念功用的肯定是值得推崇的。具体而言，可以从城市文化的角度，将城市形象视觉管理的理念细分为显性管理理念与隐性管理理念。

一、显性管理理念

显性管理是指管理行为、管理活动和管理过程上的科学化与制度化。城市形象视觉管理意义上的显性管理，一方面指城市形象管理的制度化；另一方面指将城市的发展战略、价值观念、人文思想等隐性信息转化为有指代意义的图形符号，并以显性方式对城市形象进行维护与管理。

在管理制度方面本源追溯到先秦时期，墨子可谓是最早提出管理制度的思想家之一。他在《墨子·非命上》强调了管理上建章立制的重要性，认为做事情不可以没有规则，不遵守规则而能成事的人是不存在的。墨家还进一步提出了"尚同一统"的观念，强调了群体对国家政策的价值认同，不能以个人意志来肆意妄为，实质上就是一种集权化的管理主张。在墨子"尚同一统"思想的背后隐含的便是对一种制度化的显性管理思想。

除墨家管理思想之外，以韩非子为代表的法家更是提出了"法莫如显"的观点，意思是说，法律规章制度制定的意义莫过于对制度化的显性表达，将"法"编入了竹简和书籍，设立在官府，存于老百姓的心里。强调以显性管理的方式，将社会管理的要求细化于民众，引导人们遵循积极健康正确行为的行为方式。换而言之，韩非子认为"法"的实施，要通过一系列普法措施来进行法律宣传和普及法律，从而形成"知法、懂法、守法、用法"的良好社会风尚。韩非子进而提出"法"的"三易"性原则："易见"即使人轻松便利地看到；"易知"即使人方便快捷地认知和掌握；"易为"即使人能够容易地遵从和执行。法家提出"法"的显性化思想，对显性管理思想的形成产生了深远的影响，同时也对城市形象视觉管理产生了积极地影响。

城市形象管理具有典型的显性管理特征。仅就其显性形式而言，城市形象作为一种价值观念与精神境界的外在物化形式，把城市管理的抽象内涵转化为易于传播与接受的简洁与生动直观的视觉形式，实现对人们的行为活动、行为方式进行有效的规约与引导。视觉作为人类的一种最具直观性的感知能力，以显性的视觉符号进行信息传递和情感交流是人类的一种本能。原始的部落图腾符号可以说是形象管理的雏形，封建时期的欧洲人们就开始使用城徽来管理城邦部落的形象。而后，企业形象识别系统有效地将企业的历史文化、经营理念、经营内容和社会责任等价值观念凝聚于企业标志的之中。20世纪60年代以后，随着"城市形象"观念的提出和企业形象观念的逐步渗入，一些城市开始运用形象识别这种最为直观的方式来管理城市。

二、隐性管理理念

隐性管理是相对于显性管理而言，其概念的核心思想最早源自管理心理学。隐性管理以一种潜移默化的形式对人的观念体系产生影响。也就是说它不直接对管理对象产生影响，而是以情感、信仰、价值观、思想观念等间接的方式作用于管理对象。

在中国传统儒家和道家思想体系中蕴藏着丰富的隐性管理思想。儒家强调的"以礼治国""以仁释礼"的思想，确立起了"克己复礼为仁"的管理观念，认为"礼"是"仁"的外在表现和制度显现，通过调节与规范人外在的"礼"而通达"仁"的内在境界。虽说"礼制"是一种通过礼仪定式与礼制规范来改变人们的行为与思想的制度，实质上属于隐形的道德伦理范畴，是一种在人们意识作用下的自愿选择，而非法制意义上的强制性规约。"礼制"最初源于统治阶级的需要，但经过教化逐渐转化为一种内化与心、外化于行的个人自觉行为。

除了儒家以礼治国的思想外，道家思想也对隐性管理思想的形成产生了深远的影响。老子所倡导的"无为而治"思想，其精髓就在于遵循自然规律。在老子看来"处无为之事，行不言之教"是圣人为人做世之道，意思是圣人行事顺应自然规律，其行为方式必然会影响到周围的人。老子尤为强调顺应自然而达到的自觉、自悟、自化的行为境界，实质上就是一种隐性管理观念。换言之，倘若每人都能达到这种"无为"之境，那么老子所言的"天下之至柔，驰骋天下之至坚。无有入无间，吾是以知无为之有益。不言之教，无为之益，下希及之"就会成为理想的现实。道家思想所倡导的这种隐性管理实质上是一种文化管理的观念，在一定程度上弥补了单纯靠条例、规则的制度管理模式的不足。

从城市形象视觉管理角度来看，如果将城市的文化观与价值观比作城市的灵魂，那么显性管理与隐性管理就可被称为城市的血肉，两者是一个相辅相成、互为补充的有机统一体，这样才能统一意志形成合力。其特征体现在两个方面：一是用"形象规范"的方式显现城市的精神与价值体系，将想法、精神、理念转化为可视的形象；二是，用"意象规范"的方式凝聚城市的向心力。凝聚着城市价值观念和文化精神的城市形象一旦被市民所认同，就能逐渐形成主观能动的主体意识，以悄无声息地隐性方式影响着人们的行为习惯和行为方式。所以显性管理观念和隐性管理观念对城市形象视觉管理系统建构具有极其重要的意义。

第三节　城市形象视觉管理系统

城市绝非单纯意义上的物质形态，而是以城市核心价值观为框架的人类属性的产物。美国著名城市学家 R.E. 帕克曾把城市定义为由各种礼仪、风俗与传统共同构成的整体。依据城市形象的属性，城市形象视觉管理系统的建构是以城市的精神识别系统为基础，并结合自身的特点细分为核心形象视觉管理、色彩形象管理系统和空间形象管理系统。

一、核心形象视觉管理

城市作为人类的聚集地和社会的综合体，城市的发展理念、文化向度、道德标准、社会能量、价值取向、审美品质等内容构成了一个城市精神的全部，并被纳入形象管理的范畴。城市精神作为城市核心价值所在，在价值体系中始终处于主导地位，统领与支配着一般价值观，构成了城市无形的精神世界，贯穿于城市的政治、文化、经济的方方面面，并以显性的法规与制度形式彰显出来。因此，核心形象视觉管理具有整合社会意识、统摄发展观念、凝聚城市力量、引领城市发展等多重管理潜能。

（一）核心形象与核心价值观

城市核心形象作为一个城市精神内核的物化形式与城市的发展战略息息相关，是城市建设与发展的基本出发点。以城市标志为代表的核心形象以价值聚合的形式，彰显着城市独特的物质文明和精神文明品质，是城市灵魂的所在，构成了独特的城市感官印象和接触城市的第一界面。

首先，城市核心价值观是一个城市在长期发展过程中所形成的一种积极的价值取向，支配着价值主体认识世界、改造世界的能动实践活动。城市价值观也具有一定的实践品质，是价值主体在处理各种矛盾冲突、协调各种关系时所持的基本态度和立场。价值观作为城市精神的具体形态，有什么样的价值观就有什么样的行为方式和行为准则。正确、积极、健康的价值观构成了城市的核心价值体系，能够积极地引导公众去实现共同的社会发展理想，促进社会和谐发展与城市建设的可持续发展。①

从哲学角度上来看，价值观依附于人而存在，一旦脱离了人，价值观存在的意义也就无从谈起。换句话来说，价值观是由作为价值主体的人发现并创造出来的观念体系，反过来价值体系也深刻地影响着人们的认知活动和实践活动。由于人类具有"非自足性"的特征，也就是说人类自身无法在不依靠任何工具的情况下生存下来，人类要想获得生存发展的空间必须借助外界的条件，外界提供的生存条件构成了对人类的"价值参照物"，价值观便是基于对这些价值物的主观判断过程中而形成。

由于价值本身的多样性与价值主体的差异性，一般把价值观划分为核心价值观和一般价值观。一般价值观是社会意识细化后的体现，涉及的范围比较广。而核心价值观撷取一般价值观中的精华集约而成，在价值体系中占主导地位，引领着一般价值观。城市的核

① 孙湘明：《城市品牌形象系统研究》，人民出版社 2012 年版，第 154 页。

心价值观主要包括两方面：一是根据城市自身的价值追求而确立的城市发展的价值目标；二是被细化后的价值尺度与准则，成为价值主体判断事情的标准和行为准则。总体而言，核心价值观构成了城市发展的基本价值取向，以及城市主体存在的意义及其总体的评价标准。

其次，以城市标志为核心的城市形象识别系统，是城市核心价值观念的一种外在聚合形式。城市标志作为一种象征性符号是所表达的观念和想法以及对事物理解的一种视觉词语形式。从根本上来讲，基于价值认同基础上的城市核心形象，较为集中地反映出一个城市的文化、经济、资源与发展方向和城市的价值取向。就形式而论，城市核心形象是区别于其他城市的重要识别要素，以其独具特色的文化内涵与审美意味的形象，潜移默化地影响着人们的行为方式和思维方式。从文化的角度而言，城市形象视觉管理也是城市文化建设的一项重要举措，城市核心形象所具有的文化特质，是一个城市文化软实力的表现。在文化的感召下，通过视觉管理，在增强城市群体对城市的认同感、依恋感的同时，也增强了城市的内在凝聚力。

城市的核心价值观凝聚着作为价值主体的价值意识和价值观念，是城市核心竞争力所在。而城市核心形象作为城市核心价值观的视觉表征形式，作为一种具有区别于其他城市的视觉形式，能够直观地反映一个城市与众不同的品位与气质，有效地将非物质的抽象概念转化为具象的视觉形态，来行使其管理职能。

（二）核心形象管理方式

城市核心形象管理方式而言，则要站在城市形象战略的高度来统筹全局，对城市进行规范化、系统化的视觉管理。依据城市形象的属性，核心形象的视觉管理方式有两层含义：一是意象规范，将城市精神、理念转化为意念形式的形象来规范城市行为；二是形象规范，要对形象识别系统要素进行规范，形成统一的视觉形象，并通过视觉规范实现系统化管理。

1. 意象规范

"意象"一词源自心理学，用以表述人与环境间的一种组织关系，是一种由体验而认识外部现实的心智过程，意象的本质是将想法、精神、理念转化为意念形式的形象。从城市形象角度来看，意象是城市群体凝聚力和向心力的心物形态。"意象"看起来好像与物质属性的视觉形象没有直接的关系，究其实质却又与纯粹的视觉形式纠结在一起，这是由于观念意识在人的大脑中是以一种意象图式的方式存在。城市的精神凝练为非物质的意象形态，影响着人们或善或恶的价值判断，并以准视觉的形式被外界所感知。因此，城市意象必然作用于人的主体意识，影响其对城市形象的认知。

意象规范在城市视觉管理中属于一种观念形式的规范。意象的教化作用最早可以追溯到舜帝时代，据《尚书·舜典》记载，舜帝曰："夔！命汝典乐，教胄子，直而温，宽而栗，刚而无虐，简而无傲。诗言志，歌永言，声依永，律和声。八音克谐，无相夺伦，神人以和。"显然，那时的舜已关注到了音乐与诗的教化功能，把情感与意念作为伦理规范的一种手段，以便达到"神人以和"的境界。无独有偶，与音乐同源的视觉艺术的教化作用更为显著。据史书记载，商朝初年的宰相伊尹画九主形象，来劝诫商王成汤使之成为一代明君。孔子更是直接指出绘画对人的心理有着"喻褒贬""别善恶"的教化作用。

意象的群体教化功能，是通过认知、认同的方式，促进社会伦理价值体系的形成。意向的个体教化就是要把真善美的价值体系根植于个体的心目之中，通过个体素养的提高和境界升华，表现为一种积极向上的行为方式。意象教化显示出非凡的归融性和柔性管理功能，能使人们的心灵情感与社会人伦秩序相互融合，构成正能量的城市精神世界。城市视觉管理正是通过意象这个中介物，将城市精神内涵内化于心、外化于行。以世界上最为复杂的城市纽约为例：文化的包容性成为了纽约重要的文化特征。在核心形象设定上，以公众认同感很强的"我爱纽约"（I LOVE NY）作为视觉形象设定依据，右上角的红心在增加视觉记忆点的同时，也象征着这座城市的凝聚力与包容性，极具感染力与视觉冲击力。该城市视觉形象一经发布，极大地唤醒了人们对这座城市的归属感与责任感，成为了承载纽约精神文化的意象符号，深受纽约人的喜爱。这种意念规范的形式，将城市价值观念转化为一种转化为一种可感知、可识辨的视觉形态来凝聚内力。（图4—5）

图4—5　纽约的城市形象

2. 形象规范

如果说意象规范是指非物质层面的视觉管理的话，那么物质层面的视觉管理则是指形象规范。城市形象作为承载城市精神的有机肌体，具有对城市精神的视觉拓展与视觉诠释的功能。形象规范主要指的是对城市形象的视觉要素和视觉形式进行规范。

视觉要素规范是指对视觉符号系统所进行的规范。《庄子·物外》有言："筌者所以在鱼，得鱼而忘筌。蹄者所以在兔，得兔而忘蹄。言者所以在意，得意而忘言。"[1] 也就是说，任何语言或符号，无论其结构形式如何，其本质必然是一种信息的载体，是所以其存在的首要价值就在于意义的指代。因此对形象规范而言，构建起规范化的视觉识别系统是核心形象视觉管理的首要任务。

首先，视觉符号作为管理信息的载体，具有一种可被直观感知的视觉表征的形式特征。虽说视觉符号由于所作用的领域不同，呈

---

[1]　庄周：《庄子·物外》，三秦版社2012年版，第154页。

现为种类繁多、形态复杂的状态，但是依据符号的性质，可将其分为注重功能传达的指示型符号和注重语义传达的象征性符号两类。

指示性视觉符号具有刚性管理的特征与法规紧密相连，直观视觉符号的表面形式就可直接获取管理信息，如交通路标、操作指令等。通过视觉规范形成的造型简洁、视觉冲击力强、直观、易记的符号系统，正如传播学者保罗·M.莱斯特所言："图形形式使得视觉信息的产生、表达和接受都更加便捷，它将不同类型的视觉材料以及视觉形象的创造者和接受者都联结在了一起，受其视觉信息影响的人数之巨大，在大众传播领域可谓史无前例。"①

象征性符号与自身所指对象之间不存在必定的联系，之所以能够与指代对象产生关联主要源于人们日积月累的视觉经验。我们的祖先就常常借助于特定的视觉符号，如蝙蝠、松鹤、麒麟等来表达对于生活的美好祝愿，借助于寒梅、劲松、秋菊等视觉符号来隐喻高贵的品质。究其本质，这些视觉符号之所以能够表达诸多的含义，并非是因为其视觉符号本身与这些词语有所关联，而是在生活体验中，物象逐渐被赋予了各种美好的意义象征，演化为约定俗成的概念。在城市形象视觉管理中，象征性视觉符号特别适合于表达精神或象征性的指义，成为城市文化的指代符号。但是，由于地域文化与风俗的差异，使得相同的视觉符号也存在着不同的文化解读方式。

其次，视觉形式作为视觉形象的基本存在方式与组织原则，在视觉管理中特指视觉识别系统要素之间的结构关系。美国实用主义哲学家杜威认为：关系一词是形式中特有的概念，关系也是一个模糊的词语，在哲学上它表示思想确定的联系，或表示某种间接的、纯粹理智的甚至是逻辑的东西，其核心是事物之间的相互影响。因此，城市形象视觉管理的形式规范，实际是指视觉要素按照某种规律有机地组合在一起，形成一种和谐、统一、呼应的逻辑联系。正如德国艺术家希尔德·勃兰特所言，任何一个独立的元素都只有处

---

① [美] 保罗·M.莱斯特：《视觉传播：形象载动信息》，霍文利等译，中国传媒大学出版社 2003 年版，第 152 页。

于和其他元素的某种相关联系之中，才具有自身的意义，这也是视觉形式的本质特征。通过形式规范，对视觉识别系统的结构、功能与组织关系的建构与优化，能够有效地激发系统机能，实现以最小的能耗耗与最高的效率的优化组合。

以杭州城市形象识别系统为例，就是通过规范所有的视觉要素和空间形态，形成了同一的视觉识别符号。视觉形象反复地出现，强化了城市形象的视觉记忆和视觉体验，不但规范了城市群体的行为，也规范了视觉管理语义的识别特征。（图4—6）

图4—6　杭州城市形象

总而言之，无论是意向规范还是形象规范，就是将一切要素以既定的形式构成逻辑上的管理体，使部分与部分、部分与整体之间构成一种内在的呼应、反衬、交融和渗透关系，实现形象视觉管理的整体优化。也正是这种相互之间的关联性，赋予其视觉管理的系统性与同一性。规范化视觉管理既要把握好各个因素之间的层次与结构关系，也要把握好系统中各要素之间的差异性与次序性。

二、色彩形象管理

城市色彩是指城市中各种可见事物所具有的色彩总和，城市色彩形象则是指在城市自然条件、经济活动、社会文化及历史发展等多种因素作用下，人们所形成的一种主观上趋同一致的对城市色彩的整体印象。法国色彩学家让·飞利浦·朗克洛认为"任何一个国家与城市甚至乡村都有属于自己的色彩，并且这些色彩对一个国家与其文化本体的建立作出了杰出的贡献"。① 由此可见，色彩原本是事物本该具有的客观属性，而且也归属于这个城市的文化本源。

城市色彩形象管理是以色彩秩序规范的形式，对城市的空间与区域进行管理。一方面，通过对城市的物质形态的色彩管理，来维护城市的整体形象。另一方面，表现在运用色彩的语义功能来传达城市的精神内涵意义，并与视觉管理要素结合来传达管理指令，来规范人们的行为活动。因此，色彩形象管理也是城市视觉管理的重要形式之一。

（一）色彩的管理功能

色彩凭借其迅速与直接的视觉特征，在视觉管理系统中占据着不可动摇的地位。在形象视觉管理中，色彩总是依附于具体的视觉形态而被赋予特殊的视觉含义，并逐渐形成为具有某种固定语义形态的视觉符号。因而，色彩形象也就具有了某种符号化的管理特质，并兼有显性的视觉感受和隐性的社会文化双重属性，这些特性决定着也构成了色彩管理的生理与心理基础。换而言之，色彩的视觉管理正是基于这种双重的属性特征，构成了色彩的直接管理功能和间接管理功能。

1. 色彩的直接管理功能

通常情况下，不同的色彩具有不同的视觉语义，同时也就具备了不同的管理功能。色彩的直接管理功能是基于色彩的直接心理效应以及与其所对应的管理意义上，对城市视觉形象、空间形象，以及人们的行为习惯和行为方式进行直接管理。具体而言，这种功能源于色彩的直觉属性和直接联想，实质上是以一种由此及彼的关联

---

① Jean-Philippe Lenclos, Dominique Lenclos. *Colors of the World: The Geography of Color*. Norton, 2004:11.

性思维作为心理基础，即当人们看到某一色彩时，便能联想到与之对应的一些行为方式，引导人们的产生不同的行为活动样式，或者进而对此类事物引发更为深层次的思考或联想。

在视觉管理中通常会借助色彩的特性来直接传达管理指令。例如，红色是我们肉眼能看到的最长的光波色彩，有极强的视觉吸引力，多被用来传达禁止、危险等警戒信号来表示危险等视觉语义；黄色波长在可见光波中仅次于红色，往往适合用于以引起注意为目的的视觉警告等管理信息的传达。蓝色波长适中，在开阔的视野中拥有良好的可读性，能够给人一种平和感觉，因此在视觉管理中多用于指令等类型的管理信息传达；绿色是人的眼最容易接受的颜色，在视觉上给人一种生机和活力感，以及安全、安详等寓意，通常用于传达安全、允许的信息内容，并且绿色能够用来缓解人的视觉疲劳。（图4—7）

正是因为不同色彩赋予了人类不同的视感觉，色彩在视觉管理中通常也被广泛用来作为含有某种特殊意义的符号，直接行使其特殊的管理职能。最常见的色彩管理案例，就是联合国经济社会理事会（UNESC）1953年关于交通管理红绿灯设立的法案，今天看来似乎没有什么特别之处，但却是在深入分析色彩规律的基础上制定的色彩管理典范，对于交通参与者的行为规范发挥了重要的作用。

2. 色彩的间接管理功能

瑞士色彩学家约翰·伊顿认为色彩具有一种没有实际形状的隐形力量，"色彩效果不仅体现在视觉上，而且应该在心理上得到体会和理解"。[①] 也就是说，色彩除了带给我们视觉上的直接心理效应之外，在色彩的间接效应的心理作用下被赋予了一定的象征意义。就像当我们看到红色时，通常会和火、革命等事物联系在一起，并且还会产生一定的热、血腥等心理联觉效应。（图4—8）

与色彩的直接管理功能相比，色彩的间接管理功能则是借助于

---

① ［瑞士］约翰内斯·伊顿：《色彩艺术》，杜定宇译，世界图书出版公司1996年版，第45—80页。

色彩的直接管理职能

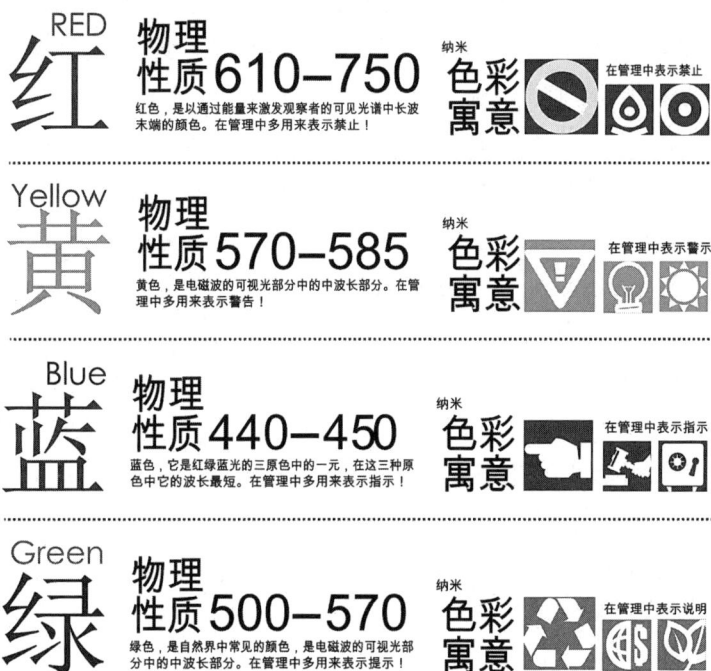

RED
红
物理
性质610–750

红色，是以通过能量来激发观察者的可见光谱中长波末端的颜色。在管理中多用来表示禁止！

纳米
色彩寓意

在管理中表示禁止

Yellow
黄
物理
性质570–585

黄色，是电磁波的可视光部分中的中波长部分。在管理中多用来表示警告！

纳米
色彩寓意

在管理中表示警示

Blue
蓝
物理
性质440–450

蓝色，它是红绿蓝光的三原色中的一元，在这三种原色中它的波长最短。在管理中多用来表示指示！

纳米
色彩寓意

在管理中表示指示

Green
绿
物理
性质500–570

绿色，是自然界中常见的颜色，是电磁波的可视光部分中的中波长部分。在管理中多用来表示提示！

纳米
色彩寓意

在管理中表示说明

图4—7　色彩的直接管理功能设计实践

色彩的间接管理职能

W 西方文化 WESTE CULTURE	F 远东文化 FAR EASTERN CULTURE	I 印度文化 INDIAN CULTURE	M 中东文化 MID EASTERN CULTURE
爱 / 危险 / 行动	繁荣 / 好财运 / 活力	美丽 / 财富 / 权利	危险 / 警告 / 邪恶
W 西方文化 WESTEN CULTURE	F 远东文化 FAR EASTERN CULTURE	I 印度文化 INDIAN CULTURE	M 中东文化 MID EASTERN CULTURE
幸福 / 快乐 / 警示	男性 / 神圣的 / 皇权	神圣的 / 幸运的	幸福 / 繁荣 / 哀痛
W 西方文化 WESTEN CULTURE	F 远东文化 FAR EASTERN CULTURE	I 印度文化 INDIAN CULTURE	M 中东文化 MID EASTERN CULTURE
绝望 / 信任 / 冷静	女性的 / 治愈型的 / 放松	运动 / 力量	哀痛 / 天堂 / 精神的
W 西方文化 WESTEN CULTURE	F 远东文化 FAR EASTERN CULTURE	I 印度文化 INDIAN CULTURE	M 中东文化 MID EASTERN CULTURE
幸运 / 嫉妒 / 贪婪	肥沃 / 希望 / 生命	希望 / 收获 / 美德	力量 / 丰饶 / 希望

图4—8　色彩的间接管理功能设计实践

人的联觉心理效应而实现。联想与联觉是因人的心理经验而综合诱发产生的，人所具有的经验上的差异必然导致不同的色彩心理效应。在古希腊人看来，青色代表大地，红色代表火焰，绿色代表水，紫色代表空气，并将这种观念应用到神殿的建造中，用色彩来传递信仰和观念。无独有偶，中国古代也用色彩来表达信仰与价值观念，如周代的阴阳五行学说，用青、朱、白、黑四色对应龙、雀、虎、玄武等神兽和不同的方位。同时，色彩也成为封建等级制度的区分标志，用颜色来区分贵贱和职位高低。金色、黄色、紫色成为了皇家的专用色，文武将相则以青、蓝、绿色为主，普通百姓则只能以素色布衣为主。

在色彩影响人的情绪方面，英国"勃克发尔"大桥发生的故事就是一个典型案例。20世纪修建于伦敦泰晤士河上的这座跨世纪的钢架结构大桥，刚建成的时候被漆饰成黑色，给人一种压抑和逼迫的心理感受，导致来这里轻生的人络绎不绝，被戏称为"死亡桥"。后来色彩专家建议将此桥改漆为充满活力的绿色，自杀事件呈直线式下降，因而又获得了"平安桥"之誉。从此案例中色彩的间接管理功能可见一斑。

总而言之，色彩的间接管理功能是人类社会在长期发展过程中思想观念和价值观念凝结的象征，囊括了人类的历史文化、价值认同、宗教信仰等内涵，具有一定的主观性、宽泛性和复杂性的特点。

（二）色彩的管理形式

色彩往往以先声夺人的方式冲击着人类的视知觉。从城市视觉管理观之，色彩常常用来强化城市的某种视觉印象。以色彩的功能属性为据，可将色彩管理管理形式分为三个层次：一是色调管理，要对城市色彩进行科学的总体规划，通过设立城市主体色调的形式，通过突出城市主色调来展示城市规划战略。进行城市色彩的系统化和规范化管理；二是色系管理，以城市的色彩系统规划为基准，对城市具体的空间和区域进行色彩规划与控制；三是色限管理形式，对于影响城市整体色彩形象的其他色彩进行限制，来维护城市的整体色彩形象。这三个层面的色彩管理，由于目标指向的不同在管理权限上也有所侧重。宏观层面的管理目标是通过主色调来展示城市规划战略。中观层面的管理是以系统化的色彩来规范具体的色彩管理实践活动，对城市色彩管理的一个基本布局有着重要影响。微观层面的管理要能够充分考虑到那些会影响城市色彩整体形象，而往往又被忽视的色彩的规范。色彩作为视觉管理的重要形式，深刻而直接地影响人们对城市的视觉印象。（图4—9）

1. 色调管理

城市色彩是由主体色、辅助色和点缀色共同构成的城市色彩体系，也构成了城市色彩管理系统的主要内容。城市主体色指的是决定城市整个色彩基调的颜色，是人们对城市色彩的整体印象。城市主色也并非是一个单一的色彩，而是由一组具有临近的或协调或对比色彩系列所组成。城市的主体色彩基调往往占城市色彩总面积的

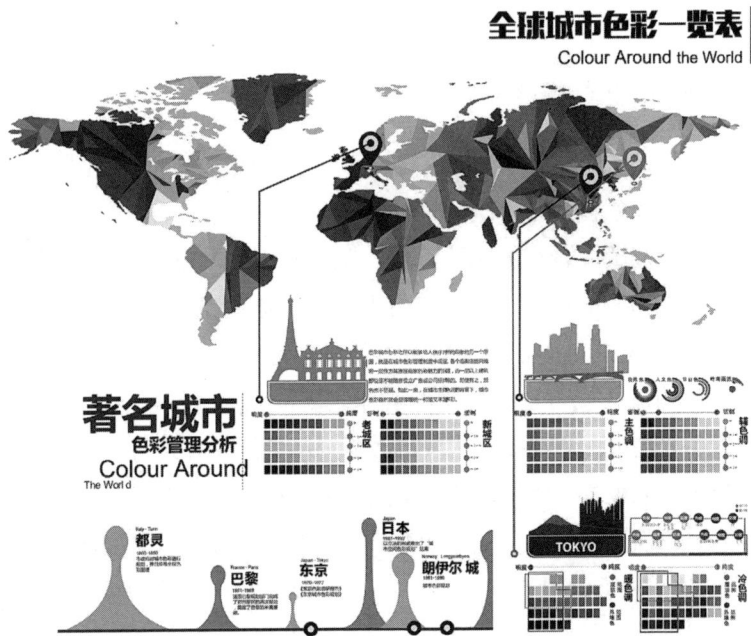

图4—9 城市色彩分析设计实践

总体色 视觉管理 **77%**

● 主体色
● 辅助色

界面色 视觉管理 **54%**

● 区域色
● 节点色

文化色 视觉管理 **27%**

● 民俗色
● 历史色
● 时代色

是什么？
决定了城市的色彩

70%　5%　25%

■ 主色调
■ 辅色调
■ 点缀色

城市色彩就是指城市公共空间中所有裸露物体外部被人们视觉感官所感知的色彩总和，城市色彩及辅助色彩的制定要对城市整体形象加以提炼，结合城市精神、人文色彩等其他因素来确定，在使用时要严格按照使用规范，使该城市的色彩尽可能的与城市建筑、景观、公共设施等等融为一体，使这种色彩城市该城市不可分割的一个部分。

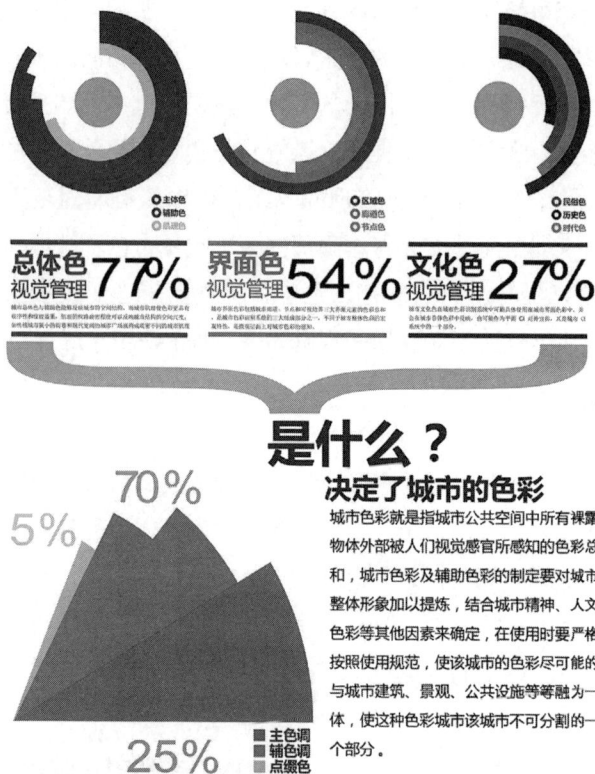

图 4—10　色调管理设计实践

70%以上，才能够从整体上反映城市的色彩感知，形成典型的城市色彩印象或色彩记忆。（图 4—10）

　　其一，城市的主体色彩基调，即使城市历史文脉会随着时间的推移发生相应的演化，但城市的主体色彩基调却不会轻易被改变。因为，"色彩总是掺杂着太多的人类思想情感和文化记忆，沉淀在由色彩构成的城市物质形态的实体之中，成为了影响人们视知觉的最主要的因素和直接表达城市最为鲜活的意象方式"。[1] 所以说，城市主色调也是一种阐释城市空间环境与认知主体之间关系的语言形态。以城市色彩而闻名于世的印度"四色之城"——乌代普尔、

────────────

[1]　孙湘明、杨尚丽：《从语义学角度对城市色彩的思考》，《湖南大学学报》2008 年第 4 期。

斋普尔、贾沙梅尔和焦特普尔为例，城市的地域文化、自然环境、人文特征所形成的城市特征以主体色彩的形式依附在城市的实体之上，成为了独具文化特质的城市性格符号。（图4—11）

其二，城市的辅助色是指能够与城市主体色互为呼应、相得益彰的色彩组合的辅助色系。辅助色在色彩管理中与大面积使用的城市主体色相呼应，多以点状或线状的色彩形态或以线面结合的方式，来缓解因大面积的主体色造成的视觉单调与乏味的视觉感受。辩证地来看，如果没有小面积的辅助色的存在，也就不可能构成大面积主体色的生动形象。城市辅助色还可以用于对城市的空间结构作视觉上的分割，或者对城市的某些区域进行色彩的功能区分，使城市的色彩形象更具丰富的层次。由于城市的主体色以大面积的形式出现，在色彩感知过程中只能从较大的视距中，才能获取色彩的整体印象。相比较下，城市的辅助色则能在较短视距中或在微观视角中获取色彩的局部印象。这种线面结合、点面结合的色彩分布形式共同构成了人们对城市的整体色彩印象。

此外，城市点缀色严格意义上的属于辅助色的一种，但是却有一种十分特殊而又重要的意义，它能够在城市的大面积主体色中起

图4—11 印度四色之城的城市色彩

到画龙点睛的视觉效果。城市的点缀色多以点的方式存在于色彩系统之中，作为连接、过渡和点缀的色彩，多用见于城市空间节点等细节之处，具有以少胜多、点石成金之妙，在城市主体色和辅助色的配合下，赋予了城市色彩以别致、精巧、独特的视觉印象。

2. 色系管理

色系管理是指使用不同的色彩序列对城市不同区域和不同功能进行区分，便于人们能够"按色找区""依色而行"，有效地提升了生活与工作效率。依据色彩的基本属性功能，来明确城市的空间层次和空间关系的色彩序列，此时色系管理的重要作用便凸显出来。

在传统"物色审美观"的影响下，早在先秦时期的《后汉书》中就有"常坐高堂，施绛纱帐"使用帷幔对室内空间功能布局进行区分的描述。《梦粱录》中关于"士农工商、衣巾装著……各可辨认是何名目人"是以衣着特征对人的职业、等级来进行分类。这些人类在生产生活实践中所形成的最为朴素的分类管理智慧，同样也适用于城市的色彩管理。随着城市化进程，像北京、上海、广州这样超级大都市所面临的规模大、区域多、规划不合理等城市问题，在一定程度上可以通过色系管理的方式得以缓解。（图4—12）

在城市色彩管理中，要对城市进行精准的色彩分类，形成有序的城市空间色彩秩序。当某一色彩过于密集地聚集在某一个空间时，色系可以有效地对这个空间的色彩进行分离，用提高色彩的对比度的方式来拉伸空间距离，形成富有立体感和层次感的色彩空间秩序。当某一区域的色彩过于分散时，同样可以运用色系管理的方式，采用扩大主色调的面积方式进行色彩聚合形成整体的色彩形象。其实，以色系为代表的管理方式普遍存在于现实生活中，大到城市的功能分区、导向导识系统规划，小到企业的内部环境管理，通常都采用色系管理的方式展开。美国伊利诺伊州就是采用色系管理的方式来区分不同的自行车车道：用绿色来表示适宜的骑车的车道；黄色则用来表示需要充分提高注意的路线；黑色表示禁止骑行路线。这种用色彩界定出安全骑行的区域的色系管理方式，使骑行成了一种时尚。再如，日本东京在色系管理上也体现了一定的创

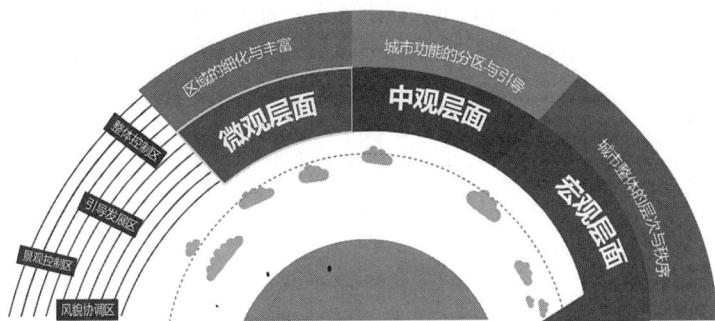

区域的细化与丰富　　城市功能的分区与引导

微观层面　　中观层面

整体控制区

引导发展区

景观控制区

风貌协调区

宏观层面

城市整体的层次与秩序

色系管理是按照不同功能区域的特点将城市划分为若干分区，并饰以不同的颜色加以区分：例如商业区用对比色调来突出其活跃、现代的气息，历史古区则采用较为沉稳的色调强化其文化的源远流长，住宅区域就以温馨的色调来营造舒适感与亲近感。这种科学、合理的色系管理，对城市结构的明确与管理区都到积极的作用。

图 4—12　色系管理设计实践

新。强烈对比的活跃色调用于现代气息浓厚的商业区；温馨舒适的居民住宅区域选用明亮柔和的色调；而在历史人文区则使用稳重沉练的色调。

由此可见，科学合理的色彩规划，能起到明确城市功能、提高管理效率的功效。

3. 色限管理

色限管理是一种色彩限制或色彩使用标准的概念。可以理解为：

其一，以城市色彩体系为标准对城市整体色彩尺度和使用面积进行把控。从色彩的基调把握上，色彩的使用量和使用面积决定了城市的色彩主体色调。也就是说，色彩的色相量、比例关系和搭配关系构成了城市主体色调的色彩关系。无论是被大面积使用的主体色，还是与其相配合的辅助色或点缀色，在色彩限定上要制定相应的标准，超过色限标准就无法把握城市色彩的整体形象。但在规定的色彩体系内当然也允许一定的色彩变量，但是要有严格的尺度把控，才能形成和谐统一的色彩空间。（图4—13）

其二，对于干扰城市主色调的不协调色彩进行限制。超越色彩体系范围之外的色彩，要纳入色彩限制的范畴。城市色彩空间分布与人的生活方式与行为方式有着必然的联系。因此，在色限管理上，首先要按照城市色彩标准进行色彩管理，但也是并不意味着实际上也不可能没有任何其他色彩的干扰，适度的色彩变量必然存在，但是变量尺度的把控是色限管理应该关注的重点。以对比度高的红黄为主色调的麦当劳来说，一度成为了该品牌的色彩认知符号。但是，由于西方许多城市色彩控制标准等相关法律法规的限制，城市的商铺和户外广告用色，不得出现大面积与主色调不协调的色彩，否则将会使人们对城市色彩的整体感知产生偏差。因此，位于卢森堡商业区的麦当劳也不得不放弃原有的大面积红黄相搭配的色彩主调，选用与城市环境色彩相匹配的雅典冷静的银灰色装点门面，而只保留了小面积红黄色彩搭配标志招牌。无独有偶，在葡萄牙的里斯本，麦当劳主色调也因此改为灰绿色的主色调。（图4—14）

综上所述，城市色彩的设定，首先，要能够反映出城市的品质和文化意义；其次，应以色彩的科学规律为依据，设立城市的色彩体系标准；最后，以城市色彩体系为标准展开城市的色彩管理。总之，城市色彩形象管理并非固态的，而应综合考量色彩与城市空间之间的相互作用关系，以及色彩作用于人的生理与心理反应和人的实际心理需求。

三、空间形象管理

城市核心形象、色彩形象的集合构成了城市的空间形象。城市空间形象既是物质形态的城市审美对象，也是非物质形态的精神审美场域。因此，城市空间形象管理既要注重物质形态的审美空间管理，也要注重人们情感交流空间的管理。

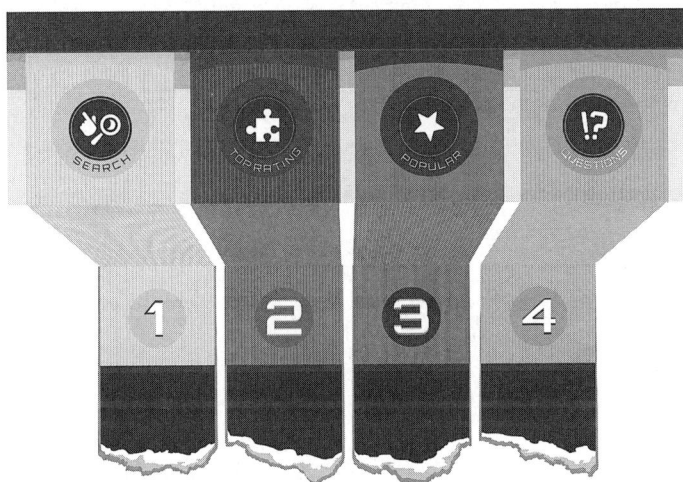

城市色限管理首先是对城市现有色彩的收集。确立城市的基本色调，同时对于城市色彩的不和谐因素得以初步的归纳总结。

通过对色彩物理属性的3个基本方面，明度、色相和纯度中的某一方面或两方面（通常为明度或纯度），根据色彩学理论的色彩协调模式作出域值限制，制定推荐色谱和禁用色谱的方式。

色彩限制的实施，通常在较小的区域或城市新区较为有效，而对于较大的区域，或是已建成不易改造的区域，有时会造成管理困难，因此在实施过程中还要结合区域特征进行引导与监督导，予以规范。

对城市色彩的长期监督与验收。城市始终处于动态的发展过程中，因此在管理中我们必须以发展的角度将城市色限管理看成一项长期工程。

图 4—13　色限管理设计实践

图 4—14　国内的麦当劳与卢森堡麦当劳色彩对比

（一）空间形象观念

空间是一个较为抽象的概念，广义上的空间属于一种无界永存的状态。狭义上的空间，是指对存在着的物质实体所占的面积、体量和位置的形态度量的概念。空间不仅是人类赖以生存的物质环境，也是人类所创造的物质形态，更是人类情感交流和意识活动的场域，它不仅包含了城市的物理空间、环境空间、自然空间，也包括人类社会长期形成的社会空间、意识空间、文化空间等形式内涵。正如布莱恩·劳森曾所描述的那样，空间是一门国际语言，通过对空间的解读可以看出这个城市的文化观、哲学观与世界观。

1. 空间文化观

人类的思想意识、人文伦理和文化艺术随着时间的推移形成了人类赖以生存的文化与社会空间，所以说空间的本质也属于一种文化的存在形式。人类在意识作用下对城市空间的能动性改造，不可避免地会受到文化思想以及科学技术等因素的影响。古今中外，凡是具有意义的城市空间，无论是中国传统的四合院，还是欧洲的宫廷建筑，无不深深地打上了文化的烙印。

中国传统道家的"风水"观和儒家的"礼制"伦理思想，对中国古代城市空间布局产生了极其重要的影响。早在《吕氏春秋》中就有"于国之重而立宫，与宫之重而立庙"的记载，在《周礼·考工记》中有更为详细的描述：中轴对称、九经九轨、前朝后市、左祖右社、东主西嫔的空间布局的等级制度。就明清时期北京的空间布局而言，皇城为空间的中心点，其他宫殿则沿着南北方向整齐排列，形成一种网格状中轴对称的形态分布格局，宫城之外以网格状分布着商贾店铺和民居。皇城的前部宫殿建筑空间布局恢宏、庭院开阔，构成了象征皇帝至高无上王权的开放空间；而后宫的空间紧凑、庭院深邃，构成了一个秩序井然的私密空间。北京故宫博物院之所以被誉为世界文明的巅峰之作，在很大程度上是以其空间布局诠释着儒家"宗法礼制"的空间伦理思想。（图4—15）

文化思想对城市空间构造与布局的影响西方也不例外，无论是

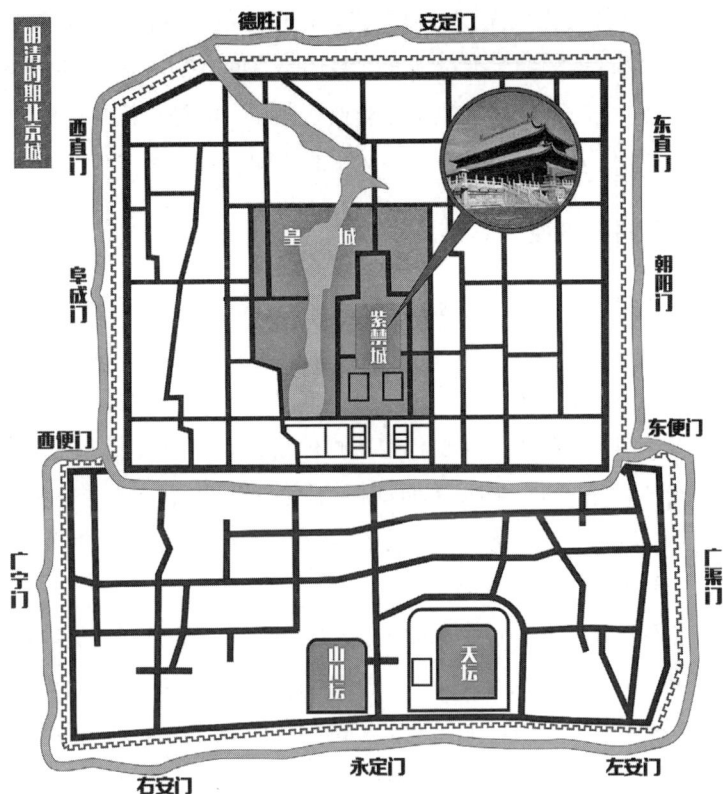

图 4—15 明清时期北京城的空间结构

古希腊的雅典卫城还是古罗马城的空间布局和建筑形态，无不映射出其文化本源。

值得一提的是，科学也以一种文化的形式介入到城市空间布局与规划中。古希腊先哲毕达拉斯对数字有着超乎寻常的迷恋，甚至提出了一旦掌控了数的结构关系就掌握了美的根源，从而也就控制了世界的论断。这种数字比例关系无论是在雅典帕特农神殿的空间布局，还是在经典的多利安、科林斯和爱奥尼亚柱式上都能够一览无遗，而且像黄金率这种比例关系还被达·芬奇等文艺复兴时期的艺术大师作为人体结构比例的理想模型。此外，现代主义建筑大师柯布西耶依据人体的黄金比例关系，在印度昌迪加尔创造出了一种合乎人体规律的体验空间。在"万物皆数"的科学思想影响下，西方在城市空间和空间结构的营造上，普遍运用具有数理意味的几何图案成为一种文化风尚。无独有偶，在东方数字的概念同样存在，像北京天坛这样的建筑无论地面铺装还是空间分割都是以"9"及"9"的倍数所构成，不过这种观念并非独立存在，而是"礼制"思想的依附而已。所以说，空间是一种文化的空间。

2. 空间历史观

空间历史观涉及时间与空间的关系。古汉语中的"空间"既指时间也包括空间。"时空一体"的哲学观最早由商鞅之师尸佼所提出，即所谓的"古往今来谓之宙，上下四方谓之宇"，在他眼里"宙"是"时间"的代名词，不可倒流也不可停止；而"宇"表示的就是"空间"，可见而不可触。时间究竟如何构造空间呢？看《庄子·则阳》中"除日无岁，无内无外"的八个字即可解惑，意思是说时间往复累积便形成了空间。

时间作为一种人类发展的空间的观念，也就是说，人类的文明史会随着时间融入空间形态中，并以与时代相对应的方式示人。德国数学家赫尔曼·闵可夫斯基、英国物理学家史蒂芬·霍金等人，对于时空与历史关系的思考有其独到之处，认为三维的空间与时间维度结合起来最终构成了物质的形态。因为，世间万物以可具体衡量的体积在不间断的时间中运动，时间一旦停止，生存现象也就不复存在。城市历史的变迁、文化的繁衍，在时空长河里的抽象存在，都会以某种特定物质形态的方式被记载在城市空间中。因此，空间就有其深刻的人类史意义。

从时间的维度而言，城市空间的存在有其"历时性"和"共时性"的双重特征。

一方面，城市空间是一种历时性的空间。城市的历时空间可理解为是在一定的时间内所经历的变化——即所谓的历时性。用日本著名建筑家黑川纪章的话来说，城市可以凝练为一条承载着时间符号的直线。换言之，城市空间是在对消失的时间的客观记录。城市空间的扩张、格局的变化，都为消失的时间与文化提供了翔实的佐证。以此角度观之，城市空间是历史记忆的生成场域。因而，对城市的空间的认知，是一个在不同的时间背景中持续不断变化的历时概念，而不应将其视为亘古不变的静态图式。

另一方面，城市空间是一种共时性的空间。城市的历史与文化在时间更迭中，某种文化元素会在城市单体空间内与时共存——即所谓的共时性。这种文化元素就是城市文明的精髓所在，并不会因为时间的流失而流失，并以某种物质的形式作为空间要素共存于城市空间之中。在人类文明的进程中，城市的文化与精神就在这种在时间的更迭与嬗变的"断裂"与"间歇"之中被保留下来。因而，共时性成为了改变城市空间要素的一种重要手段。

此外，城市空间也是一种叙事的空间，叙述着人类文明的发展历史。从这种意义上来讲，城市空间既是形象生成的空间也是形象的展示空间。城市空间形象管理本应站在历史的高度，面向未来，使城市的文脉与精神得以传承。

（二）空间形象管理形式

城市空间形象是由一个个独立的个体空间所构成的整体形象。城市空间作为城市文化与精神的载体，是人与社会、人与环境相互作用的产物。城市空间在满足人类基本生存需求的同时，也是人们情感交流和体验的场域。城市空间管理的范畴可以归纳为结构空间、行为空间与意象空间管理三个方面，城市的空间形象管理通过对空间形式与空间元素的规范，从而建立起一个既功能突出、层次分明，又满怀人文情愫、富有诗意的空间形象。

1. 结构空间管理

城市空间结构是由空间内部的各物质要素组合而成，能够反映出各个空间要素为适应空间发展而不断进行组合、拆分的基本状态，具有较强的物质空间的属性。"如果不引入结构的概念，我们就不能完整地理解城市的空间。"① 日本建筑家丹下健三的这句话概

① ［日］黑川纪章：《城市设计的思想与手法》，谭力译，北京建筑工业出版社2004年版，第45页。

括了空间结构的本质。

从空间形象管理的角度来看，城市空间结构是构成空间形象的核心架构。具体而言，城市的空间结构将城市的实空间（建筑）与虚空间（历史）有机的连接起来。受人文思想和地理环境位置的影响，城市的空间结构可归纳为网格状、放射状、组团式、分散式与带状等基本结构形式。网格状城市空间结构表现出一种中规中矩的东方文化特征，是一种以中轴线为核心的空间布局形式，中国古代的都城建设就是这方面的典型代表。此外美国的华盛顿特区也是典型的中轴对称的结构，200多年来一致保持着国家公园和国家博物馆的空间设计理念（图4—16）；放射状的城市空间结构适合于平坦的地貌，具有高度聚合力、向心力，以及通达性能优良等特点。由日本建筑家黑川纪章设计的郑州东新区就属于这种空间结构形式；组团式空间结构具有一种分散连接的形式，在城市空间分布上各个独立的功能空间之间保持适当的距离，具有一种可持续发展的特征。像俄罗斯的莫斯科就是这种空间结构形式，不仅将城市空间区域进行组团分离，同时也以车站广场的组团形式将火车站分为不同线路的多个站点；而带状或分散式的城市空间结构往往是充分地利

图4—16　华盛顿城市中轴线

用依山傍水的地域地貌特点，在空间组织上具有显著的生态优势，一般小型城镇多为这种空间结构。

从空间视觉管理角度来看，城市空间结构形式决定了城市特有的空间管理形式。一是，城市空间形象的建立要保持城市的文化血脉；另一方面，城市空间形象管理要以空间结构为依据，通过对具体的空间要素的规范展开细化管理，来保持空间形象的统一性。

从物资形态角度而言，可以把城市空间结构理解为点、线、面的结合体，也就是城市空间形象管理所要解决的具体问题。

首先，城市的区域与功能分布构成了空间的基本界面。

物质层面上的"面"是指以文化区、工业区、旅游区、生活区、商业圈为主体的城市空间功能分区，不同的功能分区，在保持与城市核心形象、色彩形象和空间形象一致的前提下，也具有相对的独立性。非物质层面上的"面"作为认知城市空间的界面，往往承载着城市核心的文化与精神，是城市空间形象管理的核心所在。

其次，"线"在城市空间中是面的连接方式。

物质层面上的"线"是区域的连接线和城市的面状空间的分割线。城市空间中的"线"具有某种强烈的凝聚功能和整理功能，有效地将各个散点和区域面连接起来，形成了城市的动脉和空间网络。"线"具有特定的方向性、延伸性和引导性等特性，构成了城市的序列性空间和的景观空间。此外，"线"的结构有主次之分，许多城市空间往往采取中轴对称或纵横结合的网格状基本结构。像纽约曼哈顿区纵向为"大道"，而横向为"大街"，主干道作为城市的主动脉往往引向城市的核心区域和核心景点。像巴黎的罗浮宫、凯旋门，华盛顿的国会山、林肯纪念堂都是坐落在城市的中轴线上，构成一个有序的空间结构。而形态自由、流畅的曲线则拥有自在、愉悦、柔软的情感特征，在许多生态宜居城市或休闲场所会大量地运用曲线，给人一种轻松愉悦的空间结构与尺度感。

最后，"点"是城市历史与文化的聚集点或浓缩点，往往是城市中心、博物馆、广场、公园等形式存在。在城市空间结构中"点"往往具有某种标志性的视觉识别功能，同时也具有一定的向心力、凝聚力和辐射力。在空间管理中往往可以"点"为中心，展开对周边空间环境的规范性管理。此外，点、线、面也是相对的，点连接起来就构成了面，点的扩大就演化为面。

总之，城市的点、线、面构成了城市空间形象的形式界面，城市空间各个要素一旦被带入社会空间中，就会形成了一种互为交织、密集的集合关系。这种由物质界面所引发的心理感受构成了对城市空间的整体意向。心理上的"线"是作用于人意识中的情感与文化因素的连接，具有某种"意向空间"的性质。因而，城市文化不仅决定了城市的形象内涵，并以隐性的方式影响着城市的空间结构。

就城市空间结构管理来看，宏观上要从空间形象角度对城市空间结构的合理性进行研判，从物质空间和社会空间的层面上厘清二者之间的复杂结构关系。微观上，要从构成城市空间结构的点、线、面基本要素上，把握好整体与局部，个体与群体之间的关系。并通过规范化和制度化管理，形成独特的空间结构秩序、层级秩序和视觉秩序，从而达到协助市民对其城市产生新的、独特的、代表性的认知与理解。

2.行为空间管理

城市既是人类创造的物质空间场域，也是人类营造的情感交流场域。老子曾在《道德经》中提出："三十辐共一毂，当其无，有车之用。埏埴以为器，当其无，有器之用。凿户牖以为室，当其无，有室之用。故有之以为利，无之以为用。"老子言下的"无"即指"空间"之意，空间真正的价值就在于能够满足人类的各种需求。换言之，城市空间的营造不单单是为了满足人类的生存需求，还应该满足人类在空间中的行为方式与情感的需求。美国学者R.E.帕克曾把城市空间定义为一种由各种礼仪和文化构成的具有人类属性的产物。无独有偶，意大利的建筑师布鲁诺·赛维（Bruno Zevi）也提出：尽管我们可能会因某种原因而忽视空间的存在，但是空间却无时无刻不影响着我们，制约着我们的种种精神思想活动的论点。显然，用空间物质形态去机械地描述城市空间已显得如此的苍白无力，所以应该将城市空间当作一种行为空间，把空间作用于人的心理诱发、行为引导与行为制约等因素囊括进来。

首先，空间行为是客观空间环境与人的主观心理活动结合的产物。人作为城市空间构造的行为主体，在空间的构建过程中人的情感需求和心理意识都会渗透到空间结构里面。不同的空间形式和空间尺度会给人或庄严肃穆或高贵冷敛等不同的心理暗示，宽阔的空间营造出一种博大宏伟的心理空间感受，而闭塞小巧的空间则能营造一种谦逊和蔼、亲切自然的心理体验。所以说，城市空间的营造很大程度上是为了满足人类情感的需求，空间的本质也是一种具有心理行为空间的属性。

在视知觉原理中，视觉会对相似的空间形态进行自动归类，这种特性就是"内向"与"外向"空间的划分依据。"内向"在心理上与"静态"的情绪特征相一致，指的是内敛的空间形态。而"外向"在心理上与"动态"情绪关联，指的是一种开放的空间形态。这种空间划分形式俯拾皆是，故宫太和殿内采用对称排列方式的柱列，具有一种特殊意义上的心理分割，赋予了一种幽深的心理空间感受，皇帝的龙椅位于柱列的中央深处，暗示着不可接近和神秘的心理意味。同时，这种对称模式充分利用柱列之间的相似性，来达到视觉感官上的通透之感，在具有强烈仪式感的同时，也增强了内部空间的庄严厚重感。（图4—17）中国的古典园林也常常利用空间的开合关系诱发人们的心理情感反应。置身于江南古典园林中，时而是曲径通幽的小道，时而是舒展宽阔的庭院楼阁，时而是幽塞隐秘的步道廊桥，这些依靠物理空间转换而形成的步移景换的空间感受变化，构成了一种全新的行为空间体验方式。

从空间管理角度来看，城市的空间形式有着极其稳定的恒常性，这种恒常性的形式背后，隐藏着的是人类的理性。所以，要充分考虑到空间与人类的心智活动之间的关联，特别要处理好功能需求与审美需求、情感需求之间的关系。

其次，空间对人的行为活动有积极的引导作用。空间中连续不断出现相似的空间元素、富有延伸感的色彩与线条、贴合人体尺度的空间关系，构成了具有极强的方向感的空间导向功能。

按照凯文·林奇的说法，城市空间与人类活动之间存在着某种

图 4—17　故宫太和殿

密切的纽带关系，空间对人类的行为活动起着关键性的支撑作用，相应的空间形式与场所总是可以吸引特定的活动与用途。空间实验也证实，不同的空间形态对于人类的行为引导可以产生截然不同的效果。在城市空间形态较为宽阔、甚至在空间铺装材料的间隙较大的状态下，人们会产生轻松愉悦的心理，行动的节奏也会自然地放慢。相反，若是行走在过于狭窄闭塞的道路上，则会不自觉地产生一种压抑和紧张的心理感受，行动的步伐也会因此加快试图快速通过。以卡塔尔机场为例，在宽敞明亮的通道空间，人们会产生心情舒畅愉悦的感觉，但也容易迷失方向或者感觉枯燥。因此，在宽敞的通道空间的许多节点处或墙壁上设置了形态相似的公共艺术作品或壁画来调节空间节奏，这种空间方式既可引导人们的行动方向，也可以通过视觉的节点停留来缩短空间的心理距离。（图 4—18）

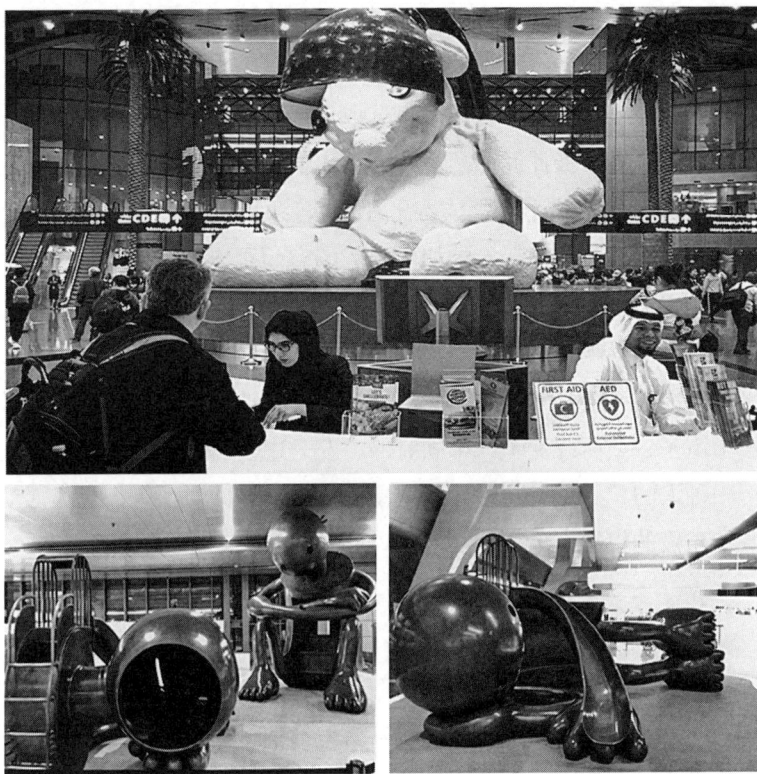

图 4—18　卡塔尔机场通道

此外，空间道路的线形结构也会对人的心理产生影响，例如：有弧度的道路能使人在放松惬意的状态下行走；而有斜度且转折点多的直线形道路让人在行走过程中体会到一种庄重与严肃感。在城市的空间视觉管理实践中，为了实现对人的空间行为进行有效的引导，往往会通过对空间形态进行合理规划性，运用空间的心理暗示作用，来实现空间行为引导的管理目标。

最后，空间对人们行为习惯有一定的规约作用。城市空间在某种意义上像一个过滤器，一方面允许人们进行某种行为活动，另一方面又能够阻碍某种行为的发生。良好的空间秩序在为人们提供轻松惬意的空间氛围的同时，也满足了人的情感需求。在不同的空间场所，人们的言谈举止都会有所不同，在高雅文明的场所里人们会心照不宣地克制自我行为；而在嘈杂恶劣的环境中，人们也会自然而然地扩大说话的音量，行为活动也会变得随意任性。美国行为学家拉特利奇通过一个有趣的试验，来证明城市空间确实能够改变人的行为习惯。拉特利奇在候车室选取一个足以容纳四个人的坐凳作为试验点，由于彼此间的陌生感使得人们在就座时，出于对安全空间距离的考虑往往不会紧挨着坐在一起，而是采用"左—中—右"的就座模式，预留出一定的如气泡般的空间距离，可把这种自动预留空间界限的现象称为"气泡现象"。然后，拉特利奇又用胶带划分出明确的界限分出四人坐凳的空间位置，再次实验证明，人们似乎都明白这些记号的内在含义，都会自动地选择在被划分好的位置中坐下来，从而改变了原来固有的"左—中—右"就座模式。这属于一种人的"心理空间距离"现象，反映出空间对于人们行为活动具有积极的规约作用。

3. 意象空间管理

城市意象空间作为精神文化的载体，是一种具有普遍意义的心理空间意识，也可以说是人们对其所生活的城市空间环境的主观印象。城市意象的本质有两个层面的含义，第一层含义是指由城市空间环境所引起人的直接或间接经验的认知空间，也可以说是人们在时间的流逝中形成的对城市空间记忆；第二层含义是指在城市空间结构脉络十分清晰的情况下，所形成的并得到城市群体普遍认同的空间形象。

意象空间是一个受到社会、文化、生态等多种不确定因素影响的多维系统。

物质形态的空间通过空间结构的形式连接为有机的空间网络系统，非物质形态的空间有效地将城市的文化传统与价值认同转化为空间形态结构，并把意象空间作为人的情感发生场域和体验空间，用以表述人与空间、人与环境的组织关系。由于人的大脑认知机制中的感知模式是一种情境式的，人的观念意识通过大脑感知可转换成一种意象图式，因而"意象"也就依附在人们对空间形象的感知的心理过程之中。从表面上看意向空间与其物质形态的空间形象似乎没有直接联系，但它却与其非物质的人文精神、人文情感密切联系，从这种意义来讲，意象空间也就具有一种非物质的意识形态的属性。城市历史文化的差异与个体差异，会导致个体因受外界因素影响的不同，而产生个体的意象空间的有所不同。

意象空间的管理体现在空间意象规范对人潜移默化的感染与教化作用上。最早提出艺术教化功能并将其作为一种伦理规范手段的可追溯到舜帝。据《尚书·舜典》记载"夔！诗言志，歌永言，声依永，律和声。八音克谐，无相夺伦，神人以和"。舜帝的原意是希冀借助音乐与诗的教化作用达到"神人以和"的境界。而后，荀子也曾在《乐论》中详细地分析了音乐的起源、本质及其教化意义等问题。视觉艺术的教化作用比音乐更为显著，早在商朝人们就开始注重视觉艺术的教化作用。成汤之所以能成为商朝的一代明君，宰相伊尹功不可没，他曾作九主画像对成汤施以劝诫。到了汉代，描绘孝义、仁义、忠义等教化作用的画像石比比皆是。明清以来，在皖南的徽派建筑上其教化功能显示得淋漓尽致，不仅表现在空间的伦理布局上，也体现在砖雕、木雕、石雕等艺术形式上。

意象空间管理也具有一定的社会教化功能，以空间秩序的形式建立起一种社会稳定安康、相互包容的理想社会形态。意向空间管理以城市的价值认同为核心、以文化为凝聚力、以非强迫性的情感归化为手段、以视觉认知为方式，以促使社会价值观认同为归宿。意象空间的个体教化功能也是社会教化的重要组成部分，通过情操的自我完善、人文关怀的升华、思想境界的提升，把社会秩序、法制观念、伦理价值等以潜移默化的方式植入人的意识空间，展现为一种个体的积极乐观的行为方式和生活态度。一旦这种具有积极意义的个体态度和行为方式以空间的形式聚合起来就能构成的社会正能量。

人们对城市空间的解读并非局限于物理层面，而是按照自身的意愿对所见空间的赋义赋值过程。人类的本性倾向于将自身已有的经验与知识带入对空间的解读之中，并对原有的空间信息加以补充与完善，并能对不确定的空间信息作出合理的解释与判断。因为人们所看到与接收到的空间信息，从来都不是以简单的形态与色彩的形式完成的，而是通过人的经验与意识将其归纳为认知对象，构成以感觉与知觉统一的整体空间意象。

综上所述，建立在城市群体共同的价值认同基础上的城市形象视觉管理系统，在视觉管理中占有极其重要的地位。

其一，城市的核心形象凝聚着作为价值主体的价值意识和价值观念，是城市核心竞争力所在。城市核心形象作为城市核心价值观的视觉表征形式和一种有别于其他城市的视觉形式，能够直观地反映一个城市与众不同的品位与气质，有效地将非物质的抽象概念转化为具象的视觉形态，并以视觉形象的方式对城市群体的价值观念、文化观念和行为方式进行规范来行使其管理职能。

城市形象视觉管理基于显性与隐性管理的理念，前者是指将城市文化观、价值观等隐性的信息转化为有指代意义的图形符号，外化成城市群体的社会行为，展示城市的品格、追求、特征和空间构造；后者是指通过隐性非可视化的形式作用于个人的思想体系，达到间接影响管理对象实现管理目标的目的。

无论是作为形象管理形式的意向规范还是形象规范，需将一切形象要素以既定的形式构成逻辑上的管理体，实现形象视觉管理的整体优化。视觉管理既要把握好各个因素之间的层次与结构关系，也要把握好系统中各要素之间的差异与秩序的关系。

其二，色彩作为一种具有强烈视觉冲击力的视觉元素，在视觉管理中具有特定的语义指代功能。城市视觉管理常常使用某种具有特定语义的色彩，来强化城市的某种视觉印象。色彩形象以直接心理效应和间接心理效应的形式，构成了完整意义上的色彩意象。色彩作为视觉管理的重要形式，深刻而直接地影响人们对城市的视觉印象。

色彩管理管理形式可分为三个层次：一是色调管理，要对城市色彩进行科学的总体规划，通过设立城市主体色调的形式，通过突出城市主色调来展示城市规划战略。进行城市色彩的系统化和规范化管理；二是色系管理，以城市的色彩系统规划为基准，对城市具体的空间和区域进行色彩规划与控制；三是色限管理形式，对于影响城市整体色彩形象的其他色彩进行限制，以系统化的色彩来规范具体的色彩管理实践活动，来维护城市的整体色彩形象。微观层面的管理要能够充分考虑到那些会影响城市色彩整体形象，而往往又被忽视的色彩的规范。

在城市色彩的设定上，首先，要能够反映出城市的品质和文化意义；其次，应以色彩的科学规律为依据，设立城市的色彩体系标准；最后，以城市色彩体系为标准展开城市的色彩管理。总之，城市色彩形象管理并非一种固态形式，而应综合考量色彩与城市空间之间的相互作用关系，以及色彩作用于人的生理与心理反应和人的实际心理需求。

其三，城市空间管理由结构空间、行为空间和意向空间所构成，并非局限于物理层面的空间，而是一个通过人的经验与意识将空间归纳为认知对象，构成以感觉与知觉统一的整体空间意象。城市空间具有两方面的含义：一是，城市空间作为精神文化的载体，不仅是人类赖以生存的物质环境，也是人类创造的物质形态；二是，空间是人类情感交流和意识活动的场域，由客观城市空间环境所引起人的直接或间接的经验认知空间，也可以说是人们在时间的流逝中形成的对城市空间记忆。

就城市空间管理来看，宏观上，要厘清物质空间和社会空间两者之间的复杂对应关系。微观上，要从构成城市空间结构的点、线、面基本要素上，把握好整体与局部，个体与群体之间的关系。并通过规范化和制度化管理，形成独特的空间结构秩序、层级秩序和视觉秩序，从而达到协助人们对其所在的城市空间认知与理解。就行为空间而言，空间具有一定的社会教化与自我教化作用，潜移默化地影响着人的行为意识。正如凯文·林奇所言那样，意象是个体直接感受和过往经验的共同物质产物，一旦被转译成可阅读的信息之后就能够引导人的行动。由此可见，空间对人们行为习惯有一定的引导与规约作用。作为意象空间管理而论，人的观念与意识能通过大脑感知转换成一种意象图式，所以"意象"既是一种视觉形式也是一种隐形管理的方式。城市精神属于一种非物质的意象形态，是城市意象的核心内容所在，蕴含着的人们的情感，并且作用在人们的言行举止，并以一种可视化的状态被外界所感知。

总之，核心形象、色彩形象和空间形象是一个有机的统一体，构成了完整意义上的城市形象视觉管理系统。

城市形象视觉管理
Visual management of city image

核心形象管理
核心价值观
核心管理形式

核心管理形式　　　　核心价值观

色彩形象管理
色彩管理基础
色彩管理形式

色彩管理基础

色彩形象视觉管理基础
包括色彩的理论管理和
色彩空间规划管理。

色彩管理形式

色彩形象视觉管理形式
包括色调管理、色泽整
理和协板管理。

空间形象管理
空间管理观念
空间管理形式

空间管理观念

空间形象视觉管理观念
包括空间与价值、空间
与时间。

空间管理形式

空间形象视觉管理形式
包括结构空间管理、行
为空间管理、景象空间
管理。

第五章 和谐空间

城市环境视觉管理

城市环境关乎城市的生活品质以及城市的健康发展，是城市形成聚力效应的必然条件。在现代化城市建设的进程中，城市环境会随着城市的发展发生相应的变化，传统环境管理模式已经远远不能适应当前城市发展的需求。为了化解城市膨胀式发展与城市环境之间的矛盾关系，缓解快速发展进程中的城市环境压力，城市环境视觉管理也就因应而生，旨在自然环境与社会环境之间建立起一种和谐的城市空间秩序。

城市环境视觉管理是基于生态主义、人本主义、情境主义理念基础之上的一种新型管理实践，针对城市公共环境、人文环境和企业环境中的具体问题，以视觉的方式对城市环境进行规范管理。城市环境视觉管理在满足人们生活与工作等生存需求的同时，强化城市群体与城市环境的体验与互动，有力地推动了"宜居、宜业、宜学、宜商、宜游"和谐城市生态环境的形成。

第一节　城市环境视觉管理视界

　　城市环境总体来说是有生态、文化、景观所构成的一个比城市空间更为广泛的概念，并具有控制与保护等意义的整体空间环境。对城市环境视觉管理的研究，既不是单单面对城市的自然资源、生态平衡、环境污染等自然环境问题，也不是将研究的主题局限在城市的建筑空间、空间布局，以及人文素养、文化生活等所构成的人文环境上，而应将城市整体环境作为研究对象，将研究的领域、范围、内容圈定在更为广泛的环境意义上。在城市研究的时间维度上，应以城市环境、城市形态的演化进程为线索，以当下城市发展中遇到的问题作为研究对象，以视觉的管理的方式作为破解问题的手段，力求理论与实践相互结合的方式展开，使研究的内容更加贴近当下的活态城市，为城市环境管理的手段提升、内容优化厘清方向。

　　城市的空间环境是由城市的社会环境、自然环境、物质环境等组成的一种物质空间，并且与日常生活中人的需求紧密联系。城市的物质空间关系到城市环境发展的取向，直接影响到人们的生活状态，关系着未来城市发展格局与走向。提升城市环境质量，建立起和谐的城市环境秩序，是每个城市发展的主要目标，也当成为城市环境管理的基本方向。就目前国内外对城市环境管理的研究来看，其重点主要集中在解决城市环境空间结构的复杂性、人口增多带来的环境污染问题、城市空间环境与城市生活需求之间的关系等问题上。具体而言，这些研究可以归纳为两条研究线索：一条线索以奥地利的克里尔兄弟作为主要代表，其研究着重在城市环境形态方面进行的探索，所研究的方向是从理论的具体规律出发，对城市空间结构的具体发展规律进行针对性的探究；另一条线索以凯文·林奇为代表，其研究对象主要是对城市环境中的主体进行确认，将人的认知、感受、情感体验等放在研究的重要位置。

城市视觉管理在全面满足人们对环境的关切性、秩序性、规范性、方便性等诸多需求的同时，有效地提升了城市环境管理水平，毋庸置疑的是，这种管理方法势必会逐步成为传统城市管理手段的有效补充。

一、环境视觉管理界定

如果说城市视觉管理是宏观层面的管理的话，那么城市环境视觉管理则是一种实践层面的管理。具体反映为将城市的管理目标、管理内容以形象与视觉符号集合的方式进行管理指令的传达。借助于视觉传达设计理论与实践的长足发展，视觉传播方式已成为了当今世界的一种主流传播方式，并成为了城市环境管理方式转型的重要推手。

（一）城市环境及其管理

城市环境包含了城市静态环境和动态环境两个方面。静态环境是指城市的自然环境、建筑环境、空间环境等物质性环境；而动态环境则是指社会环境以及每时每刻都处于在不断变化过程中的行为环境、交通环境和企业的生产环境等。由此衍生出与城市环境相对应的两种环境管理基本内容。一是城市静态环境管理，即对城市中客观的、静止的环境进行协调、规划、布局和管理。具体来讲，是通过城市设计设计、空间规划、生态环境规划等制度建设所实现；二是城市动态环境管理，通过城市环境的制度规约，对在城市环境中人的行为活动进行有效的引导、规范、约束与管理。由于城市环境中人的行为活动方式每时每刻都在运动，对其进行规范管理是一项较为复杂的系统工程。动态管理主要依据环境心理学、行为学、社会学等学科原理中处理人与环境之间关系的方法，以环境行为约束的规章、法律等文件为手段，从而有效地干预、引导、规范城市群体的行为活动。

就城市环境内容而言，可以将城市环境大体划分为三个主要方面，即城市公共环境、城市人文环境、城市企业环境。前两者属于开放型的城市环境类型，后者则属于半封闭型的城市环境类型。不同区域的城市环境有着自身的优势与局限，只能依据不同环境和区域属性特点采取有针对性的管理措施，才能够有效地改善城市环境、营造出良好的环境秩序、促进城市环境健康稳步发展的管理目标。

城市环境管理的主要目的在于，通过改善城市环境来提高人们的生活质量、保障人们的身心健康，总的来说也就是为了能够提高城市的整体发展水平。城市环境视觉管理涉及社会的方方面面，不仅仅是要在城市环境中有所作为，更重要的是要通过对城市环境质量的改善，从而促进城市经济的健康发展和保证城市建设的有序进行。良好的城市环境质量不仅能够增强市民对城市信任度、自豪感、归属感，而且还能提高市民的文明素养，进而调动市民为环境改善作出贡献的积极性和热情。此外，也能够吸引更多外来投资和旅游者，使城市迎来更多的发展机遇。

（二）城市环境视觉管理

城市环境视觉管理是以视觉语言的方式构成环境管理的视觉文本，将城市环境管理的制度规约以显性的视觉方式呈现出来，并进行有效的视觉传播。因而，环境视觉管理是一种颇为有效、新颖、直观的新型管理方式。环境视觉管理通过将环境信息有效地转化为视觉信息，使人们能在对环境信息的视觉认知过程中把握信息内涵，从而起到指示、引导和唤醒人们的行为规范意识的作用，从而营造出一种规范化与秩序化的环境视觉感受，并以优化的视觉系统维护城市的环境形象，强化城市环境的文明规约。

通过对视觉管理的形式要素的重组与再造，使其能在不同的环境管理领域发挥不同的管理职能。以常见的环境管理中的视觉导向导识系统和公共信息系统为例，人们能够通过视觉形式及时地获取所需的城市信息，而且这种直观、便捷的信息获取方式不仅对城市环境起到了美化作用，协调了人们与城市环境之间的关系，有效地提高了城市的现代化管理水平。

从某种程度上来讲，视觉管理的根本意义在于"意义"的传达，当环境"意义成为一种约定俗成的意义时，会引起质变转化为形式意义"。① 环境视觉管理所具有的这种特殊功能，有效地将管理的观念、意义及内涵以视觉形象或视觉符码的形式进行视觉传播，并通过其视觉形式实现人与环境的情感与文化的沟通。环境视觉管理具有一种非强制性、间接性、自发性等人性化管理特征，在这种管理形式的规约下，城市环境会呈现出一种强烈的亲和性和丰富的人文性，有效地缓解人们在快节奏下的生活压力，找到了属于自己的诗意的情感归宿。

二、环境视觉管理特性

城市环境作为人们赖以生存的空间，涉及人们日常生活的各个方面，具有明显的系统性与整体性特征。因此，在环境视觉管理的过程中要注重整体的战略规划，在管理方式上既要统筹兼顾，又要保持城市环境管理的系统性与整体性和环境管理的特色性。

就城市环境视觉管理的特性而言，主要体现在整体性与系统性两个方面。

（一）整体性特征

系统论认为任何局（子）系统都是由许多部分（要素）为一定目的而构成的综合有机整体。整体性并不是各部分的简单叠加，各部分若离开整体也就不再具有整体的性质。因而，城市环境视觉管理不仅涉及物质环境和非物质的社会环境，也涉及视觉环境和认知

---

① 张宪荣：《设计符号学》，化学工业出版社 2004 年版，第 58 页。

环境，两者共同构成的一个较为复杂的综合性管理系统。所以说，整体性是城市环境视觉管理系统建构的重中之重，体现为涵盖综合、全局、有机的城市环境可持续发展的基本特征。

首先，整体性体现在视觉环境管理与城市发展战略的整体协调上。意味着在环境视觉管理的系统规划要与城市发展战略保持相一致，纳入城市的总体发展战略规划之中。要把城市自然环境、生态环境、社会环境、人文环境等要素作综合考量的依据，确保城市环境建设与城市的发展战略的整体协调。此外，还需站在全局的高度加强城市视觉管理的制度建设，制定出行为规范的统一标准，从而保证视觉管理系统有条不紊地运行。

其次，整体性体现在城市视觉管理各系统间的关系协调上。应把城市环境视觉管理系统与形象管理系统、公共服务视觉管理系统之间的关系，视作一个互为联系、相互作用的有机整体，在形象层面上需与城市形象视觉管理系统保持一致，也就是说在价值认同上要与城市精神保持一致；在实际操作层面上要与环境视觉管理系统和公共服务视觉管理系统在形式上保持一致。当然这并不意味着城市环境系统失去本体系统的管理特色，而是在管理上各有所侧重。三者之间既相对独立而又高度统一，构成了完整意义上的视觉管理。

最后，整体性体现在城市环境视觉管理系统内的整体协调上。就城市环境视觉管理的系统内部而言，公共环境视觉管理、人文环境视觉管理和企业环境视觉管理构成了环境视觉管理的完整系统结构。整体性就是要求系统内所有相关的要素按照一定的形式、章法、结构形成逻辑上的整体联系，协调好系统与系统、部分与部分、整体与部分之间的关系，使之能够相互贯通、相互呼应、相互交融、互为促进，实现环境视觉管理系统间的整体优化。

（二）系统性特征

系统论的创始人贝塔朗菲（Bertalanffy）认为，系统是处于一定的相互关系中并与环境发生交互作用的各组成部分的总体。钱学森先生也提出"系统是由相互作用和相互依赖的若干组成部分结成的、具有特定功能的有机整体"①的论断。由于系统的复杂性、关联性等特性使得系统论具有了普遍指导意义。具体就环境视觉管理而言，系统性体现在上位系统与下位系统的系统关系上，也体现在系统要素间的层次与结构关系上。

其一，从系统关系上来看，宏观上的系统性体现在环境视觉管理系统与形象视觉管理和公共服务视觉管理三者之间相互作用、互为联系的系统关系上。微观上的系统性体现在本体系统内的公共环境系统、人文环境系统和企业环境系统之间的系统关系上。环境视觉管理的系统关系可从两方面解释：其一，环境视觉管理系统交融于城市视觉管理系统中，作为城市视觉管理系统的下位系统而运行；其二，作为下位系统的环境视觉管理系统与其子系统和要素之间所构成的一种互为联系、相互制约、互为影响、互为上位的系统组织关系。无论是城市视觉管理系统还是城市环境视觉管理系统都存在于除自身外由空间各要素组成的环境中。任一系统都是开放的而不是封闭的，视觉管理系统的生命力也就在于其与城市环境间不断进行着的物质、能量和信息的交换。

其二，从本体系统的层次与结构关系上而言，宏观上的环境视觉管理系统的层次与结构关系，体现在系统内任一子系统既是相对独立的系统，也是组成上级系统的基本要素，这种层层递进的关系构成了环境视觉管理系统错综复杂的系统关系。从系统结构上，由众多要素按不同级别和层次而有序构成的环境视觉管理子系统，每个层级关系的构成要素依据一定排列组合方式，构成相互作用、相互制约的系统结构，系统整体的性质和功能均由系统结构决定。

其三，从环境视觉管理的视觉要素的层次与结构关系而言，作为环境视觉管理传播媒介的各种视觉元素构建起了完整的视觉识别系统，以一种符号集合的方式构成了视觉语言系统的基本语汇单元和视觉文本，并以其层次性、结构性的组织结构关系呈现为一种新的视知觉秩序和叙事性的语言系统，来表达更为复杂的信息内涵或

---

① ［苏］瓦·尼·萨多夫斯基著：《一般系统论原理》，贾泽林等译，人民出版社 1986 年版，第 101 页。

更为完整的意义。进而实现城市环境形态的整齐划一性，环境秩序的合理规范，以及环境信息的有效传播等目的。

第二节　城市环境视觉管理理念

城市环境视觉管理的学科基础间接存在于由环境学中分化而出的环境心理学、环境行为学、环境意象学、环境美学四个学科门类之中，并对城市环境视觉管理理念的形成起到重要的借鉴作用。著名的认知心理学家布鲁斯威克提出的视知觉理论，认为"人们对环境信息的认知主要是通过借鉴以往经验而形成的，并且知觉在人们的思想中具有极大的作用"。① 这些观点逐渐被推演而形成了环境心理学这门学科。环境行为学的思想以美国心理学家库尔特·列文的思想理论为代表，认为：人的行为是"人的需要和环境两个变量的函数 B=f（P×E）。这一公式体现了环境既有可能会对人们的行为产生积极的影响，也有可能产生消极的影响"。② 就城市意象角度来讲，意味着人们所具有的主观情感与城市形象融合在一起，逐渐形成了城市意象。最具代表性的学者凯文·林奇认为，人们之所以能够建构出城市意象，是因为人们将身边的环境经验作为一种衡量模式，从而产生一种意象空间。也就是说城市意象是因人们对城市的主观联想而产生的一种主观印象，然而不同的人对城市会有不同的主观印象。③ 环境美学则第一次将环境学理念与城市形象理

---

① 徐磊青、杨公侠：《环境心理学》，同济大学出版社 2002 年版，第 6 页。

② 徐磊青：《人体工程学与环境行为学》，中国建筑工业出版社 2006 年版，第 12 页。

③ ［丹麦］扬·盖尔：《交往与空间》，何人可译，中国建筑工业出版社 2002 年版，第 10 页。

念进行了融合，至此构成了城市环境视觉管理的基本理念的全面探究。

上述四类学术观念主要是运用科学的思维方法，对环境管理活动的基本规律和主要原理进行系统的归纳和概括，为规范化和科学化的城市环境视觉管理提供了坚实的理论支持。城市环境视觉管理的最终目的在于协调人与社会、人与环境之间的关系。在援引其他学科的研究成果及前人的研究经验的基础上，可将城市环境视觉管理的理念归结为"生态主义""人本主义"和"情境主义"三种基本观念形态。

一、"生态主义"理念

生态是指自然生物存在与发展的本真状态，生态主义认为地球上的每一个物种包括人类都是生态的一部分。生态主义把整个世界认为是一个有限与无限、局部与全体的统一整体，意味着生态系统不同部分与层级之间的有机组合状态，即生态系统的整体性写照。生态主义理念的核心强调的是处理好人与自然之间及生态环境中各个环节、各个要素之间的协调关系，强调建立在生态环境下的人类整体利益与未来利益的和谐关系。

就城市而言，生态主义则是平衡城市发展与城市环境、自然资源的整体性水平。

人与自然"和谐共生"的价值追求在中国已延续上千年，所谓的"共生"是相对于"异在"而言，主要指维护人与自然，以及自然要素与要素之间的契合关系。老子在《道德经》曾讲道："故道大，天大，地大，域中有四大，而人居其一焉。人法地，地法天，天法道，道法自然。"依据老子的观点，人是社会的核心，在突出人的独立性的同时也强调人与环境的相融性，充分体现出传统哲学所蕴含的东方智慧。就城市的生态发展观而言，共生指的是城市发展与自然环境、资源之间的依存关系，就是一种城市环境与自然环境相互依存的发展观念。这种依存的目的不是让人们被动地去接受现状，而是为了城市自身发展需要，让城市群体能够主动地去维护城市与自然的和谐关系。

西方的生态城市观出现在 19 世纪末期，英国城市规划师霍华德（Ebenezer Howard）面对工业化所造成的环境危机，进行了深刻反思与深恶痛绝的批判，认为城市环境之所以会得到恶化，是因为由于城市发展速度过快、城市膨胀式扩张等原因引起的，强调城市发展与城市环境之间的"和谐共生"是城市必须坚持的战略。他提出人们应该放弃当下的工业化进程，切实保护城市生态环境，使城市环境能够回到以往的本真状态，倡导城市建设应该朝着传统意义上田园般自然乡村的生态城市方向发展。霍华德在对自己构建的理想化城市规划实践中，提出了城市、农村以及城乡结合的三种模式，尤其是论证了兼具城乡生态发展的城市与乡村相结合的模式，并且以图解的形式进行了较为翔实的阐释。像英国莎士比亚出生的城市，无论是建筑形态、生态环境还是城市规划，一直保持了 600 年前城市的基本景观面貌，置身于这种环境中似乎可以随时触及莎翁那个时代跳动的脉搏。（图 5—1）

到 20 世纪中叶受工业化进程的影响城市环境发生急剧恶化，人们开始从环境角度反思城市管理方面的种种不足和问题。美国未来学家阿尔温·托夫勒也提出了"低碳革命将是未来的主要发展趋

图 5—1　英国莎士比亚小镇生态环境

势"① 预言。多年的城市发展实践证明,低碳城市这种生态主义的发展理念逐渐被普遍接受并广泛应用,并成为未来城市发展的趋势。现有事实证明,低碳城市的发展理念不仅引领着未来城市的发展方向,也在改变着城市群体的生活方式。低碳的理念在 2010 年以城市发展为主题的上海世博会上,以英国伦敦典型的绿色能源、水之源循环利用的"零碳"馆中可见一斑。另外,维克多·巴巴拉克在《为真实的世界而设计》中也提出了"绿色设计"的概念。随着生态主义理念得到了人们越来越多的关注与认同,循环经济、节约经济、共享经济等发展方式已经成为当今城市发展与管理的主要模式,参与建设的环保评估也成为城市工业化进程的首要程序。当下慢城建设、共享单车、共享交通等绿色出行方式已成为社会流行的一种生态文明生活方式,也在一定程度上维护了城市的生态环境。

二、"人本主义"理念

在管理学理念中,一直存在着科学主义与人本主义两种理念,并且这两种范式一直处于分庭抗衡的状态之中。科学主义管理理念以管理效率为最终目的,强调管理的投入与产出之间的比值。这种管理范式将极富人性色彩的管理活动变成了简单的效率衡量,在一定程度上淡化人性的存在。而与科学主义理念相反的人本主义管理理念,从管理科学与自然科学的差异性出发,将人置于管理的核心位置。在新康德主义、现象学、诠释学等哲学思想的基础上,认为管理现象本质上是人的主体精神外化或客观化的"精神世界"或"文化世界"。因此,管理现象既不能用反映论亦不能用自然科学的实证方法,只能依靠"理解""感受""分析"或"解释"的方式进行,认为管理学的研究对象是"一种个别的、仅仅发生于一定时间

---

① [美] 卡罗琳·弗朗西斯:《人性场所:城市开放空间设计导则》,俞孔坚等译,中国建筑工业出版社 1983 年版,第 80 页。

内的事件"，只能运用"个别化"的方法去进行研究与实践。因而有学者将"人本主义"管理理念概括为"点亮人性的光辉；回归生命的价值；共创繁荣和幸福。"[1] 由此出发，环境视觉管理主要是由人去实现对环境的管理，所以一切就需要从以人为本的理念出发，围绕着人对环境的空间感受、感知、理解、体验展开，进行有针对性的设计引导和人的行为活动管控，来实现人与环境相和谐的管理目标。

"人本主义"的管理理念在我国源远流长，儒家早在春秋战国时期就主张"轻物重人"的生存体验观，明确提出"人为万物之灵长，天地之间人为贵"的哲学观念。儒家以孔孟为先导提出了以人为核心的情感哲学。如孔子对于天命是疑而悬置，在《论语·雍也》中提出"务民之义，敬鬼神而远之，可谓知矣"的观点。质而言之，儒家注重道德修养，倡导"仁者爱人"的人生境界。在此之后，东汉著名思想家仲长统进一步将儒家的思想诠释为"人事为本，天道为末"。宋明时期理学也极力主张"以人为本"的思想，这一时期的思想家都对人的主体性进行了大力的肯定。儒家的这种人本思想对我国的社会发展产生了极其重要的影响，形成了具有中国特色的人学体系，强调注重仁爱、推己及人的文化理念与趋善求治的价值导向，对于社会秩序的建立、管理与维护都起到不容小觑的作用。城市作为人类文明的产物，城市环境作为人类的活动场域，其存在的意义趋向于增进人的生存与发展福祉，因而应该具备人性特征与人文关怀。

三、"情境主义"理念

挪威建筑学家诺伯格·舒尔茨认为，每一个城市发展的背后都有着深厚的文化内涵，这不仅仅来源于视觉拼图游戏，而是基

---

[1]　杨志等编著：《人本管理》，中国石油大学出版社 1999 年版，第 17—18 页。

于城市的历史文化背景。① 城市中的每一个空间背后都有与城市相匹配的历史渊源，从而使城市环境空间愈加丰富多彩。随着时代的变迁，城市的空间结构不断发生着巨大变化，只有有效地将城市空间环境的历史、文化传统等信息与空间相结合，才能保留城市的文化底蕴，从而激发城市居民的情感共鸣，满足人们的情感需求。

情境主义思想最早源于科林·罗沃（Colin·Rowc）的文脉主义思想。他在《拼贴城市》一书中，针对现代主义风格的城市建筑中出现的文化缺失现象进行了强烈的批评，认为"城市形态不但对历史进行了记载，城市形态是城市历史与城市自然景观的互为交织。在现实和历史正好可以一同共处时，所产生的城市空间形态相对具有一定的魅力"。② 罗沃积极提倡在城市的演化过程中应保留城市的文化足迹，恢复原有的城市空间秩序，对城市优秀文化传统进行继承与发展。这种观点集中体现为对城市的历史情境的重新定义上，可称之为"文脉主义情境"。而文丘里提出的"文脉主义"则是一种折中的观点，他继承罗沃的文脉主义情境的基础上，又增加了公共性、安全性以及防卫性等内容，而这些内容正是现代城市环境所亟待解决的问题。

一个城市的空间环境蕴含着浓厚的地域文化资源，需要通过空间与时间的文脉来有所展示，从而为置身于环境中的人们体验到一种历史情境，使城市的文化底蕴得到升华。而后，文脉主义反引到现代主义之中成为后现代主义的一种重要特征。在城市环境建设中强调对历史文化的继承，将城市历史与文化以隐喻的手法运用在城市的后现代建筑设计中，从而引起人们在视觉上的联想与情感上的共鸣。如今文脉主义情境也对城市环境管理产生了深刻的影响，从环境保护的角度进行城市历史与文化的传承已成为了一种趋势。城市环境视觉管理本身便是一个充满文化意味的

① 金绍荣：《情理兼治理范式的大学生管理伦理研究》，西南大学 2013 年博士学位论文。

② [美]罗伯特·柯林：《拼贴城市》，童明译，大连理工大学出版社 2010 年版，第 5 页。

管理行为，格外注重对传统文化的传承和保护，所以，情境主义显而易见成为城市环境视觉管理的基本理念之一。

城市环境视觉管理中的"情景主义"管理理念，具体而言是指依据城市的历史文化、风俗习惯、民族信仰、价值观念等对城市空间环境作有针对性的建构与改良，使城市环境彰显人文情怀，并且能够让人们感受到一定的归属感和价值认同感。由此可见，城市环境视觉管理不能只关注城市外在的物质要素，还要充分关注城市环境中饱含的人文情怀，从而更好地塑造出城市环境的情愫空间。

经过上述研究可以看出，"生态主义"理念重视人类利益和自然环境相适应的良好状态，注重从生态的角度对人和自然之间关系进行审视；"人本主义"理念则是以人为本，弱化科学实证主义所片面强调效率的理性管理方式，确保管理活动与人的自身发展的联系；"情景主义"理念则主要强调城市所沉淀的历史文化同环境互为补充、互为促进的关系，赋予城市环境一种独特的历史文化特征，营造出一种富有丰富情感的体验空间，实现情感与环境同在的结合。城市环境管理理念作为城市规划、城市建设、城市发展的战略性思想，对规范化、秩序化的城市管理起到重要的理论支撑作用，也对城市形象塑造、文脉传承起到了引领作用。通过人与自然、人与社会、人与生态的和谐发展，强化了城市环境视觉管理的效能。

第三节　城市环境视觉管理系统

随着视觉化的读图逐渐成为时代发展必然，以及城市环境美学理论探索的不断完善，环境视觉管理日益成为了城市管理中不可或缺的重要组成部分。环境视觉管理思想的萌芽最早可以追溯到奥图·纽拉特提出的"伊索体系"，该体系首次借用独特的、严谨的、规范化的视觉符号对文字语言进行转译，以直观的视觉图形来进行语义传达与视觉解读，形成一种独特的视觉语言体系。而后，贡布里希等人在格式塔认知心理学理论的视觉生理、视觉心理、知觉组织等理论基础之上，针对环境秩序的视觉化进行了有益的探索，其研究内容包括管理的艺术再现以及与公共艺术的关系等方面，突显人类视知觉所能感知到的"视觉秩序"与环境秩序的关系。

伴随着城市美学、品牌学、心理学、图像学、管理学等学科的发展，环境视觉管理体现在两个方面：从美学意义上城市环境成为了城市审美对象和管理客体，并与城市形象建设有着必然的联系。从环境信息可视化角度上来讲，自上世纪威廉·普莱费尔所设计的柱状图和饼状分析图，以及理查德·乌尔曼在 1976 年"视觉信息图表"这一概念提出以来，信息的视觉转化与传播成为一种必然的社会发展趋势，也使得环境信息的视觉转化成为了现实。[①] 至此，环境管理也就成为读图时代视觉管理的一种新范式。城市公共环境管理在增加人文性、视觉化、生态性的同时，增进了人与环境的沟通与体验活动，在一定程度上缓解了人们工作紧张压力、舒缓情绪，调动人们维护环境形象、参与环境管理的主动性与积极性。

城市环境视觉管理就其系统结构而言，包括公共环境、人文环境和企业环境三个层面。（图 5—2）

一、公共环境视觉管理

公共环境（也可称之为公共空间）是指人的生存环境以及围绕着主体的周边事物，包括外部世界具有相互影响作用的物质要素和社会要素。广义上的城市公共环境是指城市的空间、道路、广场等人造景观，以及城市的天空、河流、树木、水域等自然景观的统称。狭义上的城市公共环境具体是指为城市群体的工作、生活、学

---

① ［美］理查德·鲁尼恩：《心理统计》，林丰勋译，人民邮电出版社 1989 年版，第 1 页。

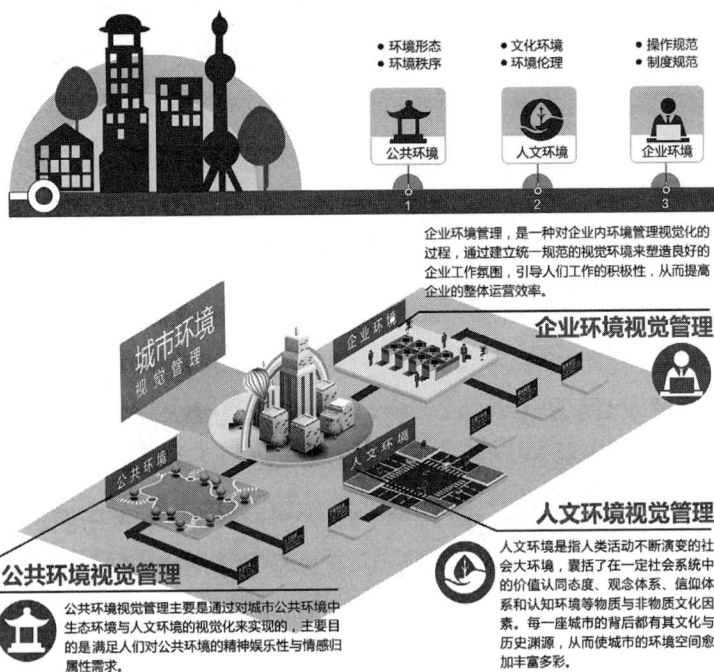

- 环境形态
- 环境秩序

公共环境

- 文化环境
- 环境伦理

人文环境

- 操作规范
- 制度规范

企业环境

企业环境管理，是一种对企业内环境管理视觉化的过程，通过建立统一规范的视觉环境来塑造良好的企业工作氛围，引导人们工作的积极性，从而提高企业的整体运营效率。

城市环境
视觉管理

企业环境

企业环境视觉管理

公共环境

人文环境

人文环境视觉管理

人文环境是指人类活动不断演变的社会大环境，囊括了在一定社会系统中的价值认同态度、观念体系、信仰体系和认知环境等物质与非物质文化因素。每一座城市的背后都有其文化与历史渊源，从而使城市的环境空间愈加丰富多彩。

公共环境视觉管理

公共环境视觉管理主要是通过对城市公共环境中生态环境与人文环境的视觉化来实现的，主要目的是满足人们对公共环境的精神娱乐性与情感归属性需求。

图5—2　环境视觉管理系统关系设计实践

习、休闲活动所提供的活动场所，这种场所具有非隐私性、公共性、开放性、参与性的特征。公共环境不仅是人类赖以生存的物质环境，更是人类情感交流和意识活动的场域，它不仅包含了城市的自然环境、生态环境、物理环境，也包括人类社会长期形成的社会环境、文化环境等形式内涵。

从文化的维度而言，人类的思想意识、人文精神随着时间的推移形成了人类赖以生存的社会环境，其中作为城市文明精髓所在的文化元素，总是会以某种物质的形式作为环境要素显现在城市环境之中，因而人类在意识作用下对城市环境的能动性改造，不可避免地会受文化思潮的影响。从这个角度来讲，环境的本质属于一种文化的存在形式，城市环境的形态与格局都为消失的文化提供了现实的印证。

从历史的维度而言，城市环境是历史记忆的生成场域。环境作为一种人类发展的空间观念，人类的文明总是会随着时间融入城市的环境形态中，或者说城市环境是时间和历史结合的物质形态。换言之，城市历史的变迁、文化的繁衍都会以抽象或具象的存在形式被城市环境所记载。因而，城市环境也就具有了一种特殊的城市历史与文化的承载功能，同时也在很大程度上满足人们情感的现实需求。此外，文化思想对城市公共环境的影响无处不在，无论是中国北京还是美国华盛顿的城市公共环境，无不映射出文化观与价值观的烙印。

从公共环境管理维度，城市公共环境既是人类创造的物质场域，也是人类营造的情感交流场域。因此，城市环境也就有了一种叙事的功能，叙述着城市的故事与文明的发展。从这种意义上论之，城市环境既是人类赖以生存的空间，也是城市意象和意义的生成空间。作为环境视觉管理，一方面，要从文化与精神传承的角度保护好城市环境，维护好城市良好的环境形象；另一方面，环境作为人类的一种行为活动空间，通过极富人情味的视觉图式倡导一种人性化的服务性视觉管理方式，来引导与规范公共环境中人们的行为活动。

（一）环境形态视觉规范

环境作为人类情感的交流空间和城市历史与文化的载体，其形式规范首先反映在城市的建筑、道路、景观以及大中型广场等室外环境与城市历史文化的对应关系上。其次，反映在环境形态的审美功能和形象的叙事功能上。环境形态视觉管理实质上是一种侧重于环境的整体系统规划为主的管理，强调从城市的生态和人文两个方面展开对环境的视觉规范。

环境形态规范具体可以分为如下几种形式：

1.区域环境视觉规范

城市环境的性质是由城市区域功能及其环境的内部物质要素所决定的，具有为适应城市发展需求而不断进行组合与拆分的特征。城市的环境形态结构从环境管理的角度来看，受到如下集中因素的影响：

首先，城市环境结构形式受地理环境的影响，并在一定程度上受空间结构影响，呈现为或网格型、或放射型、或组团型、或带状型、或分散型等基本结构形式，并以点、线、面的基本要素的集合形式有机地连成为一个整体，不同的形式结构构成了不同的环境形式特征。

　　其次，从环境的功能性质上受产业与区域功能的影响，可大概可分为历史文化区、工业区、旅游区、生活区、商业区等环境区域功能。不同的环境功能属性具备了不同的视觉识别特征，也决定了不同的视觉管理重心所在。

　　最后，城市环境形态也受城市文化传统的影响，并与城市保持着文化血脉上的联系，尤其是那些有着悠久历史文化传统的城市，城市的文化与精神往往成为决定环境形式的主要因素。像美国华盛顿特区就是以展现国家精神为核心来进行环境规划与控制，形成了以国会山——华盛顿纪念碑——林肯纪念堂为轴心，前后穿插着太平洋战争、越战和朝鲜战争纪念广场构成的公园式整体环境特征。（图5—3）

　　城市环境的基本结构和形式受城市人文思想和地理环境的影

图5—3　华盛顿太平洋战争纪念广场

响，且是构成城市环境形象的重要手段。在保持与城市形象一致的
前提下，也具有相对的独立性。

2.节点环境视觉规范

城市节点往往位于城市环境的中心或者是文化意义上的核心地
带，普遍以城市中心、博物馆、广场、公园等形式存在于城市环境
之中，是城市环境的重要构成要素与环境空间结构的连接点，同时
也是城市文化、精神、形象的浓缩点，交通和旅游的汇聚点。因
此，城市节点的视觉管理是事关环境秩序的大事，也是城市现代化
管理水平的标志。

城市节点通常具有某种标志性的视觉识别特征，是城市形象和
文化的记忆点，因其固有的形式特性同时也就具有一定的向心力、
凝聚力和辐射力。环境视觉管理往往是"点"为中心，展开对周边
空间环境的规范性管理。对城市节点的管控是形成良好环境秩序的
前提，也就是说节点环境的优劣决定了整体环境和环境系统的优劣。

总体而言，环境形态的视觉规范作为一种人类的主动管理行
为，与传统城市管理相比，拥有更为直观性、识别性、间接性等许
多天然的管理优势。环境存在的意义经视觉转化凝练为直观、鲜明
的形式意义和机能意义，环境质量的提升对于整个城市的发展与生
活质量的改善有着不可小觑的作用。

（二）环境秩序视觉规范

环境秩序的视觉规范是建立在信息可视化基础之上的，本质上
是一种通过利用人类的视觉能力来理解抽象信息的意义，从而加强
人类的认知活动。布伦达·德认为信息可视化"以意义构建的方式
来理解混乱与有序并存的现实世界，能够协助人们生成或改变他们
自己的信息和理解"。① 实际上，环境信息可视化包含着一整套完整

---

① ［美］詹明信：《晚期资本主义的文化逻辑》，生活·读书·新知三联书店1997
年版，第423页。

的实现路径，在信息可视化空间内显示信息的属性与意义，让所有
被显示对象之间的隐藏关系变得直观和显而易见，让信息获取与沟
通变得如此方便与简单，成为环境视觉管理的实现路径和重要手段。

环境秩序的视觉规范主要包括指示规范和色彩规范等方面。

1.环境指示视觉规范

环境指示规范是环境秩序视觉规范的首要形式。快节奏的城市
生活使得人们对于视觉信息的依赖程度越来越高，良好的城市环境秩
序的建立有赖于视觉信息系统的完善。所谓的指示规范是通过对抽象
的环境信息数据进行简约化、条理化、层次化的视觉处理，然后进行
视觉符号的集合与排列，达到直观清晰的认知效果和层次分明的视觉
秩序。指示规范主要以环境导向导识系统为主要形式，不但能对城市
硬环境进行有效的秩序规范，并能以潜移默化的形式影响着人们的意
识与行为，来提升城市的软环境。其中最有代表性的案例可以追溯到
亨利·贝克（Henry Beck）设计的伦敦地铁线路图，其线路设计都以
简明、易懂、美观为原则，把视觉传达功能放在首位，使人们能在
极短的时间内实现自我定位并获取行程与方向等信息。

指示规范最显著的成就在于道路交通、机场、商业与文化环境
中导向导识系统的视觉规范上，承担着不可或缺的环境秩序管理和
信息传播的职能，即便是在飞机、高铁这样的室内空间环境中，也
可以其特殊的视觉形式展现出服务设施的准确位置和安全规范的诉
求。其中最为典型的视觉管理功能体现在道路交通指示系统中，作
为一个相对独立与成熟的视觉管理系统在这里不做更多的累述。(图
5—4、图5—5)

奥托·艾舍曾言：辨别方向并不是一种先天就拥有的能力，而
在一定程度上是生存的主要前提条件，如同与环境所进行的对话是
我们生命的重要部分，对地点及方向所做出的判断，更是一个人获
得绝对自由及树立自我意识的主要前提条件[1]。由此可见，指示规

---

[1] 曾宪植：《公共文明建设对经济发展方式转变的推动作用》，世界城市与精神文明建设论坛论文集2003年版，第24页。

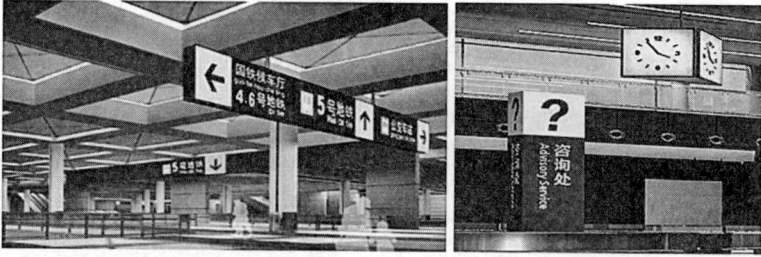

图5—4　深圳火车站导识系统

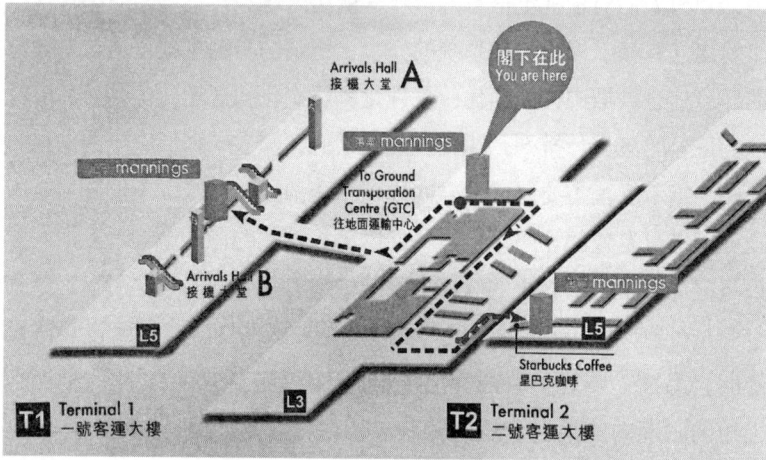

图5—5　机场人流疏导图

范与人生理上的视觉能力有密切相关，也与人的经验与知识结构相关联。

　　在对交通环境中乘客的具体行为进行调查后，可以发现乘客在每一个乘车环节的行为都会受到环境信息的影响。根据环境行为学和认知心理学相关理论，通过在不同视觉注意点合理设置规范的、视觉识别度强的导向标识，以及与乘客的生理与心理行为习惯的相吻合的视觉形式，就能有效地引导乘客在相应环境中的正确行为，从而确保整个行为活动的有序进行。（图5—6）

　　进一步对乘客行为模式与乘车心理行为过程结合起来进行分析，可将乘车流程分为进站、换乘以及出站分为三个行为阶段，并依据不同阶段的行为需求制定出科学的指示系统结构和导向内容。（图5—7）总的来说，指示系统由相互联系的各个子系统所组成，

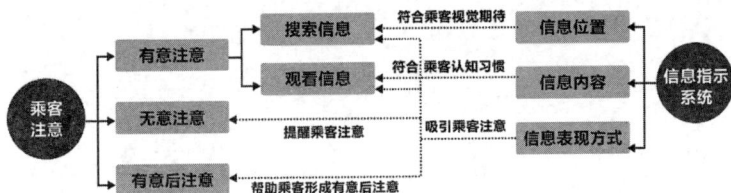

图 5—6　视觉注意与指示系统关系结构图

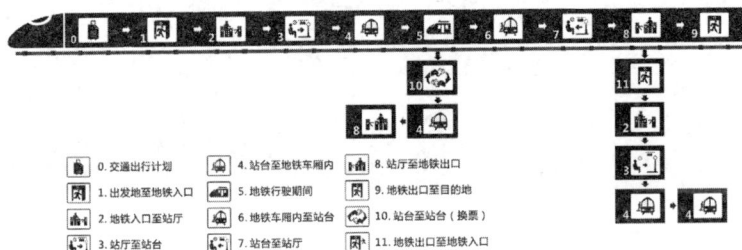

图 5—7　乘客行为模式分析

每个子系统又由各具功能的导向要素所构成，并以其系统的严谨性、科学性与规范性实现对环境秩序的科学管理。

从以上阐述能够看出，在城市环境当中，指示规范对人们日常生活与出行起着十分关键的作用，并是环境视觉管理不可或缺的主要功能。随着城市的现代进程，城市环境发生着翻天覆地的变化，城市整体结构的繁杂性是致使城市环境空间复杂性的根源，视觉指示系统也就应运而生，并以其直观、有效的视觉方式大大提升了环境信息的可读性与识别性，因而在解决复杂的环境问题上显示出其特殊的管理功能。（图 5—8）指示规范通常还采用科学的环境数据编号等方式，使环境信息的获取变得更为便利。

2.环境色彩视觉规范

色彩的视觉规范也是环境秩序建构的重要手段。色彩作为视觉中最先被感知到的视觉要素，其所具有的膨胀感、轻重感、疲劳感及进退感等诸多性质，使人产生各不相同的心理效应。色彩规范就是利用人们对色彩所产生的不同心理效应，赋予不同内容的视觉信

图 5—8　白色的西班牙隆达小镇

息以不同的色彩语义，并以此来传递环境信息和规范环境秩序。

　　首先，从色彩的视觉整合功能上来看，宏观上通常采用与城市环境属性相匹配的色彩主调形成整体的色彩秩序。如希腊的圣托里尼、西班牙的米哈斯和隆达小镇都是以白色为主色调构成其整洁的环境秩序，在阳光的照射下犹如一颗镶嵌在山崖上的明珠闪耀着人文的光芒。（图 5—8）微观上的色彩视觉整合功能，就是利用色彩的功能属性对城市环境进行功能分区，成为视觉规范的一种基本范式。依据城市环境所具有的不同业态和功能，可依据色彩的象征语义功能，把城市环境分为商业区、工业区和历史文化区。如日本东京的新宿商业区、美国纽约曼哈顿的时代广场等，都是通过色彩整合方式形成一定的视觉秩序和识别特征。

　　其次，从色彩的功能属性上来看，不同的色彩属性具有不同的视觉空间距离和不同的视觉识别效果。各种色彩对于环境信息的认知效果有所不同，不仅对整体环境产生了极大影响，而且对在环境中活动的人的精神状态、情绪产生影响。

　　依据色彩的物理波长形成了以红、黄、蓝为序列的具有不同视觉冲击力的相应色彩秩序。在空间环境中的各种类型的指示系统往往利用纯度序列的红、黄、蓝等色的视觉注意功能，进行环境信息的有序传达。经由对色彩进行科学的控制，不但能确保环境的美观，而且有效地提升了环境的整体形象。

色彩的视觉功能昼间与夜间有所不同，依据夜间对不同颜色的识别距离所进行的数据分析显示，黄色和白色因其明度较高具有较强的夜间视觉识别度，而蓝色等明度较低的颜色则很难辨认，这也是为何在道路交通环境导向系统中通常使用白色字体的原因所在。（图5—9）

总的来说，环境秩序的色彩规范，既要从色彩的语义功能上对环境的人文因素上进行考量，也要从色彩的属性功能上对环境的视觉识别秩序进行考量，才能建立起科学的环境秩序视觉规范。

（三）环境安全视觉规范

公共环境安全涉及诸多无法控制的客观自然因素和人为因素的影响，包括人为因素以及环境设施与自然因素的影响。针对上述三

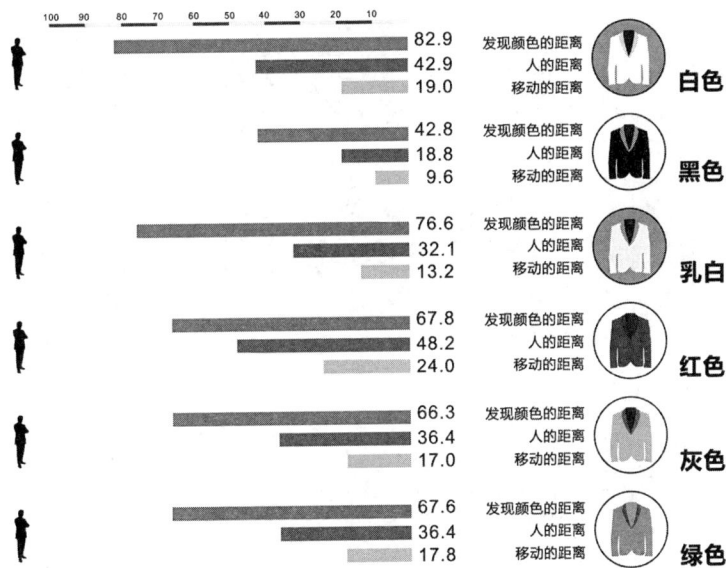

图5—9　色彩的夜视距离分析

种因素，环境安全的视觉规范可以归纳安全指示规范和安全行为规范。

1.安全指示规范

安全指示规范是指人们在环境中活动时，为了确保人们的安全而采用的一种较为特殊的视觉管理手段。通过对环境中人的行为安全进行相应的安全指示规范，营造出安全的环境秩序，起到防患于未然的管理作用，是环境视觉管理的重要职责。

环境安全视觉规范常见于交通环境中，往往使用具有提示、警示、禁令等安全意义上的规范图标与色彩，对在环境中活动的人及交通参与者的交通行为进行安全提示与安全引导。（图5—10）交通安全指示包括了保持安全车距、控制车速、禁止疲劳驾驶、严禁向外抛物、严禁酒后驾驶等视觉指示规范，有效地提高了交通参与者的安全意识，最大限度地防止交通事故的发生。这类安全指示有着强制性的法制意义，像圆形与红色搭配、三角形与黄色搭配已成为人所熟知的禁止与警示的规范性视觉符号，并逐渐运用到其他更

图5—10　环境行为规范

为广泛的领域。

　　指示规范也常见于其他城市公共环境中，包括了人流安全疏散、消防安全、安全使用电梯等视觉指示，对人们的环境行为活动进行安全提示与规范。这一类的安全指示具有人性化的管理特征，往往采用简洁的视觉形式，将复杂的文本信息转化为视觉信息，进行安全提示、警示等的指示规范。以巴黎埃菲尔铁塔的视觉管理为例，就是用红色来表示高层的危险系数，用灰色表示安全系数较高的区间环境，对一些具有恐高症和心脏疾病的游客起到提醒及注意的作用。（图5—11）

2.行为安全规范

　　行为安全取决于在环境中活动的人是否具有一定的安全意识，

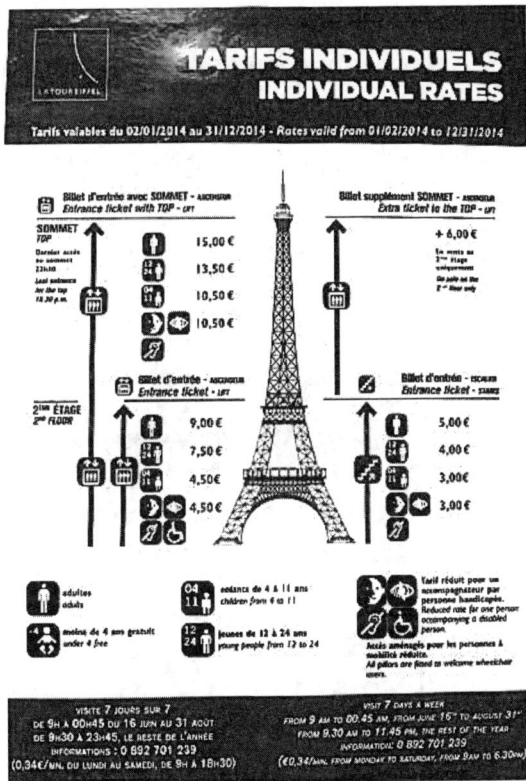

图5—11　巴黎埃菲尔铁塔管理示意图

许多安全隐患往往就是因为人们无意识的不安全行为所致。因此，行为安全的视觉规范，在很大程度上以唤起了人们的安全意识的方式来规范人们的行为。

行为安全的视觉规范包括了安全图示和安全操作等形式，许多国家先后以制订公共安全图集的方式进行视觉规范，这些行为安全图标以人们喜闻乐见的形式被广泛地运用到城市公共环境中。（图5—12）鉴于城市环境的复杂性，国家公共图标并不能囊括所有的安全行为所需，往往需要根据实际需求进行拓展设计。许多新的安全图示在人们没有识别经验的情况下，往往会采取相应的简洁文字进行说明，以强化意义的认知和记忆。（图5—13）

此外，在公共环境中安全行为还包括了诸如消防设施操作、紧急停车操纵、自动扶梯停运操纵等公共设施的安全操作指示，需要在安全设施处设置视觉化的操作说明，来引导人们正确使用各项设置，进而有效地降低出现安全风险的系数。

环境视觉管理的基本属性就是服务，而服务的主体则是在环境中活动的人，因而必须以科学有效的方式对人们的环境行为方式与安全意识进行严格的分析，进而制定出科学的视觉规划展开对环境的管理，以增强人们维护环境秩序的行为意识。对城市环境的视觉管理主要包括两个方面：一方面，将客观环境作为管理对象，利用

禁止编织　　　禁止翻跃护栏　　　请勿餐饮

投币乘车　　　紧急破窗锤　　　自动售票

图 5—12　国家公共安全图标

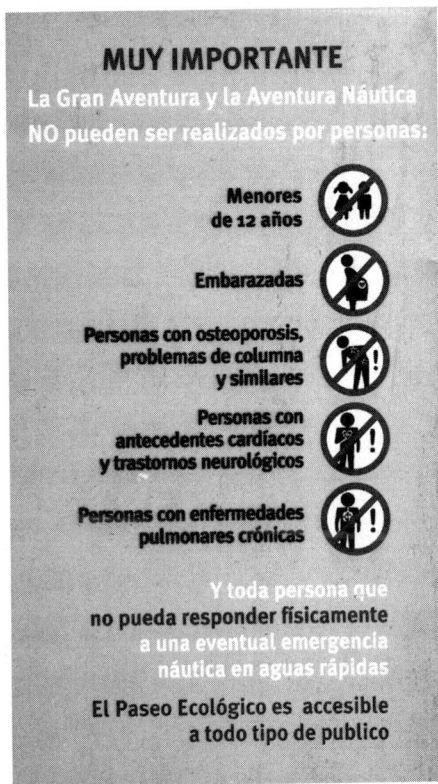

图 5—13 西班牙城市安全行为规范

通俗易懂、合理有效的视觉系统来提高整体环境空间的指示规范，营造出优越舒适的空间环境秩序，在一定程度上满足人们情感与体验的实际需要；另一方面，从人们的认知规律出发，利用一系列具有视觉意义的规范图标及其组合，进行环境行为规范与传播，树立起健康的文明行为方式。

二、人文环境视觉管理

人文环境是指人类活动不断演变的社会大环境，囊括了在一定社会系统中的价值认同态度、观念体系、信仰体系和认知环境等物质与非物质文化因素。每一座城市的背后都有其文化与历史渊源，从而使城市的环境空间愈加丰富多彩。随着城市的发展，尽管城市规模发生了变化，但城市的历史与化传统等信息却会以某种空间环境的形式保留下来，成为城市的灵魂所在。

人文环境管理把环境作为一种文化传播载体，往往采用典型的视觉形态或视觉符号作为城市核心价值观念的表征，并以其人文感召来激发人们的价值认同和文化向心，从而影响与引导人们在城市环境中的行为活动方式，形成一种城市独特的管理文化。

人文环境视觉管理一般可概括为文化环境规范与环境伦理规范两个方面。

（一）文化环境视觉规范

城市文化环境之所以能够不间断地连续存在，有赖于一代又一代城市人传承地努力，每个民族或城市通过这种不断的继承形成其文化传统或特定的文脉环境，并在此基础上发展和创造新的文化，再把它们传递给下一代人。文化传承包括文化进化、播化、涵化三个与人类共存的文明进程，通常在一个民族或同一个文化地发生，但也可以通过传播跨文化地发生，由另一种社会或民族接受并保留下来，这与承接主体的选择能力有着密切的联系。

城市文化的传承凭借着传承的载体、媒介或方法得以实现。米尔顿·辛格认为"封藏"着厚重底蕴的城市文化，可以通过"文化表演"这种形式表现出来，并且利用表演进行传播使大家知晓文化的核心内涵与理念。当然，所谓的"文化表演"应该理解为是一种文化传承与传播更为广泛的概念。文化展示既是一种视觉传达的途径，也囊括文化传承意义上的文化展览、文艺展演等多种形式。这种文化展示方式所营造出的特定人文场域，不仅激起人们的文化意识，进而间接影响到文化的延续和传承。

1.文化环境形态规范

就文化的传承与展示而言，往往可以通过以文化传统再现的方式融入城市的历史文化街区和文化场所的环境之中。西方许多发达国家都制定了相应的法规、法案来保护城市中的历史遗迹、标志性建筑、典型景观环境，以文化环境营造的方式来传承城市的文化传统。这些物质文化形态携带着城市独特的文化基因和文化记忆，承载着城市的民俗风情、宗教信仰等非物质文化因素，并以物态的形式生成一定的文化感召，潜移默化地影响着城市群体的行为方式与生活方式。如英国利物浦的港口历史街区，一直保留着工业革命时期的这种文化传统，在形式上保留了原本的空间环境形态，在视觉上进行了进行了空间、形态与色彩的统一规范，形成了具有文化历史记忆的环境意象。（图5—14）

2. 文化环境的视觉规范

城市文化内涵往往可以转化为具有象征意义的文脉表征符号来传达主体精神。这种象征符号是一种具有指代意义的符号，源于与所指相关联的人们日积月累的视觉经验，也就是说，环境的文化印象通常可以视觉意象的形式有所体现。

且以2010上海世博会的中国馆为例，其建筑形态蕴含着深刻的东方文化观念，集传统文化中的鼎器、斗拱、九宫格、皇冠等诸

图5—14 利物浦工业革命时期的码头文化

图 5—15　2010 上海世博会中国馆主体建筑、标志和纪念章的视觉规范

多中国文化元素之大成，因而有"东方之冠"之誉。视觉符号在中国文化的历史演变中有独特的寓意和象征，主体建筑造型的斗拱通过 56 根横梁堆叠而成，寓意我国各民族团结一心；古帽造型表达出"鼎盛中华、天下粮仓、富庶百姓"的优秀民族文化观念。所有的文化理念凝练为"华"字形的视觉形象标志，成为了传播中华民族精神的典型文化意向符号，强化了传统文化带给人们的视觉冲击和视觉印象，并以特有的整体态势诠释着中华文化的内涵。（图 5—15）

（二）环境伦理视觉规范

自俄国哲学家列维纳斯（Emmanuel Levinas）提出对"我"的存在权利以及"我"的存在是否要对"他者"负有责任的质疑以来，引发了人们对相关哲学问题的深刻思辨，哲学不再是如何理解"存在论"的问题，而是存在如何为自己的正当性辩护的问题，由此存在之正义的伦理学也就应运而生。

康德有句名言"一个人可以没有知识，但不能没有道德"，[①] 认为人的本质与动物的区别就在于人具有道德意识。环境伦理作为环境活动中应该遵守的伦理原则与法则，体现出行为主体的伦理道德责任，成为衡量城市环境文明程度的一项重要指标。环境伦理的视觉规范，就是将这种伦理道德责任以视觉规范的形式表达出来，并以此规约人在环境中的行为活动，营造积极向上的社会风尚。

---

① 　甘险峰：《新闻图片与报纸编辑》，福建人民出版社 2008 年版，第 58 页。

1. 环境文明视觉规范

环境文明规范作为一种约束人们行为方式趋向文明的标准。在环境视觉管理中，常常借"提示"与"警示"等视觉图示进行规则引导或行为规约，有效地将文本化的环境文明守则转化成生动、直观的图像信息，形成易读、易记的视觉行为规范标准。文明规范的视觉管理范畴包括了社会环境中的价值认同、道德规范、公德意识、文明习惯等内涵，这种管理方式往往有机地融入到社会与自然环境之中，以自律、自醒的方式来提高公民的文明意识。

环境文明的视觉规范除了使用具有强制性的视觉标准之外，更多的是以人们喜闻乐见的具有叙事功能的插图或漫画形式，进行文明行为的引导与传播。当今当我们走在城市的大街小巷中，会发现许多以视觉化形式传播社会主义核心价值观的视觉设计，在表现手法上往往使用具有中国传统文化特色的如剪纸、农民画、泥塑等易于接受、通俗易懂的艺术形式，强化人们对社会主义核心价值观的理解与记忆来增强人们的文化认同。

环境文明视觉规范倡导一种积极向上的价值认同与公德意识，引导人们主动遵守社会公共秩序。具体表现在为他人提供人性的关怀，如关心婴幼儿、孕妇、老人、残疾人、病人等弱势群体的需求，注意环境卫生不随便乱扔垃圾等方面。(图5—16)

环境文明不但展现出了个人自身的道德修养，也反映出城市群体的整体文化素养，乃至国家的文明程度。

2. 生态文明视觉规范

生态文明是继工业文明之后人类文明发展的一种新的文明形态，强调的是人类发展必须遵循人、自然、社会和谐共生的客观规律。

从人与自然和谐的角度出发，生态文明始终贯穿于城市经济建设、文化建设等各个方面，反映出城市的社会文明进步状态。随着城市快速发展的步伐，人口急剧增长、自然资源匮乏等问题日益凸显，迫使人们必须考量城市自身的环境承载能力，以及如何最大限

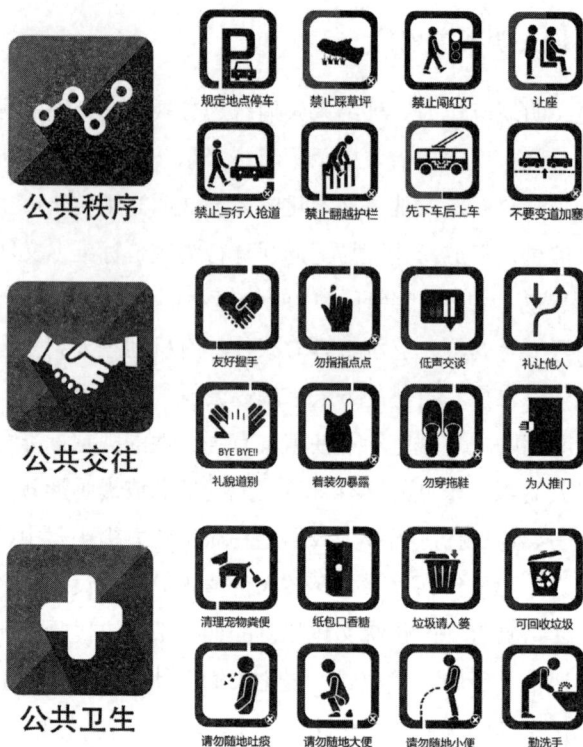

图 5 -16　环境文明视觉规范设计实践

度地降低能源的损耗，减少对自然资源、生态资源的破坏等现实问题。作为环境生态文明的视觉管理，主要体现为节约经济、循环经济两方面。

　　首先，生态文明体现在节约经济的视觉管理上。节俭本是中华民族的优秀文化传统，春秋时代秦国国君秦穆公曾问其臣子"国家建立和灭亡是否存在规律"，大臣们答道"勤俭便可兴国，奢靡便能灭国"。此外，《荀子·天论》也曾记载："强本节用，则天不能贫""本荒而用侈，则天不能使之富"。《荀子·富国》中有言"节约用度，使民富裕"。因此，勤俭节约成为了流淌在中华民族血液中的修身、修为、强国、富民之高尚美德和文化基因。

　　西方国家较早关注节俭问题的是法国的杜尔阁（Turgot），他提倡通过节约、节俭进行资本累计。英国亚当·斯密（Adam Smith）后来对这一理论作了进一步的发展与完善。马克思也曾对节俭进行过系统论述，他认为节约经济并非限制人们正常需求，目的在于让大家建立起节约理念，使大家在平时生活中保持节约这种良好习惯。①

生态文明倡导在城市发展过程中，对自然资源、公共资源实现最大限度的节约，来减轻生态环境系统的负荷，使城市发展能够与生态环境相和谐。近年来，国际社会所倡导的以降低碳的排放量为主要目标的低碳生活方式，实质上就蕴含着节约经济的理念，尤其在低碳产业、低碳能源、低碳技术、低碳消费、低碳生活诸多方面成效显著。在日常生活中，节俭的视觉提示作为视觉管理最为普遍的形式俯拾皆是，如节水、节能的招贴便是用视觉形式来倡导资源节约、保护生态环境的健康生活方式，提高人们节约资源的公德意识与责任意识。（图5—17）

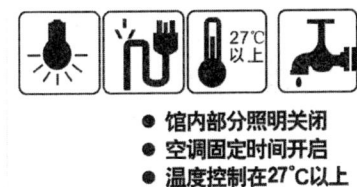

- 馆内部分照明关闭
- 空调固定时间开启
- 温度控制在27℃以上

图 5—17　节能视觉管理

其次，生态文明也表现在循环经济的视觉管理上。所谓的循环经济就是通过技术开发的方式发展资源的再利用技术，提高资源使用的技术含量，延缓地球上有限资源的废弃时间，从而有效提高废弃资源反复使用效率，降低人类对地球资源系统的掠夺式开发与使用。早在20世纪60年代，美国经济学家肯尼斯·鲍尔丁（Kenneth Ewert Boulding）就提出了"循环经济"的概念，他将地球比作一艘运行的宇宙飞船，运行时不但需要一直损耗资源和能量，而且还会形成垃圾。只有当地球具备了充足的、用之不竭的资源时，这艘飞船才能越飞越远。循环经济强调的是对资源的高效、反复利

---

① 黄少坚：《节约型企业激励与约束机制研》，中国海洋大学1986年博士学位论文。

用，通过延伸资源的使用寿命、拓展资源的使用周期来提高资源的利用价值，从而降低一些不必要的资源浪费和损耗，实现对资源的节约。

循环经济视觉管理的具体实施，更多是以特定的图标、图示来提高城市群体的环境意识规范企业或个人的环境行为，形成自觉地生态文明生活习惯。常见的循环经济视觉规范有企业与品牌认证、资源循环利用、垃圾分类回收等实践案例。（图 5—18）以垃圾分类的循环经济视觉管理为例：在德国和日本形成了较为完善的垃圾分类视觉规范体系，分出可回收物、厨房垃圾、有害垃圾等作为基本生活垃圾分类标示，便于垃圾收集者、运输者、利用者后期分类使用。此外，对一些如医用垃圾、环境危害性较高的垃圾如干电池等特殊垃圾则有更为严格的垃圾分类制度，避免垃圾对环境造成危害、提高垃圾回收和循环利用效率。（图 5—19）

compostable

(By European Bioplastics e. V.)

图 5—18　可降解认证标志

图 5—19　垃圾分类回收图示

整体来看，节约经济与循环经济这两种生态文明的环境视觉管理各有侧重：节约经济主要在使用层面遏制人类对资源的浪费，降低资源的不合理使用；而循环经济则从资源的使用效率入手，延长资源的使用周期、提高资源的利用价值，甚至以变废为宝的方式对资源进行集约化使用。无论是节约经济还是循环经济视觉管理，其最终目标是营造低碳、节约、生态的社会风尚和城市环境，把建设生态文明的"资源节约型、环境友好型"的两型社会作为旨归。

三、企业环境视觉管理

企业环境作为城市环境的重要组成部分，是指影响企业运营效率及生产空间环境的各种外在因素和条件的总和，主要可分为企业外部环境和内部环境两种。企业外部环境是指对企业效益造成一定影响的潜在外部力量。企业内部环境则是根据企业组织构造等非物质力量组合而成，主要包含企业精神、文化及风貌等。

就企业环境视觉管理而言，"企业内部环境主要是研究企业内部的氛围和政策产生以及企业组织制度的感受系统等"。[①] 因此，环境视觉管理成为企业决策的重大关切，直接关系到企业经营效率，对于企业的长远发展和保持市场竞争力有着至关重要的作用。

这里所指的企业环境是一个包括事业单位和社会团体的大概念。企业环境视觉管理是建立在环境行为学和环境心理学理论基础之上的，以企业目标和企业文化为基本着眼点，将企业制度及规范借助于视觉化的形态呈现出来，进而对企业环境中的各种行为起到规范和约束作用。企业环境视觉规范能够更好地提高企业管理水平和效率，通过创建良好的视觉环境来营造企业文化氛围，并以此调动企业员工的劳动热情，提高企业的综合竞争实力。

企业的外部环境作为城市社会环境的有机组成部分在前节已有

---

① 赵锡斌：《企业环境研究的几个基本理论问题》，《武汉大学学报》（哲学社会科学版）1972 年第 1 期。

阐述，本节侧重从企业内部环境的角度来探讨视觉管理，主要包含生产操作视觉规范和企业制度视觉规范两种类型。

（一）生产操作视觉规范

操作规范是在企业的生产环境当中，为了更好地促进生产而对企业员工作出的行为规定。生产操作视觉规范即是对各类生产操作规范借助于视觉符号的传达功能表达出来。这种直观的视觉管理手段，能够有效地指导或规范人们在企业环境中的生产操作行为，在确保人身与设备安全的同时，从而全面地提升生产效率。

严格意义上的生产操作规范视觉管理是建立在信息可视化基础上的，以简洁、直观和有趣味的形式将管理信息呈现出来，大大地提高了管理信息的有效传播率以及接收与理解力。

操作规范视觉管理范主要体现在生产指示规范和操作流程规范两个方面。

1. 生产指示规范

生产指示规范是对生产环境中人们的操作行为所规定的标准，旨在通过可读性的视觉图示来规范生产活动中的行为，起到防止意外事故发生，确保生产安全和生产活动的顺利运行。生产指示视觉规范主要把安全设备操作指示和安全指令，以及其他与安全生产相关的信息进行视觉转化，并以通用的视觉图标及其集合的方式将文本式的管理制度转换为视觉文本，进而为管理信息注入较强的辨别度和可读性。

生产指示规范属于一种生产过程中的安全指示信息，在有国家标准时尽可能地使用国家标准图标，并可以根据不同的产业特征有所创造与补充。为了更为简洁、明确地传达管理指令，往往会辅之以简单的文字作为语义的补充或提示，有助于减轻员工的阅读压力，进而提升企业的管理效率。（图5—20）此外，还有诸如产品属性提示类的视觉图标，主要用于对产品在运输、仓储、保存等环节进行规范提示。（图5—21）

必须加锁　　　必须戴防尘口罩　　当心机械伤人　　当心扎脚

禁止合闸　　　禁止转动　　　　可动火区　　　　紧急出口

图5—20　生产指示视觉规范图标

避免潮湿　　避免日晒　　小心轻放　　堆放高度

向上　　　　小心轻放　　　怕湿　　　　怕晒

图5—21　安全运输视觉规范图标

2.操作流程规范

操作流程规范是将以书面文字说明为主体的生产操作步骤和过程，转换为以视觉形式为主的形式进行规范化管理。操作流程规范也包括了公共环境中的设备和安全设施的操作规范。（图5—22）

人们在生产过程中，为确保生产设备能够被准确操作，文字类操作流程管理制定，由于繁杂的文字信息自身的传播效率的局限，较难引起视觉注意，从而影响到管理效率。视觉形式的操作流程规范恰恰弥补了文本形式的缺陷，使原本枯燥无味的操作流程通过视觉图示的分解变得鲜活与简单起来，大大方便了阅读和识记。并且，视觉图示

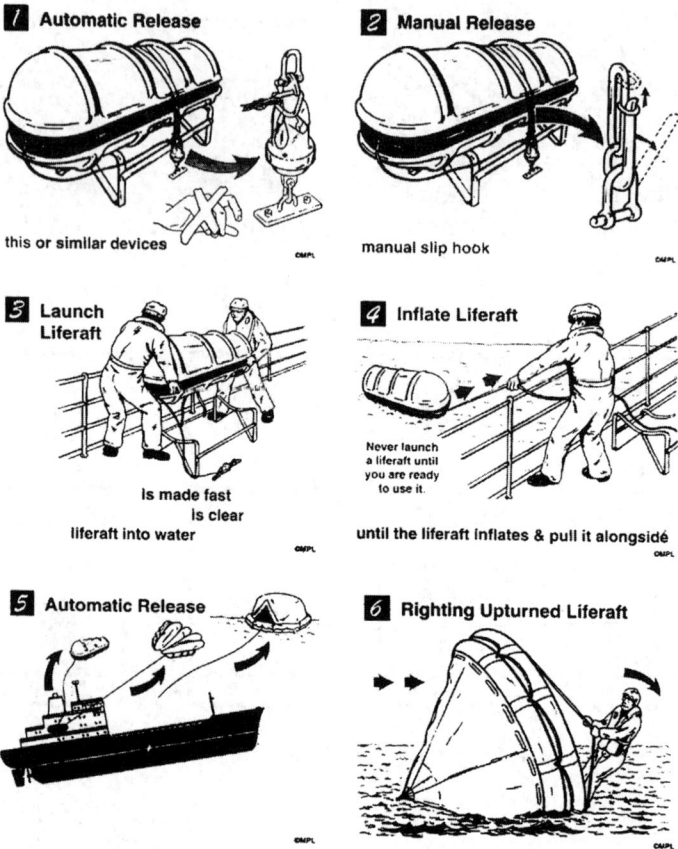

Procedures for launching inflatable liferafts

1 Automatic Release

this or similar devices

2 Manual Release

manual slip hook

3 Launch Liferaft

Is made fast
is clear
liferaft into water

4 Inflate Liferaft

Never launch
a liferaft until
you are ready
to use it.

until the liferaft inflates & pull it alongsidé

5 Automatic Release

6 Righting Upturned Liferaft

图 5—22 救生筏设备操作规范

借助于较为完整的操作动作分析，以图像集合的历时形式完整且有重点的叙述操作流程，并且各信息单元均存在着同质性的视觉关联，以其直观特性极大地降低了人们在设备操纵时的出错概率。

此外，操作规范不但体现在操作流程上，也广泛运用到对行为主体的行为动作规范上。以国外一组体育动作流程和电脑操作坐姿规范为例，把每个动作的瞬间用连贯的视觉图示清晰地显示出来，其视觉认知与理解效果明显优于单纯的文本传达效果。（图 5—23、图 5—24）

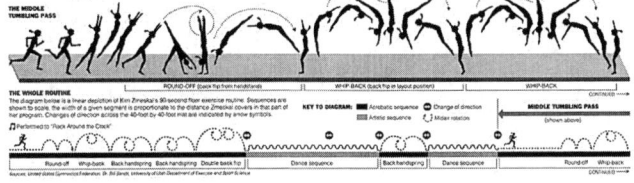

图 5—23　体育动作规范流程

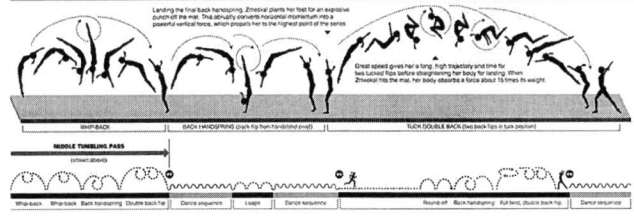

图 5—24　电脑操作坐姿规范

（二）企业制度视觉规范

在企业环境管理中，规章制度原本就是企业组织用于规范和约束企业成员活动行为的一种参照标准。所谓的制度规范就是一种程序化、标准化的管理方式，且是检测员工工作效率、工作自觉性的参照标准。

视觉管理涉及的领域非常广泛，企业组织书面形式的管理制度都可以视觉的形式进行规范。书面的制度规范明显具有强制性和理性特征，而视觉形式的制度规范却明显具有人性化的感性特征，通过具有情感意味的视觉形式来体现管理上的人文关怀，从而增加了员工对于各项管理制度的认同感，提高了员工遵循制度的自觉性。（图5—25）

制度的视觉规范本质上属于一种制度文化现象，可以概括为人事制度的视觉规范与办公制度的视觉规范。

1. 人事制度的视觉规范

人事制度是对于人员的调动和指挥乃至组织等所规定的参照标准，其主要目标在于实行正确的人资规划，打造精干的人员队伍，建设合理的人才激励制度等方面。优异的人事管理制度可以更好地调动企业组织人员的工作积极性。作为企事业单位最为基本的管理制度，人事制度主要以人才选拔、绩效考核以及工作考勤等形式展开，进而形成相应的企业工作机制，以及员工良好的工资、福利与保险等制度相对应以调动员工积极性。

人事制度同样可以视觉的形式将人才选拔、绩效考核、考勤等书面制度进行视觉规范。常见的人力资源管理信息图，实际上就是对企业各类人事制度管理信息所进行的图表化视觉规范。我们曾以视觉形式对美国管理学家彼得（Laurence J.Peter）提出的"水桶原理"进行视觉转化的实践尝试，对企业人员的专业结构和人员分配进行过视觉分析，以不同的色彩标注不同板块，来阐述彼得关于短板往往决定整个组织水平的论断。希冀借助视觉形式来打破书面文本的局限，提高管理信息的简便获取和可读性。（图5—26）

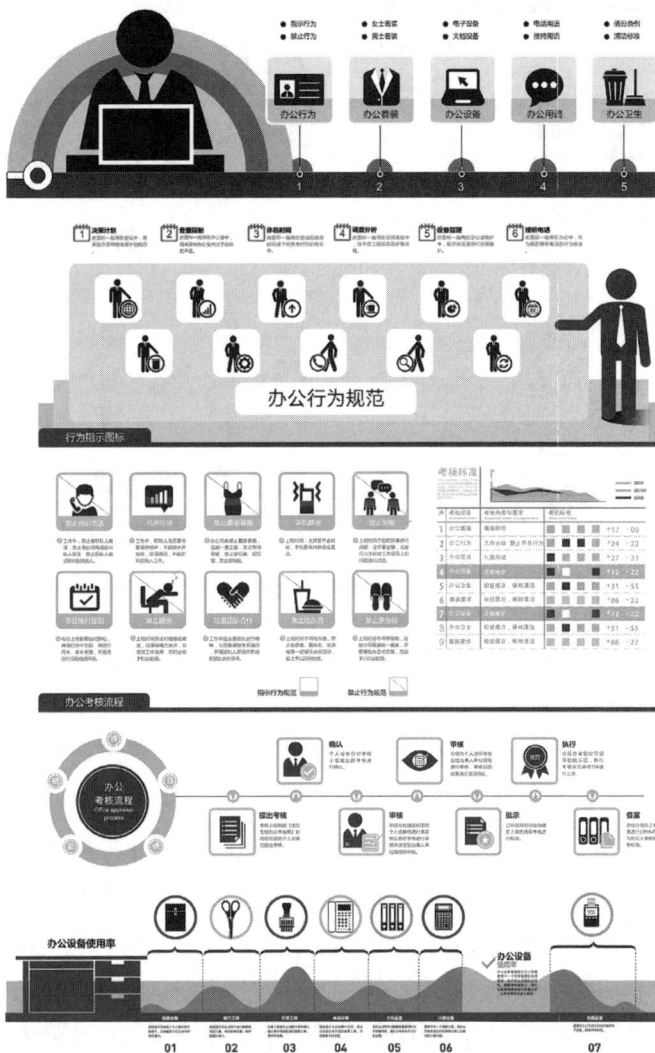

图 5—25　办公制度设计实践

2.办公制度的视觉规范

常见的办公制度主要指办公环境中用于对员工的文明礼仪及日常工作行为规范的一种特殊的制度规约，其对营造优越的办公环境，提升企业形象和管理水平具有十分显著的作用。

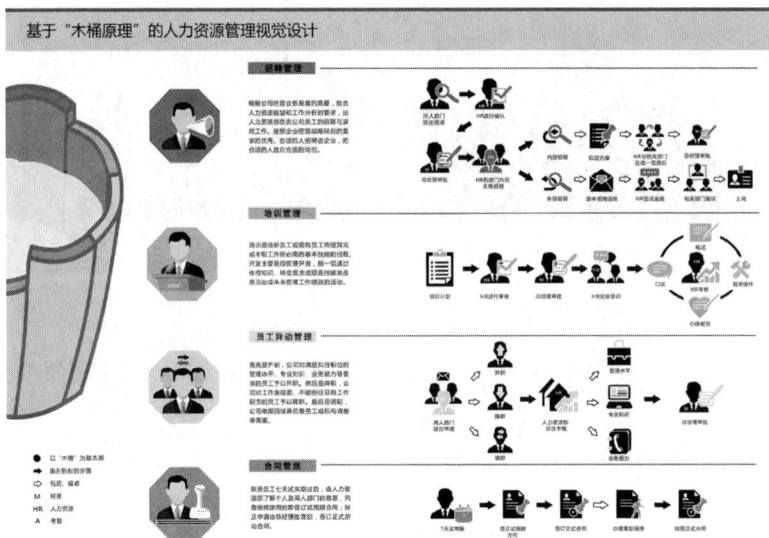

图 5—26 "水桶原理"人力资源管理设计实践

　　人性化本应是视觉管理的基本原则，为了在一定程度上改变办公制度偏重理性，而在人文情感上不足的问题。从视觉规范的角度，办公制度暂且可分为行为规范、考评规范和程序规范几个方面，运用信息单元结构和流程图实现对管理信息的视觉转化。首先通过制度与行为分析，用具有一定人情意味的图标来替代制度规约。然后把办公人员考评制度及其标准通过历时流程进行符号集合构成办公制度的视觉文本，并借助于计算机键盘结构形态实现管理信息的整体转化和办公场景的人文表达。经由对强制性办公制度的人文精神注入，进而使其刚性管理制度具有了柔性情感化的人文意味，有助于缓解办公环境工作的心理压力，进而构建起一种科学有效的制度文化氛围。（图 5—27）

　　此外，办公制度的视觉规范，既可从宏观的制度规约入手，也可从具体的条款细节展开，使视觉管理真正落到实处。即使如办公礼仪这样的管理细节也可以通过视觉形式进行规范（图 5—28）。该视觉规范的场景源于"无规矩不成方圆"的理念，"圆""方"的形态复合为基本的构图形式，坐标式系统结构和线性视觉流程，较为科学地体现出了管理理念与管理内涵的有机融合。

综上所述，城市环境管理的受生态主义、人本主义和情境主义等诸多文化思潮的影响，其主要目的就是构建起和谐的城市空间环境秩序。本章通过对环境视觉管理系统各因素之间所存在的逻辑关系进行系统归纳与总结，旨在探讨城市环境视觉管理系统创建的规

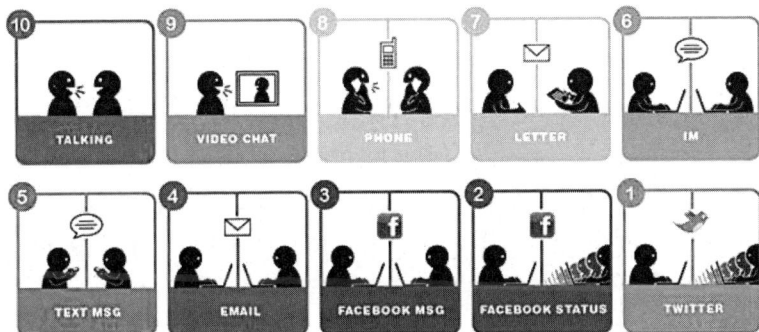

图 5—27　办公制度视觉规范设计实践

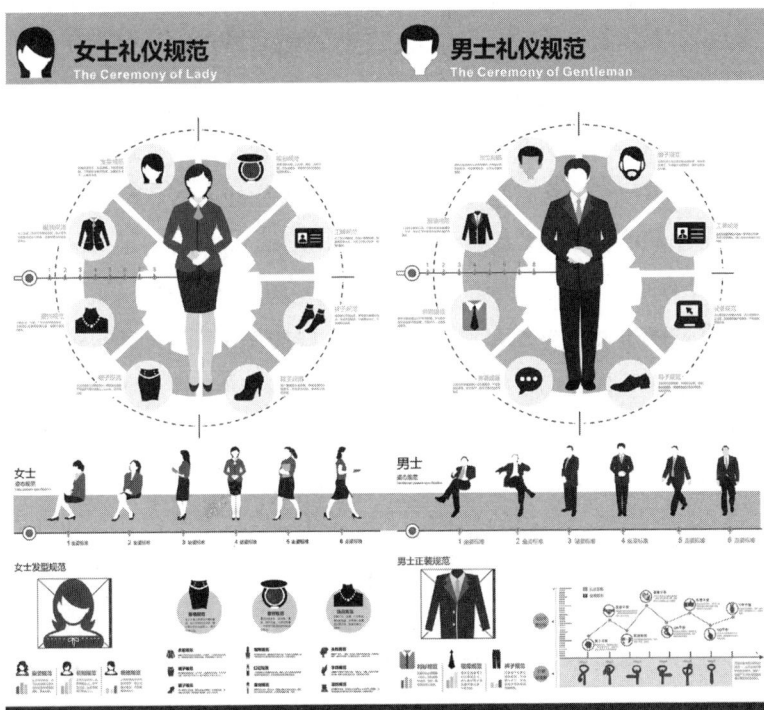

图 5—28　办公礼仪视觉规范设计实践

范形式与参考标准，并将其落实到具体的管理实践中是本书研究的核心所在。

城市公共环境视觉管理、人文环境视觉管理和企业环境视觉管理构成了城市环境视觉管理的基本架构。

首先，从公共环境视觉管理而言，城市公共环境既是人类创造的物质场域，也是人类营造的情感交流场域。人类文明的历史会随着时间融入城市环境形态之中，城市历史的变迁、文化的繁衍都会以某种抽象或具象的存在形式，被城市环境的物质形态所记载。因此，城市环境也就具有了一种特殊的历史文化的承载功能。同时也在很大程度上满足人们情感的现实需求。具体而言，城市公共环境借助于视觉形式对城市生态环境、社会环境及人文环境进行规范，旨在通过指示规范、色彩规范、行为规范、安全规范来维持公共秩序，提升城市的文明程度，建立起和谐的城市公共环境与社会环境。

其次，从人文环境视觉管理论之，人文环境视觉管理是人类活动不断演变的社会大环境，囊括了在一定社会系统中的价值认同态度、观念体系、信仰体系和认知环境等物质与非物质文化因素。作为城市文明的精髓所在的文化元素，总是会以某种物质的形式作为环境要素显现在城市环境之中，从这种意义上讲，城市环境也属于一种文化的存在形式，无论城市环境的形态或格局都为消失的文化提供了现实的印证。人文环境视觉管理，一方面，要从文脉与精神传承的角度保护好城市环境，维护良好的城市环境形象；另一方面，环境作为人类的一种行为活动空间，通过富有人文感召的视觉形式激发人们的价值与文化的认同，从而间接地影响与引导人们在城市环境中的行为活动方式，形成独特的城市管理文化。

最后，就企业环境视觉管理来看，从一定意义上讲视觉管理实践就源于企业视觉识别系统的视觉管理功能。无论是企业的生产操作视觉规范还是制度视觉规范，其管理要素与视觉要素之间对应的层次与结构关系，建构起了完整意义上的视觉管理系统。企业环境视觉管理以一种符号集合的方式，构成了视觉语言系统的基本语汇单元和视觉文本，并以其层次性、结构性的组织结构关系呈现为一种新的视知觉秩序，来表达更为复杂的信息内涵或更为完整的管理意义。

从环境视觉管理系统的层次与结构关系上而言，宏观上的城市环境视觉管理系统的层次与结构关系，体现在系统内任意子系统既相对独立又相互联系的系统关系上，成为组成上级系统的要素，这种层层递进的关系构成了环境视觉管理系统错综复杂的系统关系。从系统结构上，由众多要素按不同级别和层次有序构成的环境视觉管理子系统，每个层级关系的构成要素依据一定排列组合方式，构成相互作用、相互制约的系统结构，系统整体的性质和功能均由系统结构决定。

说到底企业环境视觉管理是一种制度文化建设。环境视觉管理的基本属性就是服务，而服务主体则是在环境中活动的人，所以，必须以科学有效的方式对人们的行为方式与行为意识进行严格的科学分析，进而制定出科学的视觉规划展开对环境的管理。对城市环境的视觉管理可概括为两个方面：一方面，将客观的环境作为管理对象，利用通俗易懂、合理有效的视觉系统来提高整体环境空间的指示规范，营造优越舒适的空间环境秩序，在一定程度上满足人们的情感与体验的实际需要；另一方面，从人们的认知规律出发，利用一系列具有视觉意义的规范图标及其组合，进行环境行为规范与传播，树立起健康的文明行为方式。

城市环境视觉管理
City environmental visual management

公共环境

生态环境
人文环境

循环经济
节约经济

文明规范
文化传承

交通环境

外环境
内环境

安全规范管理
指示规范管理

道德
导向

企业环境

操作规范
制度规范

生产指示视觉管理
操作流程视觉管理

人事制度
办公制度

第六章 行为规范

城市公共服务视觉管理

城市公共服务视觉管理的形成，得益于读图时代的降临和视觉设计领域不断地拓展。在这种视觉化进程的强势推动下，实现了公共服务系统与公共标识系统在视觉管理实践的作用下走向融合，使得公共服务系统视觉设计的视觉管理特征逐渐彰显出来。追本溯源，欧洲是公共标识设计最初的发源地，早在20世纪20年代，德国艺术设计家便提出了关于国际通用语义图案标志标准化体系建设的倡议。及至后来，远在大洋彼岸的美国，也于20世纪70年代首次制定出相对完善的视觉管理标准。随后中国的第一个公共图形符号国家标准则也在20世纪80年代制定出来。

总体来看，在城市品牌形象战略和信息可视化的推动下，视觉设计介入到公共服务领域掀起了公共服务管理的深刻变革。在一定意义上，城市公共服务视觉管理实际上是对传统管理方式与手段的一种突破，在以视觉方式规范公共服务管理行为和管理方式的同时，也为政府管理职能向服务型政府转型提供了另一种可能的实现路径，有力推动公共服务管理的现代化进程。

第一节　城市公共服务视觉管理视界

亚里士多德曾说过："人们为了活着，聚集于城市；为了活得更好，居留于城市。"①考量一个城市的发展与进步、整体综合管理能力以及广大市民的幸福感和满意度，在很大程度上是由公共服务管理建设水平的高低所决定。因而，城市公共服务视觉管理成为了传统城市公共服务管理的有益拓展。

一、城市公共服务视觉管理界定

在知识经济的大背景下，城市公共服务管理的视觉化既是一个城市自身发展的客观需要，也是城市管理中越来越不能忽视的关键要素。视觉化管理模式在传统公共服务管理的基础上进行了卓有成效的形式创新和语义转换，使其自身获得了鲜明的时代特征与社会的普遍认同。视觉设计介入城市公共服务管理，为现代公共服务管理的完善开辟出一条崭新的路径，反过来又推动了视觉管理的发展。

（一）城市公共服务管理

公共服务的概念最早是由法国公法学家莱昂·狄骥所提出，他将公共服务看作是一项由政府进行干预和控制的活动，因而必须得

---

① ［古希腊］亚里士多德:《政治学》，吴寿彭译，商务印书馆1965年版，第148页。

到来自政府的支持作为保障。公共服务的概念大致经历了"基础设施"到"公共物品""公共场所",再到"公共服务"的演变过程,并成为了政府职能由管理型政府向服务型政府转型的重要标志。国内也有学者认为,城市公共服务是限定在城市范围内的、服务于公众的活动。根据上述学者的观点,我们可以得出结论,公共服务是政府为了满足公众的需求和实现公众权益的一种途径,通过政策法规和各种社会资源的整合对城市公共事业进行管理的服务性活动。

从本质上讲城市公共服务涵盖了导引、规范、治理、服务、经营五大职能①。阿瑟·奥沙利文认为,地区企业的发展与扩大很大程度上受到城市公共服务的积极影响,那么在其他条件保持不变的前提下,一个城市公共服务系统如果能得到改善,将会迎来更为美好的发展前景,其发展速度也要比其他没有进行改进的城市更快。②就一般状况而言,现代政府的管理职能是通过城市公共服务系统体现出来。因而,城市公共服务系统管理作为现代城市管理的核心职能,对于一座城市的发展和变迁起着至关重要的作用,这也使其成为了现代城市管理学研究的核心范畴。伴随着城市经济的发展进步,社会公众对于更高标准生活质量的追求,城市公共服务管理也面临着诸多新的挑战,而视觉管理以其全新的思维路径与话语模式为城市公共服务管理模式的完善与转型提供了可能。城市公共服务系统视觉管理在维护城市良好的公共秩序,创造整洁有序、和谐舒适的城市环境等诸多方面发挥着显而易见的作用。

(二)城市公共服务视觉管理

在城市公共服务视觉管理的视界中,公共服务的管理职能以其独特的视觉形式,彰显出城市公众的利益与需求。特别是在当今的信息时代,科技的发展与城市信息化程度的提

---

① 饶会林:《中国城市管理新论》,经济科学出版社 2005 年版,第 38 页。

② [美] 阿瑟·奥沙利文:《城市经济学》,周京奎译,中信出版社 2002 年版,第 96 页。

高，前所未有地改变着人们的思维方式和生活方式。由于不同地域的文化习俗以及生活习惯上的差异，视觉管理成为了突破彼此限制的一种通用语言表达系统，在加快信息传播速度、推进区域融合方面发挥着举足轻重的作用。从一定意义上讲，城市公共服务视觉管理具有一种文化管理的人文性特质，其本质上属于一种借助于视觉符号作为信息传达媒介，借助于视觉语言的组织与表达功能，通过对图形、色彩、文字等视觉符号进行有效组织，以视觉语言的形式将管理信息传达受众，并以其视觉识别功能来激发受众的感知、认知能力，引导其采取相应的行为活动。

城市公共服务视觉管理能够在人们快速地识别与认知的基础上，直观地表现出对个体或群体的行为举止规约。以禁止吸烟的视觉视觉为例，圆形作为视觉图标的基本形态具有聚拢和凝聚视觉的作用，形成了较为醒目的视觉焦点和中心。内部图形设计采用简洁的香烟剪影图形，通过将立体形象平面化、繁杂信息精简化简约的图形语言传达出其核心信息内容。此外，在在禁烟图标上使用了国际通用表示"禁止"的删除线来显示其管理功能，在有效地提高了图形符号的识别度的同时，使人们便于联想到类似的生活经验和视觉认知，直接影响到人们在公共场合的行为举止，发挥着颇为有效的禁烟作用。（如图6—1）此外，如公共场所的消防设施，通常会采用具有一定安全意义的连续图式来规范涉及公共安全的操作行为。

根据以上所论，城市公共服务视觉管理可以认为是一种视觉化

图6—1　禁止吸烟标志

的公共服务管理，它以一种较为直观的形象，直接将公共管理的内容呈现出来，从而有效地进行管理信息传递和实现既定的管理目标。应该说，城市公共服务视觉管理突破了传统管理模式的制约，以简洁的视觉语言方式对影响公共秩序的行为进行规范，同时这种规范在一定程度上又具有法律上的强制意义，确保公众的行为符合城市文明规范的要求。受惠于信息时代所带来的巨大便利，城市公共服务视觉管理通过有效地公共服务资源的整合，将其纳入统一的视觉系统来进行重组和优化，从而大大地提升了管理效率。也即是说，城市公共服务视觉管理作为一个新兴的城市管理话语和实践，在拓展城市公共服务管理的范畴，提升城市公共服务管理效果等方面能够发挥着重要作用。

二、城市公共服务视觉管理特征

视觉设计介入到城市公共服务实践活动中为城市管理提供了一种新的范式，有效地将理性的管理法律、法规、政策、指令赋予其具有特定意蕴的图形、色彩、文字等视觉符号以感性视觉表征，极大地提升了公共服务管理信息的传播效率。

城市公共服务视觉管理特征体现在社会性、自主性和视觉性等方面。

（一）社会性

城市公共服务视觉管理不同于单纯的视觉设计，其社会性集中体现在视觉管理与社会的直接而普遍的联系上。在多数情形下，城市公共服务的管理问题与社会问题往往呈现出高度的同一性。城市公共服务视觉管理辐射至社会的方方面面，既是政府部门的管理工作，也是整个人类社会需要共同参与的事业，又与社会团体和企业之间存在着密切联系，在整体层面上推动着城市的文明发展与进步。城市公共服务视觉管理也并非单纯的管理问题，通常总是与各种社会问题相伴纠缠，比如随着城市人口的不断增加，公共服务面临着包括医疗、就业、交通、污染等诸多城市问题的压力，同时也给城市公共服务视觉管理提出了新问题和新挑战。

因此，城市公共服务的管理过程正是一个社会问题得以解决的过程，城市公共服务视觉管理的水平也是衡量一个城市现代文明水平的重要标志，两者可以认为是同一进程的两个方面。也就是说，在解决城市社会问题时，理应将视觉管理手段列入工具选择的视野。而另一方面，在解决社会问题的同时，又反过来推动城市公共服务视觉管理的发展。

（二）自主性

自主性既是视觉管理的重要特性，也是公共服务视觉管理的重要特征。自主性并非是指视觉形式选择上的自主，而是指行为个体有按照自身的意志和想法来选择采取行动方式的权利。城市公共服务视觉管理本质上是一项服务性管理，那么行为个体在一定意义上当然具有"按自己的意愿行事"的自主选择权，包括：行为个体具有自主做出决断、自由表达意志，并按照个人意愿进行行为推进的自由。① 学者罗伯特在其有关论著中，就公众参与对公共服务管理的重要影响进行了阐释，认为生活在城市中的人们对于城市公共服务与公共治理的参与，对公共服务管理有着直接而重要的意义。城市公共服务视觉管理不仅仅是对城市公共环境的治理，更是面向全民的服务行为。公共服务管理离不开作为城市主人的公众有效介入，并将此视为公共服务管理得以顺利进行的前提性条件。

若以宏观视野看待这一问题，城市公共服务视觉管理是以自主的姿态，运用视觉管理的模式、手段以及机制等来实现自身的利益诉求；若以微观视野来看，所谓自主性就是社会公众为了自身的利益诉求，积极主动地参与到城市公共服务视觉管理中

----

① 马衍明：《自主性：一个概念的哲学考察》，《长沙理工大学学报》（社会科学版）2009 年第 2 期。

来，以自我意志来约束自我行为，进而实现城市治理的目标。作为对传统城市公共服务管理的补足与完善的公共服务视觉管理，更加强调公众的自主性，重视社会公众对自我需求的表达与满足。

（三）视觉性

视觉性是城市公共服务的最主要特征，这种的特征是由公共服务视觉管理的形式特征所决定的。视觉要素自上世纪起逐渐被引入管理实践活动中，在工业革命时期视觉媒介率先在企业管理中开始使用，通过标志、标牌和色彩及其组合的形式对企业的生产活动实施科学有效的管理。随后以城市形象、品牌以及导向系统的形式，被广泛而行之有效地运用于城市公共服务管理活动中，其视觉认知意义被广泛接受，成为了现代城市管理不可或缺的视觉媒介。因而，可以说视觉性是城市公共服务视觉管理的鲜明特征。

在阿恩海姆看来，视觉活动究其实质是人类的精神创造活动之一，"即使在感觉水平上，知觉也能取得理性思维领域中成为'理解'的东西。任何一个人的眼力，都能通过组织的方式创造出能够有效地解释经验图式的能力。这说明，眼力也是一种悟解力"。[1]这一观点明确的表述出视觉性并非肤浅的感性活动，而是我们认识事物本质的更具本源意义的方式。

首先，视知觉既是人类获取外界信息的感知通道，也是公共服务管理信息获取的主要途径。视觉认知结构模型包括视觉注意、视觉选择、视觉记忆三个重要部分。其一，引起注意是视觉认知的前提。人的视觉认知具有主动性和选择性，视觉注意机制在对视觉信息做出选择时，只对感兴趣的有用信息才能引起视觉注意。其二，视觉选择是信息分析与整理的过程。视觉选择遵循了"整体优先"的原则，即按照先整体后局部的识别规律进行选择识别。其三，视觉记忆是对信息做编码、贮存、提取的神经活动过

---

[1] ［美］鲁道夫·阿恩海姆：《艺术与视知觉》，滕守尧、朱疆源译，四川人民出版社 1998 年版，第 56 页。

程。对图像信息的视觉记忆是由整体到局部，即先将图像认知为一个整体，对图像的整体信息进行编码，以获得整体意象；然后再对图像的局部区域信息进行识别和记忆，以丰富图像的内容，加强对图像的深层理解和记忆。

其次，视觉性充分体察到了人类读图的心理过程。视觉管理借助人类的视觉认知机制实现管理信息的直观传达，无论是公共服务视觉管理的形式要素、表达形式、空间位置，还是色彩搭配、文字编排、图形形态、视觉媒介更符合人们的认知规律。视知觉的这种认知意义赋予了公共服务管理信息以充分的理解特征。作为视觉管理信息载体的视觉符号或视觉产品，均经由视觉设计过程而产生，在一定意义上正是现代认知科学发展的产物，使得公共服务视觉管理的外在形式上体现为一个完整的认知系统。

最后，视觉性创造了把握城市的图像。人类的视觉系统是一个多通道、多任务的复杂系统，视觉认知模型与视觉经验、视觉情感、视觉价值体系等因素密切相连。相对于文字语言而言，图像以其直观的天然优势为人们提供了更多感知城市的途径。所以说，视觉性既是人类生来具有的特性，且是构成视觉管理的基本要素，在公共服务视觉管理活动中扮演着至关重要的角色。因此，视觉设计介入到公共服务系统，丰富了人类的视觉认知方式，使得视觉认知富有审美的特征和管理功能。视觉设计在信息可视化基础之上所创造出的直观视觉形象，是传统意义上的管理方式无法企及与超越的。

总体而言，视觉元素是公共服务视觉管理中必不可缺的要素，更是公共服务管理功能实现的重要渠道。城市公共服务视觉管理与城市中既已存在的问题紧密联系，因而其表现出较强的社会性；城市公共服务视觉管理是以社会大众的广泛参与而促成的，因此其具有自主性；城市公共服务视觉管理离不开符号、图形、色彩等视觉元素来进行信息的传递，因此其还具有视觉性特征。所以，城市公共服务视觉管理是管理和设计的统合与互相补充，也正是在这种融合会通中，城市公共服务视觉管理的价值得以充分展现。

第二节　城市公共服务视觉管理理念

　　"理念"，顾名思义，即是一种理性的观念。城市公共服务视觉管理理念是在管理实践过程中逐渐总结出一定的方法和规律，并以此来指导公共服务管理工作的顺利开展。管理理念的主要作用就是从思想层面对城市公共服务视觉管理进行指导，为公共服务视觉管理提供其所需要遵循的规范，一切与此相关的工作皆是围绕着这一理念而展开。一个城市公共服务视觉管理理念的形成，既要受到城市经济发展的影响，也与这座城市发展的文化向度、价值观念以及思维方式等紧密相连。

　　具体而言，城市公共服务视觉管理理念又可分为柔性管理理念和刚性管理理念，两者之间并非独立存在，而是一种互为联系、互为补充、缺一不可的关系。

一、柔性管理理念

　　柔性管理的传统在我国自古有之。在老子的《道德经》中就曾提到："以天下之至柔，驰骋天下之至坚。"柔性管理理念是以我国传统哲学思想中的"柔"之学说为出发点，从人的感情需求出发，围绕"关爱"这一核心，诉诸人内心深处的价值观与责任感来进行管理活动，最终达到促进社会进步与发展的目标。

　　柔性管理是一种相对人性化的公共服务管理模式，通过重视人的思想力量、强调人的尊严和价值、激发人的观念共鸣和意志力，以及主张因势利导等方式来调动社会公众的主观能动性，从人文关怀的角度来实施管理。

在城市公共服务视觉管理的视野中，社会公众是管理主体与客体的统一，所有的一切管理活动都是围绕着公众需求而进行的。因而，满足公众需求是城市公共服务视觉管理的主要动因和目标所在。极而言之，无论是何种城市管理形式，都脱离不了"人"这个核心，缺少"人"这一核心要义的管理活动实际上已经丧失了其应有的本质。因此，城市公共服务视觉管理必须对人的需求予以足够重视。柔性管理理念的引入，在公共服务视觉管理中具体表现为：一方面是将视觉警示或提示等刚性管理信息以视觉的方式进行柔和化处理。另一方面则充分运用图像化、符号化视觉形式对公共空间展开人性化管理，以此来引导与规范个体或集体行为。由于柔性管理具有天然亲和力等优势，使其更加容易为社会公众所接受，同时，也可以使所传递的管理信息更容易发挥出预期的约束和规范效用。因此，对柔性管理理念在公共服务视觉管理中的价值和地位应该予以足够的重视。

与传统的管理模式比较起来，柔性化管理更为重视管理活动与社会公众之间的互动联系。对于公共服务管理信息的传递不再是以强制性的方式进行，而是要充分地考虑到社会公众的心理意识与接受能力，给予社会公众更多应有的尊重，以更为人性与温馨的管理方式来提升社会公众的公德意识，最大限度地满足公众对城市公共服务的需求。

二、刚性管理理念

"刚性管理"是相对于"柔性管理"而存在，追本溯源刚性管理理念主要源于我国儒家思想。孔子在《论语》中说道："不学礼，无以立"，在儒家的思想观念中，礼是人们思想行为的根本尺度，不知礼就难以约束自身的行为，因而"礼制"构成中国儒家思想的核心话语体系。"礼制"作为封建社会的主要统治思想，具体体现在儒家思想所倡导的"三纲五常"上，强调君臣、父子、夫妻之间的一种统属关系，是封建社会进行管理的一种指导思想和根本原则，并初步具有了法律的雏形。即便到了现代社会，"礼制"作为一种秩序的象征，儒家思想中的优良传统依然能够在规约人们行为，建立良好的社会风尚，维护社会稳定方面发挥重要作用。

俗话说："无规矩不成方圆"，刚性管理的理念主要是通过法律规范和道德规范的形式显现出来，凭借法律规范、道德约束、制度规约等手段对城市公共服务进行管理，进而增强公共服务管理的强制性约束力。刚性管理也是制度建设的依据，往往需要利用法律法规的力量进行公共服务管理的制度建设，对于那些违反法律规范与道德规范的行为进行必要惩处，以避免类似行为的再次发生。因此，刚性管理理念也是公共服务视觉管理不可或缺的重要思想原则。

在城市公共服务视觉管理中，一方面依托柔性化管理方式充分考虑到社会公众的心理意识与接受能力，给予社会公众更多应有的人文尊重。而另一方面刚性管理方式，以强制性的法律制度手段为依托实施管理。柔性管理与刚性管理虽有侧重但并不割裂，正是所谓的"一阴一阳谓之道"，刚与柔结合符合事物发展的基本规律，[①]两者实则为一个相互作用、共同作用的有机的整体，共同构成了公共服务视觉管理系统的基本功能属性。由于视觉符号系统既可以表达人文的柔性，也适合表达法制的刚性，因而也非常适合用来表达公共服务管理的双重特性。

第三节　城市公共服务视觉管理系统

著名建筑学家伊利尔·沙里宁说过"整个宇宙，小至极微，大至无穷，都是按照下列的双重思想组成的，既有个体，又有个体相

---

① 葛荣晋：《道家文化与现代文明》，中国人民大学出版社 1991 年版，第 50 页。

互协调而形成的整体"。① 对于城市公共服务视觉管理系统来说同样也是如此。城市公共服务视觉系统不仅包含了城市人本方面和视觉方面的各项因素，还包括城市物质文化与非物质文化等众多因素。

从系统论视角观之，公共安全视觉管理、公共秩序视觉管理、综合服务视觉管理等子系统建构起了公共服务视觉管理系统的三维结构体系，各个子系统又由相应的要素所构成。我们可以借助钟表结构来表达其系统结构，以及各个子系统与要素之间的系统关系，并可通过索引图标体系显示其所指意义（图6—2）。因而，

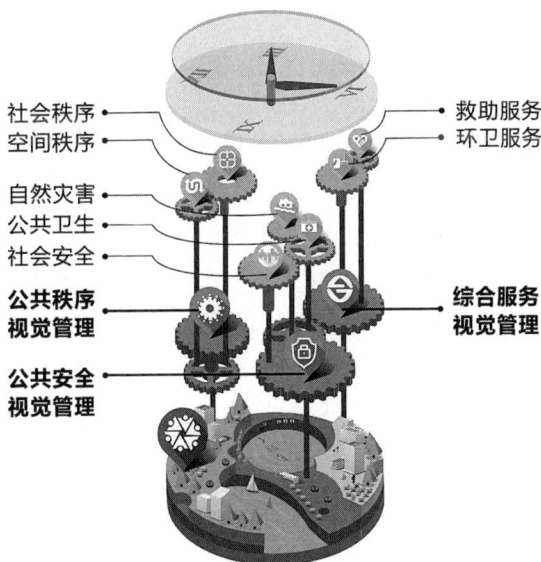

图6—2 公共服务视觉管理系统结构及图示索引

① [美] 伊利尔·沙里宁:《城市——它的发展、衰败与未来》，顾启源译，中国建筑工业出版社1986年版，第92页。

城市公共服务视觉管理的系统结构通过简约化的视觉处理，在很大程度上提高了视觉传播的效果。

一、公共安全视觉管理

公共安全管理旨在使城市避免遭受治安、交通、传染疾病、自然或人为灾害等方面出现问题所带来的危害。具体而言，就是城市各管理职能部门通过运用相应的行政手段或法律法规，对可能危害城市公共安全的事务进行有效排查和控制，尽最大能力减少城市遭受危害的可能，保证城市居民生命财产和公共利益的安全。① 马克思曾说过，"安全是市民社会的最高概念"。② 从马斯洛需求层次理论而言，人的所有需求均建立在安全需求的基础之上。赫茨伯格在他提出的双因素理论中指出，对每个人来说对安全的需求属于低层次的保健因素，是人们生活的必要需求。如果人们的安全需求不能得到保障，那么就更谈不上社会的进步了。以城市社会学的视角来看，城市公共安全管理的目的有两个，一个是满足城市人群的生活需求，另一个是努力实现城市的良序健康发展。③ 由此可以看出，城市公共安全不仅仅关乎着城市居民正当合理的生活需求，并对一个城市良好形象的塑造及其未来发展有着至关重要的意义。

对于公共安全视觉管理而言，就是充分运用视觉手段迅速快捷地进行公共安全信息的传播，及时地提醒或规范人们的安全行为，有效地预防和控制可能出现的危害城市公共安全的突发事件，对人民的生命财产进行有效的保护，为城市的和谐发展提供强有力的保障。

城市公共安全视觉管理以其独特的形式，在提高城市居民安全意识和安全应对素质方面发挥着不可替代的作用。通过将公共安全信息进行可视化处理，以喜闻乐见的形式让城市居民直观地感受到

① 范广垠：《市政管理》，南开大学出版社 2008 年版，第 132 页。
② 中共中央马克思恩格斯列宁斯大林著作编译局：《马克思恩格斯全集》第一卷，人民出版社 1985 年版，第 23 页。
③ 熊炜：《城市公共安全评价方法研究》，湖南科技大学 2012 年博士学位论文。

各种安全规范和安全提示，切实有效地提升城市居民自身的安全意识，在危机真正出现时能够有效地运用自己熟悉和掌握的安全知识和技能进行自救。比如像美国这样的西方发达国家，还专门为儿童制作了防火安全教育课程"关注危险"，通过课程读物的学习，不仅使儿童获得有效的防火知识，也使家长在陪伴孩子学习的过程中掌握更多的安全知识。（图6—3）

由上可见，城市公共安全视觉管理系统以耳濡目染的视觉形式

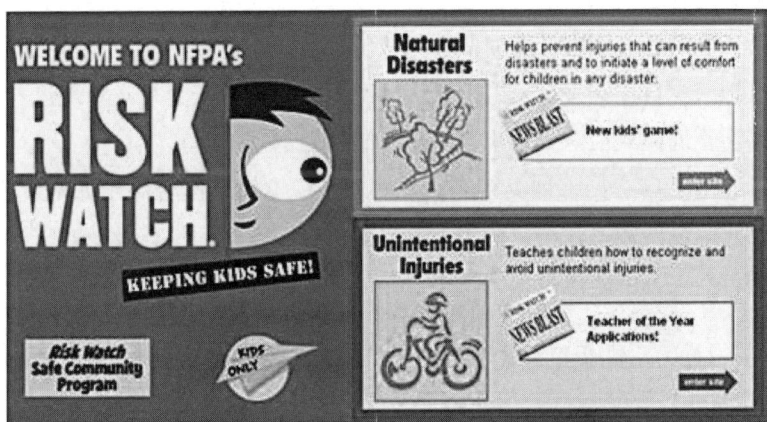

使社会公众了解和掌握更多的安全防范知识，通过公众的安全意识的不断提升来降低安全风险发生的概率，最大限度上减少由安全事件带来的损失。

具体来说，城市公共安全视觉管理系统包括了自然灾害、公共卫生和社会安全等系统要素。

（一）自然灾害视觉管理

一般说来，自然灾害是指由超出人力控制范围的自然因素，诸如冰雹、海啸、雪灾、洪水、地震以及沙尘暴、龙卷风等，给人们

生命财产或生活环境造成破坏的自然现象。①相较于人为灾害而言，自然灾害更难以进行有效的管控，但这并不意味着人们对自然灾害无防范之力。对于自然灾害防范，如果说传统的灾害治理强调的是以对抗和抵御自然灾害为主的话，那么视觉管理则是以预防为主。

视觉管理系统在对自然灾害防控知识普及上发挥着独特的作用，主要是通过将各种自然灾害的危害和防治方法进行可视化处理，然后广泛地进行传播，提高公众的防灾意识，达到全民防灾和减灾的管理效果。还可以通过视觉预警系统及时告知人们自然灾害所产生的危害程度，及时采取相应的手段进行有效的防控，最大限度地减少自然灾害造成的损失。显而易见，公共安全视觉管理这一崭新管理模式在防灾知识普及上有着特殊的功效。

由于自然灾害种类繁多，公共安全视觉管理应着眼于如地震、洪水等爆发频率较高、危害大等自然灾害防范知识的普及，对于这类自然灾害的防范是整个城市公共安全视觉管理的重中之重。

1. 防震减灾的视觉管理

地震对于城市的危害通常是毁灭性的，可以在极短时间内将一座人口稠密、繁荣发达的城市变为废墟。而且，尽管当今在地震的科学研究和预警上取得了很大进步，但迄今为止，人们对地震预测的准确度仍然难以令人满意。在这个意义上，以视觉的形式对地震的危害进行预警教育，使人们及时快速地获取防灾所需要的相关知识，掌握遇险逃生的技能以及避险方法，从而提高人们的防震减灾意识，是最好的自然灾害防治方式。

相较于世界上许多国家而言，日本可谓是一个地震高发的国家。为了尽可能地降低地震带来的损失，日本在多年抗震过程中形成了一种特殊的国家防灾文化，不仅在地震的预警系统相当完善，而且以视觉形式进行灾害救助常识的普及也非常普遍。在东京街头，随处可见以视觉形式展现出来的防灾知识图谱（图6—4），让民众随时直观地感受到救灾的紧迫性，并以清晰明了的视觉方式告

---

① 卢振恒、马宗晋：《灾害管理学》，湖南人民出版社1998年版，第14页。

图6—4 日本防灾训练视觉设计

知公众当地震来临时应该如何应对和自救，从而极大地提高了人们的防灾意识和减灾能力。除此之外，日本政府也为民众防灾意识提高做出了不断努力，向公众派发了防震减灾视觉手册，通过生动的视觉图示告诉人们怎样进行防灾抗灾，在长期的防灾抗灾氛围中潜移默化地提高了人们的防灾意识，达到了全民族抗灾、防灾、减灾视觉管理的整体目标。

我国也是一个深受地震灾害危害的国家，虽说我国目前的防震减灾视觉管理尚不如日本那般发达。可喜的是，近年来我国政府也在不断努力地加强这方面的工作，先后出台了《中华人民共和国防震减灾法》以及一系列防震减灾法规和条例。在此基础上，借助视

觉手段建立起自然灾害预警与防范视觉符号系统规范，增强城市对自然灾害的防范与管理能力。（图6—5）

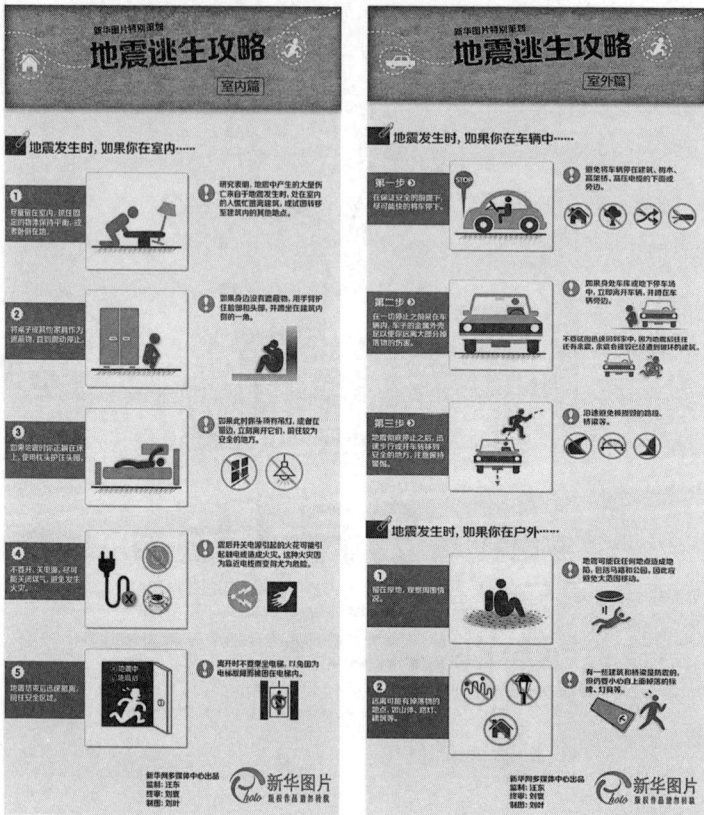

图6—5　新华社印发的地震逃生攻略

2.防洪减灾的视觉管理

据相关的灾害统计数据显示，目前在我国所有自然灾害中，洪水发生的频率和危害最大。在抗洪减灾过程中，单纯地依靠灾后治理的手段是很难解决"预防为主"的问题，因此，视觉管理方式对于提高全民的防洪减灾意识具有重要价值。国际上通用的灾害预警系统一般分为四级，分别用红色、橙色、黄色、蓝色标示，一级为最高级别用红色表示，以视觉形式可以将灾害的危险性以及破坏力形象直观地展现到公众的面前，再加上详细的逃生技巧和避险知识讲解，使民众了解具体的防灾抗灾知识，这样才能最大限度保障民众的财产乃至人身安全。

自 20 世纪六七十年代起，美国就设置灾害预警系统，并设置了由国家规定强制购买的洪水保险，开创了世界洪水保险体系建设的先河。继美国之后，英国也建立了洪水汛情的视觉预警系统，为英国防灾减灾作出了巨大的贡献。在 2012 年，首都北京遭遇了 60 年来罕见的特大暴雨和城市洪涝灾害。灾害过后人们开始痛定思痛，真正开始意识到构建防洪预警视觉管理体系的重要性。《北京市防汛应急预案》的出台，对于洪水灾害的防治方面来说，可以列为一个经典的管理案例，该应急预案以国际惯例为依据将洪水划分为四个等级，并分别用不同的颜色进行标示（图 6—6）。同时，应急预案还以视觉形式详细地阐述了防洪救灾知识和技巧。如"车辆落水后乘员逃生方法"的视觉设计，向人们传播了遇到洪水时如何进行自救的技术指导，极大地提升人们的自救和救人的安全意识，可谓是防洪语境下视觉管理的典范。（图 6—7）

我国在灾害预警系统的视觉管理系统建构起步较晚，与发达国家相比还存在着一定的差距。所以，应当广泛汲取和借鉴国外先进经验，将视觉管理与管理法律法规建设充分结合起来，建构起具有中国特色的自然灾害预警视觉管理系统。

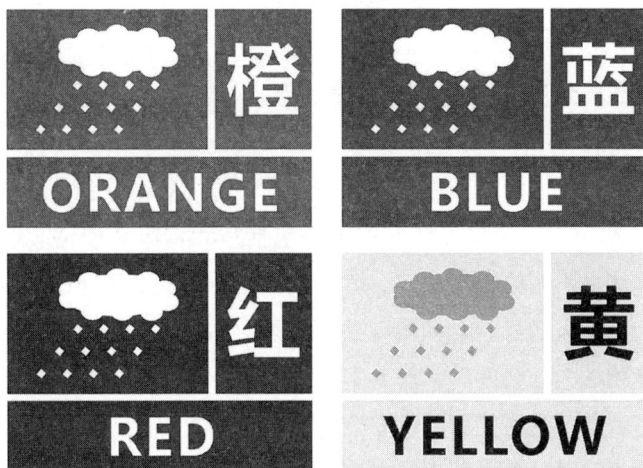

图 6—6 四级汛情预警

车辆落水后乘员逃生方法

试验结果显示，车辆落水后立刻打开车门逃生是最直接、快速的自救方法。

推开车门逃生

你要知道：
车下沉的速度非常缓慢，所以千万不要慌张。

✓ 车门钢板被淹没1/5时，车里还没有水，非常轻松就可以打开车门。此时是逃生的最佳时机。

✓ 水淹没车门钢板1/2时，脚踝完全浸没在水中，水的压力增大，但车门也能打开。

✓ 水完全淹没车门钢板时，水的压力和淹没1/2时差不多，车门能打开。使出全身力气，门能被完全推开。

敲碎侧窗逃生

试验证明，剪刀、救生锤、羊角铁锤、高跟鞋中，只有羊角铁锤能敲碎车侧窗。

具体方法：
用锤头敲车窗四个角。

击碎前挡逃生
前风挡使用夹层玻璃，即使羊角铁锤也无法击碎。

图6—7　车辆落水逃生方法

（二）公共卫生视觉管理

公共卫生涉及由卫生问题所引起的一系列危害社会公众健康安全的突发公共安全事件，这些事件包括重大传染性疫情、职业中毒、群体性不明原因疾病等。时至今日，公共卫生问题已经不仅仅是一个与个人切身利益休戚与共的问题，更是一个与城市发展与文明程度相关的社会问题。公共卫生的视觉管理主要是通过可视性手段，将公共卫生可能引起的安全问题进行图式解说，来增强公众的卫生意识。对于公共卫生突发事件的管控能力，也是一个代表城市管理水平硬性指标，直接影响到城市经济社会发展和国家安全。

总而言之，公共卫生视觉管理系统借助与视觉化手段，将国家的卫生安全法律与法规，如《突发公共卫生应急条例》等，以图像化的形式传递给城市大众，营造出全民关注公共卫生的社会氛围，以期提高应人们对公共卫生突发事件的应急处理能力。

城市公共卫生视觉管理主要从食品安全和疾病预防两方面入手。

1.食品安全视觉管理

食品安全是指食品中含有害毒素和其他有害物质，影响人们身体健康的公共卫生问题的统称。食品安全不同于自然灾害，可以通过有力的监管将其控制在可控可防的范畴，最大限度地降低公共卫生突发事件的发生率。就食品安全视觉管理而言，侧重于以视觉表征的形式对食品生产、加工、销售等环节，以及在日常生活中的食品存放、保质等方面知识进行科学普及和管理规范，以此来不断提升公众的食品安全意识，保障公众身体健康与生命安全。俗话说："民以食为天，食以安为先。"食品安全是人类赖以生存的基本条件，与人类的健康息息相关。[①] 所以，加强食品安全的视觉管理是一种行之有效的管理方式。

首先，在国家食品监管体系中，通过视觉认证的方式对符合食品安全标准的食品以醒目标识予以认证，进行有效的食品安全视觉管理。目前我国已制定了"质量安全""绿色食品""保健食品""有机食品""无公害农产品"的视觉认证体系，消费者可以通过醒目的食品卫生安全标识来鉴别食品安全质量。(图6—8)

其次，许多城市的卫生监管部门还以"笑脸标识"的形式，建立起了餐饮服务行业的食品安全等级评估与公示制度，消费者可以通过"笑脸标识"来选择健康卫生的餐饮服务机构（图6—9）。这种视觉管理方式不仅推动了餐饮服务行业自身的健康发展，规范了企业和个人健康的卫生行为，也大大地提高了人们的食品安全意

---

① 张奇志、邓欢英：《我国食品安全现状及对策措施》，《中国食物与营养》2006 年第 5 期。

| 质量安全标识 | 有机食品标识 | 无公害农产品标识 | 农产品地理标志 |
| 绿色食品标识 | 保健食品标识 | 安全饮品标识 | 中华老字号标识 |

图6—8　食品质量认证类标识

图6—9　食品安全监督公示

识。在这多重因素的作用下，久而久之社会卫生水平也就不断得到提升，有力地促进了社会卫生事业的进步和发展。

　　西方国家对于食品安全视觉管理的制度建设相对较为完善，而且建立起了相应的食品安全规范与制度。我国食品安全视觉管理起步较晚，相对发达国家还有一定的差距。所以，在我国食品安全视觉管理的发展过程中，格外需要广泛地借鉴国外先进的经验。尤其在如何充分利用视觉管理手段来提高全民的食品安全防范意识方面，还有待于进一步完善。

2. 疾病防控视觉管理

疾病防控只要是指对影响到公共安全的突发性流行疾病的防控。2005 年发生的 SARS 病毒肆虐，时至今日仍触目惊心就是典型的例子。随着现代社会经济发展水平的不断提升，人们的物质生活条件得到了显著改善，积极倡导健康的生活方式，在很大程度上可以有效地防控突发性流行疾病的蔓延，这也就是所谓的治百病不如一防。疾病的防控由于专业技术性强，单靠文字语言的表述很难实现广泛的传播效果。通过视觉化的渠道把关于疾病防控的相关知识和技术，以图形、色彩和文字的简洁视觉形式进行图示化普及，特别是在对流行疾病、重大传染病和多发性疾病的防控科普中，视觉管理发挥着举足轻重的显著作用。古希腊哲学家伊壁鸠鲁曾说过，人生最大的幸福，莫过于身体的无病痛与灵魂的无纷扰。德国哲学家叔本华也曾说过，健康的乞丐比有病的国王更幸福，人们的幸福十分之九建立在健康基础之上的，健康就是一切。所以，疾病的防控关乎全民健康的大事，是城市公共服务的重中之重，直接反映着城市的综合治理能力。

具体就疾病防控的视觉管理而言，一方面疾病防控视觉管理体现在良好卫生习惯的培养上。公共卫生不仅仅是个人的卫生习惯问题，也是涉及疾病防控的管理问题。由于不同的阶层和不同年龄阶段的人群认知能力和认知习惯的局限，用视觉方式进行卫生知识科普，不仅适合于儿童和青年人群的理解，也更容易使受到疾病侵扰的老年人所接受。我们常见的像"勤洗手"这样的图解方式，不仅可以通过保持手部卫生来预防疾病（图 6—10），也有助于人们养成良好的卫生习惯。

另一方面，表现在对危害公共健康的传染性疾病的防控知识普及上。由于传统认知的局限性和信息不对称性的影响，许多人对于

图6—10 图解正确洗手

一些疾病都有着偏见。以艾滋病为例，人们往往会闻之色变，从管理层面来看，这种现象产生的原因很大程度上是由于对艾滋病传染途径和防控基本知识普及不到位而造成的。以视觉形式以直观生动的形象进行艾滋病防控知识的传播，不仅可以缓解人们对艾滋病的恐慌情绪，同时还可以使患者感受到来自社会的关怀和爱心。（图6—11、图6—12）

在疾病防控的知识普及上，我们与英国考文垂大学、挪威科技大学、特隆赫姆美术学院、美国埃里温布鲁斯福州立大学、加拿

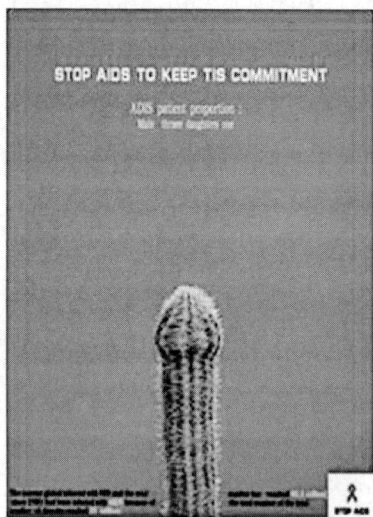

图6—11 艾滋病传播途径科普

大渥太华大学、安大略大学等八所院校合作，从伦理责任、社会责任等方面来探索"疫苗接种"的功能、政策等问题，进行了知识转化为创造性实践的跨学科探讨。其成果应邀于 2017 年在国际卫生组织第十届全球健康和疫苗研究会议期间，在日内瓦总部和挪威特隆赫姆美术学院展出，可以说是一种具有普遍意义的有益尝试。（图 6—13）

总之，视觉管理在疾病防控知识普及上所发挥的重要作用不可

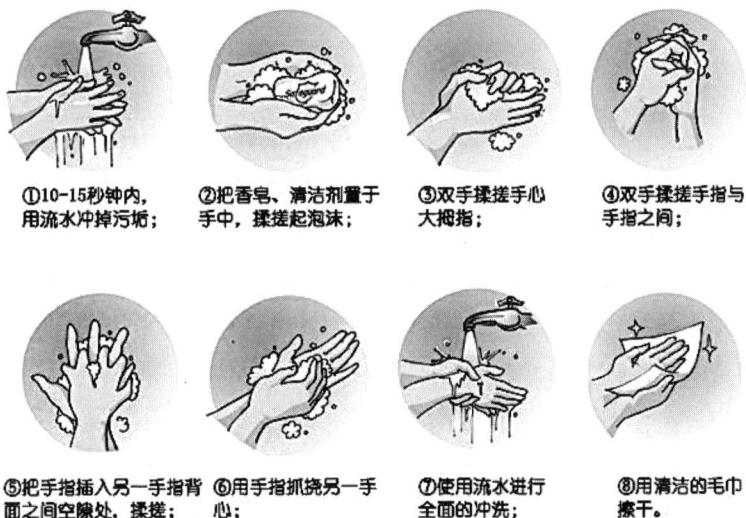

①10-15秒钟内，用流水冲掉污垢；
②把香皂、清洁剂置于手中，揉搓起泡沫；
③双手揉搓手心大拇指；
④双手揉搓手指与手指之间；
⑤把手指插入另一手指背面之间空隙处，揉搓；
⑥用手指抓挠另一手心；
⑦使用流水进行全面的冲洗；
⑧用清洁的毛巾擦干。

图 6—12　艾滋病防控公益海报

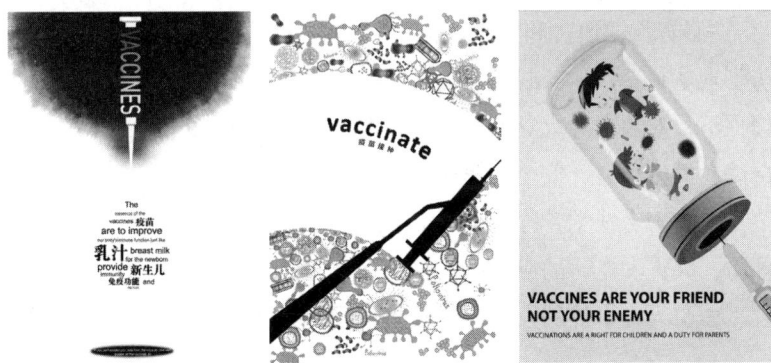

图 6—13　疫苗接种科普设计实践

小觑，不但可以通过生动的视觉形象帮助人们了解疾病防控的相关知识，而且还可以培养人们良好的卫生习惯，达到预防疾病的目的。就我国目前疾病防控的管理现状来看，在大多数情况下视觉管理往往集中在重大疾病防控上，对于养成良好的卫生习惯上的关注度并不够，也没有严格的规范和法律约束，有待于视觉管理体制与机制建设的进一步完善。

（三）社会安全视觉管理

社会安全事件通常是指除自然灾害、疾病防控和食品安全等公共安全之外的其他可能对社会和公众造成生命财产危害的突发事件，主要包括火灾、恐怖袭击以及群体性事件等。上世纪末的诺贝尔奖主阿马蒂亚·森就提出了"安全是发展的核心"的论断，由于社会安全事件往往具有不可预知性、破坏力度大等特点，所以成为了维持社会稳定工作的重心，因此，通过视觉管理方式不断加强人们对社会安全事件的防范意识就显得十分重要。视觉管理的特殊功效可以使人们直观快捷地获取相应的危机解决方法，培养人们危机意识与在危机状况下的自救意识，是一种行之有效的社会安全事件防控方法。

社会安全视觉管理主要包括消防安全和防恐安全两个方面。

1. 消防安全视觉管理

"消防"即预防和扑灭火灾的活动。在我国相关的法律中将消防管理解释为：设定出完善的火灾预防与扑灭计划，在统一指挥的前提下，对出现的火灾情况进行及时有效的消防工作，尽最大能力保障居民生命财产安全的管理活动。①

消防安全视觉管理旨在提高公众的消防安全意识，包括了火灾预防、火灾发生时的应对方法，以及消防器材的正确使用方法等内容。由于火灾事件的发生往往具有突发性，即在人们毫无防范的前

---

① 公安部消防局：《中国火灾统计年鉴》，中国人事出版社 2008 年版，第 58 页。

提下突然发生。为了有效预防火灾的发生，提高人们对于火灾的应对能力显得十分重要，消防安全视觉管理是一个具有极其重要现实意义的管理模式。

美国消防协会的卡通形象斯巴克狗就是一个经典的消防形象标志，一方面借助于"狗"寓意消防队员的忠诚。另一方面利用拟人化的卡通动物形象的亲和力，让社会大众感受到来自消防队员的关怀，进行人性化的消防知识传播（图6—14）。总的来看，这种视觉形式的卡通动物形象有效地起到了普及消防知识的良好社会形象的双重效应，也是推动消防安全视觉管理的经典案例。在消防安全视觉管理中，通常会使用一些醒目的视觉标识来提醒人们的安全意识，比如在易燃、易爆物品的储存、运输过程中，消防部门会严格要求贴上"当心爆炸"等视觉标识，来提示人们远离危险（图6—15）。

此外，用视觉形式进行消防知识的普及也是一种国际通用的手法。依据我国现行的消防安全国家标准《消防安全标志 GB 13495—92》和《中华人民共和国消防法》等法律法规，可将火灾成因、火灾预防、防火逃生等相关知识，通过图式和数据可视化形式显示与传播。也即是说，消防安全的视觉管理要以法律法规为基

图6—14　美国斯巴克消防形象

图 6—15　当心爆炸

准，既要强调科学性、实效性和可操作性，也要注重可读性、可识别性等视觉因素。（图 6—16）

2.防恐安全视觉管理

防恐的要义在于对社会中可能出现的恐怖袭击事件进行有效的

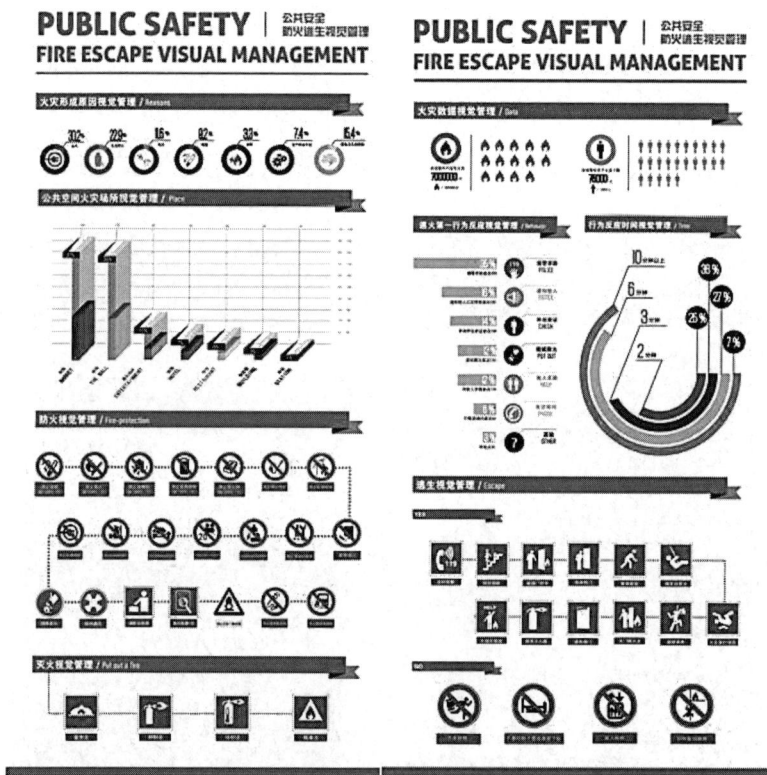

图 6—16　防火逃生方法视觉设计

防控，最大限度地保护人们的生命财产不受到伤害。"9·11"恐怖袭击事件发生以来，全球面临着极为严峻的反恐防恐形势，恐怖主义成为了危及社会最大的安全隐患。世界各国都在千方百计地积极加强反恐应对措施，视觉形式也成为了一种必然的选择。

一方面，通过色彩、图形等视觉形式表示恐怖袭击危险存在的等级和安全态势。2001年，美国建立了严格的防恐警报系统，分别以红、橙、黄、蓝、绿色彩序列，由高到低表示恐怖袭击的危险等级，通过这种视觉方式不断提升人们的反恐、防恐的危机意识（图6—17）。此外，针对恐怖袭击的不同方式，美国还在一些交通枢纽、

图6—17 美国安全警报系统

图6—18 恐怖事件应对指南

机场等人流较为密集的地方设置了禁止携带液体、危险品、管制刀具等的视觉警示标志，也在很大程度上规范了人们的安全行为。

另一方面，通过反恐、防恐基本知识的视觉传播，提升人们在危机状态下的自我保护和自救与互救能力，只有这样方可最大限度地将恐怖袭击的危害降到最低。2014年，我国的昆明火车站也发生了一起严重的恐怖袭击事件，导致大批游客的伤亡，不仅激起了国内外舆论的一致谴责，也引起了人们对在遇到恐袭时应该如何应对的思考。相关视觉设计"恐怖事件应对指南"，以图示的方式向社会公众传递了恐怖袭击的类型、发生方式以及应对技巧和措施，有效地提高了国民的反恐意识。（图6—18）

发达国家在长期社会治理实践中，总结出了一整套行之有效的应对措施，并建立起了相应的公共安全突发事件的应急机制。国外尤其重视利用视觉形式进行防恐和反恐宣传的经验值得我们借鉴，来完善公共安全系统视觉管理系统建设。从国外的经验来看，视觉管理对于公共安全系统的建构和完善大有裨益，不仅可以从视觉方面让民众直观地感受到危机，还能以其传播优势尽可能地满足城市居民对于安全知识的需求。但是需要注意的是，由于城市公共安全涉及公众的生命安全，其视觉符号和色彩在使用上必须具有严格的规范标准，图形符号在意义传达上的准确度和可识别度明显高于其他类型的视觉符号，并与国际标准相一致。

综上所述，视觉管理形式对城市公共安全系统的构建有着重要价值，不仅可以通过视觉形式提高人们的危机意识，也是行之有效地提升公众反恐应对能力的具体措施，从而在总体层面上提高全社会抗击风险、化解危机的应急处理能力。

二、公共秩序视觉管理

公共秩序是人们在参与社会活动过程中所必须遵守的规章制度的统称。按照费孝通先生的解释，由于中国社会所具有的"差序格局"特征，公共空间中的社会关系需要更多的规章制度来进行规约与调节。亚里士多德也曾经说过：人自从出生之日起就天然地获得了社会性，因而社会性是人的一种本性。人在社会中生活，就必须要认清社会的本质，只有这样才能参与社会公共活动。对于个人而言，无论是生活还是工作都是在一定的社会公共空间中进行，因此，社会公共空间不仅承载着人类基本活动的全部，而且还作为精神载体规约着人们的社会活动行为，也即构成了人类活动规范的公共秩序。

由于人与生俱有的社会性，在社会活动中人们总要与他者进行各种形式的接触，人们的言行举止都可能会这样或那样地影响到社会公共秩序。著名心理学家乔治·赫伯特·米德在对人类行为研究的基础上提出，在社会生活中人类具有很强的学习与模仿能力，如果一个城市具有良好的公共秩序，就能够为人们所模仿并起到潜移默化地规范人们行为活动的作用，同时人类的这种模仿特性也会支撑这种良好行为习惯传统不断传承下去。此外，从社会哲学的视野上来看，个人行为与社会秩序之间的关系构成了社会学研究的核心命题。因此，社会公共秩序是人们进行社会活动的前提条件，并对社会活动的良序开展起着决定性的作用。换言之，如果说个人行为与社会秩序是互为关联的话，毋宁说社会秩序就存在于个体行为之中。

公共秩序管理作为城市视觉管理的有机组成部分，旨在采用视觉形式重构公共秩序规则，将道德标准与法律尺度转化为直观生动的图像或鲜明的色彩形象，对公共场所中的不良行为进行约束和规范。因而，公共秩序视觉管理是事关建立良好的社会风尚乃至推动整个社会文明进程的大事，对于一个城市的文化传承和形象塑造的意义也就不言而喻。

具体来说，公共秩序视觉管理包括了空间秩序视觉管理和社会秩序视觉管理两个部分。

（一）空间秩序视觉管理

空间秩序顾名思义是指在公共空间中用以约束人们的行为规范和规则。公共空间的一般具有是人员密集度较高且流动性较大的特点，如果没有相应的规则对人们的行为进行规约，很可能造成不必要的摩擦甚至是冲突，导致个体权益乃至整体社会和谐稳定受到损害。

一方面，空间秩序视觉管理形式体现在室内公共空间中，对人们在内空间行为进行规范与约束。以图书馆公共空间为例，如果没有相应的约束机制，那么图书馆作为自习之地的宁谧氛围便会荡然无存。此外，像公共交通工具内、电梯内或电影院等公共场所，如果大声喧哗或大声接打电话，必然也会影响到他人的空间感受，西方许多国家甚至细化到把禁止在公共空间内吃榴梿和口香糖也列入其中（图6—19）。

另一方面，空间秩序视觉管理形式体现在室外公共空间中，对室外空间人们的行为活动进行规范与约束。公共秩序视觉管理的公信力，往往是建立在法律基础上，对不良行为者进行行政处罚，严重者甚至还要承担相应的民事与刑事责任。在新加坡的公共场所中，以法律为准绳的视觉管理标识随处可见（图6—20），

禁止喧哗
Don't make noise

禁止通讯
No phone call

图 6—19　室内空间视觉管理

无论是在公共场所中吸烟，或是放任宠物在公共场合中随处便溺，都会受到严厉的处罚（图 6—21）。

No Eating or Drinking
Fine $500

No Smoking
Fine $1000

No Flammable Liquid or Gas
Fine $5000

图 6—20　公共秩序行为规范

　　新加坡这种将视觉管理与法律密切结合的管理形式，有效地维护了公共空间秩序，并逐渐成为了新加坡民众的自觉行为规范，形成了遵守公共秩序的良好社会风尚，同时也为城市视觉管理提供了一个可资借鉴的管理模式。由于文化与传统的因素影响，在公共空间行为规范的法制建设上，我国与发达国家相比还存在着一定的差异。现阶段，我国已经明确将这些影响公共秩序的不良行为列入到《中华人民共和国治安管理处罚条例》中，逐步建立并不断完善与公共秩序管理相适应的法律法规体系建设，进而也为建构起完善的城市公共秩序视觉管理体系奠定了坚实的法制基础。

图6—21　禁止宠物随处便溺

（二）社会秩序视觉管理

　　社会秩序涉及社会公众行为中所表现出来审美取向、价值观念、生活追求以及社会风向等因素，也是人们自身心理状态与社会文化的一种综合反映。人的社会行为不仅作为社会秩序的一种表现形式，也反映为一种健康或非健康的社会秩序状态。总之，社会大众自身生活目标的实现，有赖于良好的社会秩序和视觉管理的推进。因而，视觉管理成为了促进城市发展进步的必要条件。如果说空间秩序视觉管理更多地反映出了行为个体的公德意识的话，那么社会秩序视觉管理则更多地反映为一种伦理价值规范。

　　通常来说，社会秩序视觉管理包括礼仪规范和伦理规范两个方面。

　　一方面，公共秩序的礼仪规范即是指人们在交往过程中所采用的准则和规范。礼仪既是人们社会交往的基本礼节，也是个人素质和文化素养的具体体现，因而在提高民族素养和发扬优秀文化传统方面起着决定性的影响①。中国自古就有"礼仪之邦"之称，"礼制"作为人类文明的精华，在儒教思想体系中占有极其重要的位置。礼仪规范具有道德规范的属性，人们的社会交往行为往往离不开礼仪规范的约束。我们尝试着将常见的社交礼仪如问候握手、礼貌道别、礼让他人、着装文明、低声说话等进行视觉设计。（图6—22）

友好握手　　勿指指点点　　低声交谈　　礼让他人

礼貌道别　　着装勿暴露　　勿穿拖鞋　　为人推门

图6—22　公共交往礼仪规范

另一方面，公共秩序的伦理规范是以伦理准则为基础对人际交往行为进行规范。本质而论，伦理规范具有一定的价值规范意义。比如，在日常生活中常见的黄赌毒等不良社会陋习，造成了恶劣的社会影响，在一定程度上破坏了社会稳定和家庭幸福。视觉管理以国家颁布的相关法律法规为依据，采用具有特殊意义的图形符号，并与规范化的视觉形式相结合，创造出了具有强制约束力的视觉符号系统，在一定程度上起到了规范社会成员行为、净化社会风气和维护社会稳定的作用。（图6—23、图6—24）

综上所述，公共秩序既是人们进行各种社会交往活动的必要前提，也是社会生活得以顺利进行的重要保障。在深化社会秩序视觉管理的过程中，一方面要从法律为准绳，明确各种不良行为的处罚标准，通过强化人们的法律意识来进行行为规范。另一方面还要充

① 李晔：《伦理规范的基础问题》，中山大学2010年博士学位论文。

图 6—23 禁止散播淫秽物品标志

图 6—24 禁止赌博标志

分重视道德规范的作用，通过提高人们的社会公德意识来规范公众
行为，建立起良好的社会公共秩序。

三、综合服务视觉管理

综合服务视觉管理是指与社会发展以及与人们生活品质的提高
有着密切联系的公共服务视觉管理的统称。综合服务视觉管理是在
社会大众的基本安全和生存需求得到保障的前提下，为社会大众提

供更高标准的公共服务，其根本宗旨在于保障与满足社会公众高标准的利益诉求。

从视觉管理的角度看，综合服务涉及的范围很广，即与公共安全和公共秩序视觉管理相关联，也与政府行为和管理行为相联系。根据公共服务的分类特征，公共服务更多地体现为一种社会性的人性关怀和人文氛围，同时也具有一种拾遗补漏的性质。按照马斯洛需求层次理论，城市综合服务体现为社会公众对更高标准的生活质量的追求。从心理学层面上来看，综合服务对于个体而言是一种具有积极意义的心理感受和体验，关乎着人们的生活幸福感。

综合服务视觉管理可分为环境卫生服务视觉管理和救助服务视觉管理这两个主要方面。

（一）环卫服务视觉管理

环境卫生是涉及市容市貌、市民素质以及城市形象建设的基础工作，也是关乎文明城市建设的一项硬性指标。城市环卫服务也是一项与公共卫生相关的管理工作，旨在维护城市整洁的卫生环境。视觉元素在环境卫生服务管理工作中的应用，不仅能够提升城市的文明水平，也是城市环境美化的一项重要任务，反映出了一个城市的发展水平和精神文明程度。

环卫服务视觉管理的一方面要以《城市市容和环境卫生管理条例》和《城市文明守则》为依据，充分发挥其法律法的规范作用。另一方面也要运用道德的规范作用，对那些不文明的陋习和行为进行约束。视觉管理介入城市环卫服务中，通过倡导良好卫生文明习惯，有效提升了公众对于城市环境的生态保护意识，自觉规范个体在环境活动中的行为，从而使美化城市环境的观念深入人心。

常见的环卫服务视觉管理包括了使用视觉形式对在公共设施、公共建筑、历史文化遗产上的保护，对乱写乱画的不文明行为进行规范，以及影响到公共环境的乱堆乱放的不良行为进行视觉提示与警示。通常这种视觉提醒和警示形式往往还会注明相关责任人的联系方式、监督举报电话，为全民参与和监督提供平台。（图6—25）

环境卫生服务视觉管理也具有一定法律约束的管理意义，通常使用符合国际标准的"禁止""警告"等规范图式和色彩，来强调其法律约束效力和强化视觉警示作用。禁止类符号往往使用标准的红色以及相应的圆形与删除斜线相配合的标准图式来表示（图6—26）；警示类符号则采用黑色与黄色的搭配以及三角形的标准图式来显示（图6—27）；而在不具有法律约束的"提示"类符号，在色彩上要使用符合国际通用标准的绿色，而在图形使用上则较为灵活适合表达更为广泛的视觉语义。如"排污口"提示类的视觉图形，则可以使用由活鱼到死鱼的连续性图形符号，来提示污水的潜在危害（图6—28）。

城市因人而兴，城市管理也即是对生活在城市中"人"的管理。

图6—25　请勿乱写乱画提示

图6—26　禁止堆放标志

图6—27 排放口警告标志　　图6—28 排放口提示标志

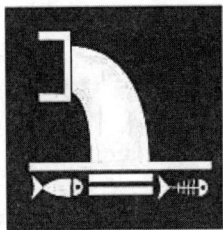

管理虽说是对人的行为进行规范，但其最终目的还是为人服务。因此，城市环卫服务管理不仅依靠政策法规的规约，还需要利用视觉符号的阐释功能和传播优势，来提高城市卫生管理效率，更好地为大众服务，并最终提升人们生活的幸福感和满意度。

（二）救助服务视觉管理

中华民族自古以来就有"仁爱"的优良传统，仁爱思想在中华民族传统文化中具有深远的影响。救助服务具有社会慈善事业的属性，是面向社会弱势群体提供帮助和服务，包括了法律援助、留守儿童和流浪者救助、赈灾救灾服务以及其他各种形式的救助活动。救助服务本质上是一种"爱心"服务和"爱心"传递工作，仅依靠政府和慈善机构还远远不够，需要社会各方面的力量和广大市民的积极参与，才能建构起强有力的社会救助服务系统。

首先，救助服务视觉管理是以慈善活动为载体，利用视觉手段进行慈善活动计划的传播与管理。具体而言，救助服务视觉管理以充满"爱"意的视觉符号、温馨的色彩、触及心灵的视觉场景，来唤起人们的情感共鸣，使慈善观念深入人心，并化为人们的具体慈善行动，有力地推动了慈善事业的发展与救助服务体系的完善。

以2008年汶川地震公益海报为例，运用字体设计的简洁形式，将"川"融入"中国"之中，表达了汶川在中国人民心中地位的特殊视觉语义。一方面唤起了人们的爱心意识，积极投入到抗震救灾的第一线，为灾区人民带去了温暖与爱心。另一方面也让灾区人民及时地感受到了来自社会的爱心关怀，增强了人们重建家园的信

图6—29 汶川地震公益海报

念，对救灾与赈灾救助服务起到了特殊的视觉传播与宣传作用。(图6—29) 此外，在救助贫困地区失学儿童的"希望工程"宣传中，失学儿童一双渴望、求知的双眸使人一睹难忘，运用极具感召力视觉形象和场景来激发人们的情感共鸣，引起社会各界对失学儿童教育的广泛关注。救助服务视觉管理在发扬中华民族优秀文化传统的同时，也促进了整个社会的精神文明与文化素养的提升。(图6—30)

其次，视觉管理有助于救助服务机构或团体的形象建设。救助服务一般是以慈善机构和社会团体为主体，并往往以知名企业或知名人士或明星作为慈善大使形象或代言人展开活动。因而救助服务在树立起良好的慈善机构或企业形象的同时，也树立了慈善机构或企业良好的社会形象乃至城市形象。值得注意的是，企业的救助服务行为在彰显社会关爱的同时，也具有一定的营销特征，在视觉管理上必须强化其救助服务的公益性质。例如在李亚鹏、王菲代言的旨在帮助患有唇腭裂的儿童得到有效的治疗"嫣然天使基金"医疗援助计划中，使用天真儿童的形象作为主体形象，辅之以相关慈善机构和媒体的形象标志，向社会传递温暖和爱心，突出了救助服务的性质，从而让更多的社会大众参与到慈善活动中去。因而，视觉管理在希望工程、红丝带、春蕾计划等救助服务活动中发挥着重要的作用。(图6—31)

图6—30 希望工程宣传海报

从视觉角度所进行的公共救助服务管理，在宣传救助服务、拓展救助途径方面起到了重要作用，实现了公共救助服务宣传的立体化，大大地提高了救助服务的全民参与意识。与此同时，慈善服务的视觉管理也必须符合国家的相关法律法规，确保公益慈善事业的健康稳步发展。

综上所述，城市公共服务辐射至社会的方方面面，既是属于政府部门的工作，也是整个人类社会需要共同参与的公共事业。城市公共服务视觉管理在整体层面上推动着整个城市的文明进程与社会

图6—31　嫣然天使基金标志与海报

进步。

从公共服务视觉管理的特性角度观之，视觉形式介入到公共服务管理之中，实现了卓有成效的形式创新和语义转换。在以视觉方式规范公共服务管理行为和管理方式的同时，也为政府管理职能向服务型政府转型提供了另一种可能的实现路径，有力推动公共服务管理的现代化进程。此外，城市公共服务视觉管理模式在使其自身获得了鲜明的时代特征与社会普遍认同的同时，也为现代公共服务管理系统的完善开辟出了一条崭新的路径。

从公共服务视觉管理的属性角度观之，城市公共服务视觉管理因社会性，成为了一项需要全民参与的公共事业；因其公益性质，而具有了相对意义上的自主选择权；因其视觉性，成为了一种具有普遍意义的大众传播媒介。也正是因为这种特性的统合互补与融会贯通，使得城市公共服务视觉管理的价值得以充分展现。此外，城市公共服务视觉管理在柔性管理上更多地体现为人文关怀，在刚性管理上更多地体现为法制规约。

从公共服务视觉管理的系统建构角度观之，城市公共服务视觉管理系统是由公共安全视觉管理、公共秩序视觉管理、综合服务视觉管理等子系统建构起的三维系统结构体系，各个子系统又由相应的要素所构成。其中公共安全视觉管理是基础，旨在满足社会大众在城市生活过程中的最基础的安全诉求；公共秩序视觉管理能够通过对人们行为的规范与约束，为城市发展营造出一个充满秩序的环境；综合服务视觉管理则是为了满足社会大众更高层次的利益诉求，与人们的生活品质密切相关。三个子系统之间形成了相互作用、紧密协调、缺一不可的系统关系，分别从安全、行为、服务等不同的角度，较为系统地诠释了公共服务视觉管理系统所承担的管理职能（图6—32）。

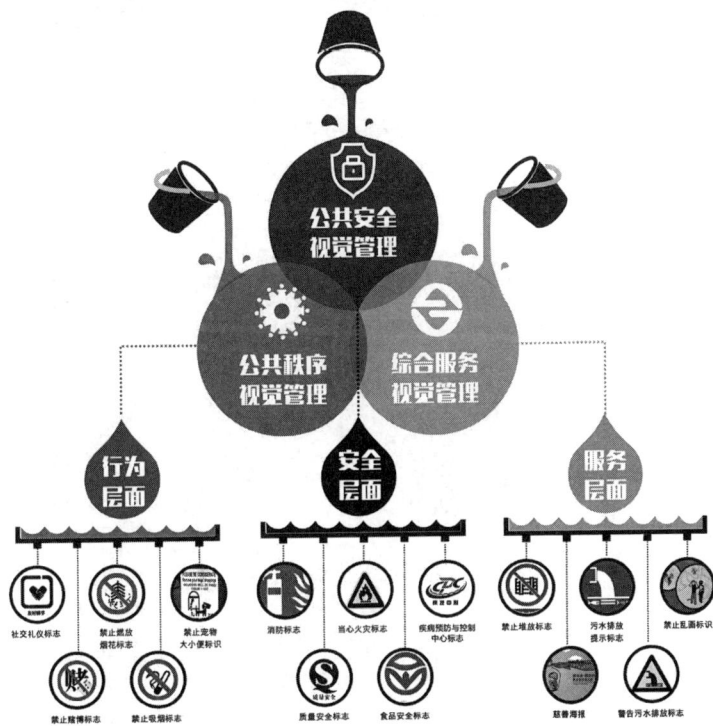

图6—32　公共服务视觉管理系统职能

城市公共服务视觉管理
The urban public service visual management

公共秩序视觉管理
空间秩序
社会秩序

公共安全视觉管理
自然灾害
公共卫生
社会安全

综合服务视觉管理
环卫服务
救助服务

第七章　体系建构

城市视觉管理系统规划与制度建设

从系统规划角度来看，鉴于目前城市视觉管理系统形式分散、未成体系的现状，迫切需要对视觉管理进行长远的系统规划，形成协调的系统关系与完整的系统结构，不同程度存在着的管理主体责任不明确、机构职能错位、法制建设滞后、机制运行不顺等突出问题，已不适应城市视觉管理的发展，因此亟须从政策、法制、机构、机制等方面构建起城市视觉管理的科学体制。基于城市视觉管理的现实需求，我们从系统规划与体制建设两方面进行了探讨，希冀能够为创造良好的视觉管理环境提出建设性的意见。

第一节　城市视觉管理系统规划

城市视觉管理系统规划是一项立足长远未来、包含了战略与战术的整体计划。计划性原本就是人类社会活动的本质特征,《孙子兵法》曰"以谋为上,先谋而后动",城市视觉管理的"谋"就是全局规划,"动"则为实施行动。城市视觉管理系统尚处于探索期,通过系统规划来整合系统关系与系统结构,为视觉管理的良序发展确立方向与目标,对于城市视觉管理系统的形成、发展和完善有着重要意义。

一、规划依据

城市视觉管理系统规划依托是理论根据和客观事实,具有科学性和客观性特征。"规划即理性对非理性的掌控。"[1] 从宏观理论和微观事实上来看,规划可以系统理论、城市发展战略和管理职能为依据。

(一) 以系统理论为据

系统理论的观念早已有之,古希腊先哲亚里士多德提出的"整体大于其部分之和"可以说就是对系统概念最鲜明的阐释。系统论是 20 世纪科学界的重大理论进展,对于众多自然与社会学科都产

---

[1]　[德] 卡尔·曼海姆:《重建时代的人与社会》,张旅平译,译林出版社 2011 年版,第 5 页。

生了深远影响。实践表明，由于系统普遍具有复杂性、联系性、风险性和模糊性的特征，系统理论不但适用于像国民经济、世界经济、人口、生态平衡等巨系统的研究，所以也适用于城市视觉管理系统研究。

根据系统理论，可将城市视觉管理系统划分为本体系统和上位系统结合的复合系统进行研究，并作为系统规划的重要依据。从本体系统与组织系统的垂直结构关系出发，对城市视觉管理系统作出更清晰的梳理。首先，从本体层面看，城市视觉管理系统由城市形象、城市环境与城市公共服务的三个视觉管理子系统及其相互关联而组成，涵盖了城市管理的方方面面。城市视觉管理系统构建需要以城市系统、城市管理系统为基础，两者与城市视觉管理本体系统形成了层层递进的逻辑关系。其次，从上位系统层面，广义上说城市视觉管理系统是包含于大的城市管理系统之中，狭义上的上位系统是指城市视觉管理组织和机构。城市视觉管理的系统关系可从两方面阐释：其一，城市视觉管理系统交融于城市管理系统中，成为大的城市管理系统的辅助系统而运行；其二，城市视觉管理本体系统与管理组织系统之间构成一种互为联系、相互制约、相互影响的组织关系，在城市环境中与人类社会产生作用下并反作用于其自身。(图 7—1)

更进一步说，城市视觉管理系统规划在以系统理论为依据时，要充分考虑其整体性、层次与结构性和系统关系三大特性①。

首先是整体性，系统论认为任何局（子）系统都是由许多部分（要素）为一定目的而构成的综合有机整体。其中整体不是各部分的简单叠加，各部分若离开整体也就不再具有整体的性质。因此，在城市视觉管理系统规划中，必须从整体着眼、统筹全局，从整体与部分的相互联系和作用中综合考量与分析；

其次是层次性、结构性和动态性。一个大系统内部又包含着由众多要素按不同级别和层次而有序构成的子系统。在城市视觉管理系统中，无论从本体—上级层面抑或从规划—管理角度出发，任意

---

① 董增刚：《城市学概论》，北京大学出版社 2013 年版，第 11 页。

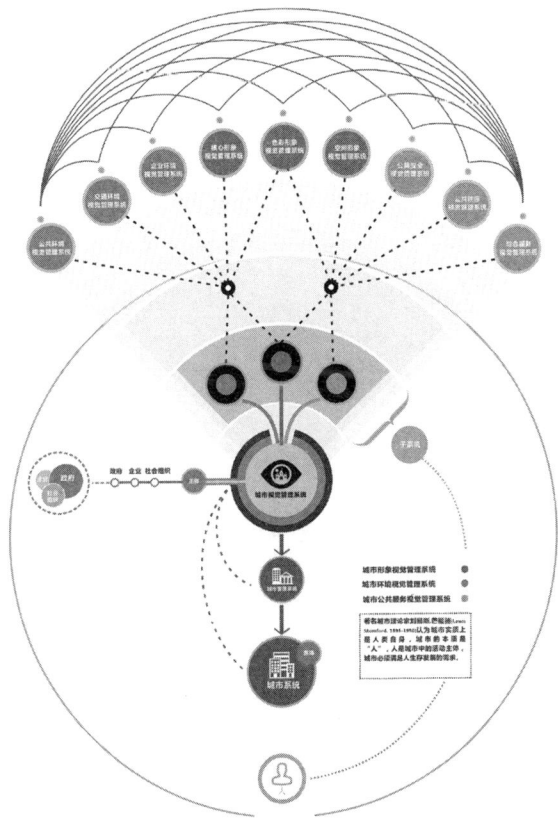

图7—1 视觉管理系统界定

子系统既是组成上级系统的要素，同时又是相对独立的系统，这种层层递进的关系形成了城市视觉管理系统的纵横交错的复杂系统网络。系统结构在很大程度上决定了系统整体的性质和功能，因此我们可以通过对于系统结构的科学规划来优化城市视觉管理系统的功能。任何系统都是动态的，运动的根源于系统内各要素的相互作用，通过良性系统规划和修正，使系统间的相互作用更为合理。

再次是系统与环境的有机联系性。城市视觉管理系统与其他任何系统一样都存在于除自身外由空间各要素组成的环境中。任何一种系统都体现着开放是封闭性，视觉管理系统也具有如此特性，而且其与城市环境之间的物质、能量与信息交换特征是其生命力的关键来源。

（二）以城市定位为据

城市发展战略的概念最早地提出可以追溯到美国经济学家赫希曼先生，指的是人们通过预测城市发展的因素、条件和变化趋势，而就城市建设与发展做出的长远规划和预先设定[①]。城市发展战略事关城市建设全局，并具有长期性影响，对城市的未来走向起着决定性作用，这使其成为城市视觉管理系统规划的核心依据。

城市视觉管理要紧扣"以人为核心的新型城镇化"城市发展战略主题，该概念的提出标志着我国不再追求"赶超式"狭义上城市化，开始注重城市经济结构的转型以及生产与生活方式的转变，这也是城市化的内在动力和实质内涵[②]。从某种意义上来讲，可以说城市病的根源是现行的城市管理无法适应城市化进程[③]。以人为核心的新型城镇化建设，将城市重新定义为人的城市，城市所涉及的规划、建设、管理工作都应围绕人这个主体展开，让城市人的生活更美好。正如联合国人类环境主区规划署的沃利·恩道先生所言，城市化吉凶难辨，城市的未来取决于我们当今的所为。城市视觉管理的系统规划必须坚持以人为本，将实现人的诉求和利益作为自身存在的首要价值。

（三）以管理职能为据

管理职能通常用于描述管理工作所包含的诸项任务，法国管理学家亨利·法约尔认为，管理一般地具有计划、组织、指挥、协

---

① 饶会林、程鑫：《城市发展战略的重要意义》，《城市问题》1987 年第 2 期。
② 朱铁臻：《中国特色的新型城市化道路》，《中国特色北京特点城市发展研讨会专辑》2007 年。
③ 张永桃：《市政学》，高等教育出版社 2000 年版，第 19 页。

调、控制的管理五项职能。① 这成为管理职能论的经典理论，后世管理学家多据此框架来界说管理职能的具体构成。当然，不同学者对于管理职能具体所指也有着略带差别的理解，如孔茨、西蒙、周三多等学者分别指出管理基本职能还应包括激励、领导、决策、创新等。根据城市视觉管理的特性，其管理职能可以定义为政府、企业、社会组织以视觉手段对城市的形象、环境、公共服务进行计划、控制、组织、协调、服务、创新等职能。

　　城市视觉管理具有计划、控制、组织、协调、服务、创新等多项职能，而且这些职能实际上构成一个循环往复的动态过程。以管理学的语言来说，城市视觉管理职能之间的关系构成一个不断运转中的圆圈②。在城市视觉管理中，计划是一切其他职能活动的依据和出发点；组织是其他各项管理职发挥作用的基础；协调和控制则是保证组织的各项活动正常进行，服务是促进管理和谐性的保障，创新是推动系统发展的驱动力（图7—2）。

创新

服务

计划　　驱动力

依据/出发点　和谐保障

基础　　运行保证

组织　　控制

协调

图7—2　管理职能作用

---

① ［法］法约尔：《工业管理与一般管理》，张扬译，中国社会科学出版社1998年版，第2—5页。

② 周三多：《管理学——原理与方法》，复旦大学出版社1995年版，第167页。

总之，城市视觉管理的中心职能是计划，在此基础上，各项职能组成一个前后衔接又周而复始的完整进程，组织中的管理主体都必须履行这七个方面的职能。城市视觉管理系统规划不能脱离职能来空谈，必须以此作为依据对承担不同职能的机构、部门和组织进行系统规划。

二、规划方法

城市视觉管理系统的规划方法是为了解决规划中具体问题所采取的手段和方式，是规划理论在管理实际中的具体应用。辩证唯物主义认为："方法……实践的产物。方法只有符合事物内在的发展规律才是有效的、正确的。"① 因此，根据城市视觉管理的系统特性和客观发展规律，可采用战略规划法、系统规划法和民主规划法进行科学规划。

（一）战略规划法

战略规划即为了实现既定目标而进行方案规划与选择的管理活动。古人云："不谋全局者，不足谋一域。不谋万世者，不足谋一时。"战略规划法具有前瞻性、全局性，是全面贯彻战略方针、实现组织最高理想的重要方法。

战略思想在我国有着深厚的历史积淀，早在氏族社会时期就已萌发，到夏、商、周时期许多战略原则已被总结出来。如《周易》中的"乾卦"爻辞——"潜龙勿用""见龙在田""飞龙在天""亢龙有悔"等，就隐喻着应根据不同的环境、时势采用不同策略，成为我国早期战略思想的结晶。春秋时期我国战略思想已基本成型，且划分为以老子为代表的道家思想（"矛盾论""柔胜论"），以孙武

---

① 萧前、李秀林、汪永祥：《辩证唯物主义原理（第三版）》，北京师范大学出版社 2012 年版，第 12 页。

为代表的兵家"伐谋论"，以及苏秦、张仪为代表的纵横家和以韩非为代表的法家等不同流派。①

在西方，战略通常被认为起源于军事领域，德国近代军事战略学奠基人克劳塞维茨（Clausewitz）曾指出，为了军事行动的有效开展，必须为其进行缜密筹划，并且必须充分关照战争目标与战争行动之间的直接联系，即拟订各战局方案和部署战斗。② 后把战略概念引入经济领域和企业管理，此后战略一词逐渐渗透进社会、经济、文化各领域并被赋予不同的含义。

首先，战略规划法的运用应当面向实施。《周易·系辞下》中说："君子见几而作，不俟终日"，具体到城市视觉管理规划中，"见几而作"意味着要有一个将特定目标转化为具有可操作性的战略方案的过程。战略规划法的特征在于以问题为导向并应对现实问题，指导着城市视觉管理系统的具体运作。

其次，战略规划法是不断循环的规划过程中的一个重要阶段。战略规划是一个弹性的、开放的、循序渐进的过程，需要不断检讨、反思才能逐步完善。战略大师加里·哈默尔（Gary Hamel）将战略与创新、变革和革命联系在一起。③ 从更为广泛的视角来看，战略规划实际上是不断循环的规划过程中的一个重要环节。循环的规划可分为如下三个阶段：第一阶段，战略规划是为应对现实问题而制定的规划，通过不断地检讨和探索可能实现目标的途径；第二阶段，战略规划提出一系列战略方案来指导实施行动；第三阶段，战略实施的过程又会产生新的现实问题，需要评估与反馈。这样第三阶段又过渡至第一阶段，新一轮的战略规划又接着重新开始（图7—3）。

（二）系统规划法

城市视觉管理的系统规划法就是通过对系统结构与关系的协调

---

① 冯天瑜、张艳国：《谋略经纬》，武汉大学出版社2007年版，第1页。

② ［德］克劳塞维茨：《战争论（第1卷）》，中国人民解放军军事科学院译，战士出版社1982年版，第34页。

③ Hamel G. *Strategy as revolution*, Harvard Business Review, 1996（6/8）：69-82.

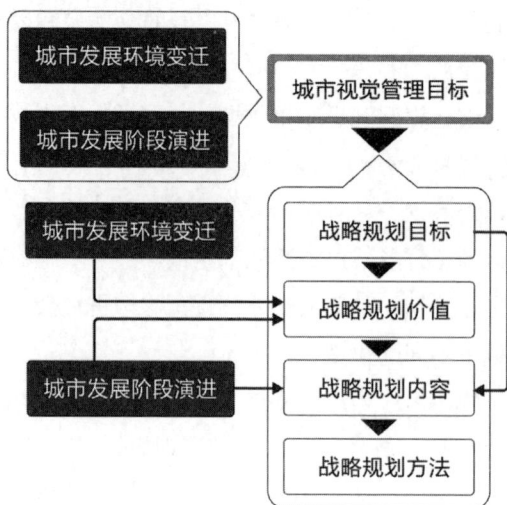

图 7—3　战略规划过程

与把控来达到规划目标的方法。美国管理学家玛丽·福莱特（Mary.
P.Follett）认为一切管理活动都必须注重系统整体内部的和谐与协
调。① 城市视觉管理系统是一个复杂的、有机的动态系统，唯有以
全局的、系统的眼光对视觉管理系统进行科学规划，才能实现系统
内部的协调。系统规划法的重点在于协调系统关系、整合系统结
构，使整个系统的每一部分充分发挥作用。

　　首先，在操作理念上，要把系统化思维贯穿于城市视觉管理规
划全过程。德国哲学家狄慈根（Joseph Dietzgen）把系统化上升到
全部科学活动的实质和总体表现，而科学则不过是为人们的头脑把
世界的事物分类建立体系。② 由此可见，系统化思想既是科学规划
的前提，又是规划的实质目的。对城市视觉管理系统规划而言，实
质上就是通过协调、控制使系统内部元素和结构关系存在得更为合
理。具体而言，城市视觉管理系统在功能上涵盖了社会、经济、文
化各个领域，也包括政策制定、规划、审批、执行、检查和反馈等

---

① 朱睿、邹珊刚：《系统管理的过去、现在和未来》，《系统辩证学学报》1994
　　年第 3 期。

② 唐恢一：《城市学》，哈尔滨工业出版社 2001 年版，第 8—16 页。

过程，本身就构成一个完整的系统。因此，在系统规划中将每一部分之间科学地建立起联系，以系统化思想整合各个规划层面的系统关系至关重要。

其次，在实施上通过控制系统关系达到规划目标。依据系统规划理论对物质环境中存在的各种系统进行系统控制，可以通过调控和规定系统中各组成部分的相互关系而实现。美国社会学家帕森斯（Parsons）认为组织可视作具有社会系统基本性质的系统，进而可视作一个更大系统中的功能子系统。[①] 以系统科学思想为参照，可把视觉管理系统作为一个由若干子系统构成的大的系统结构，每一个子系统又由若干要素所构成。另外从辩证的角度上来看，要素在系统结构中也属于一个更小的子系统，在具体规划中要从协调系统关系上考量系统建构的合理性。

（三）民主规划法

民主规划法实际上是指在城市视觉管理系统规划中融入人本主义精神，以实现人的需求为宗旨的规划方法，即是将以人为本的民主参与形式引入整个规划过程之中。刘易斯·芒福德（Lewis Mumford）也认为，城市本质上是人类自身，城市的本质就是"人"，人是城市中的活动主体，城市必须满足人生存发展的需求。美国著名学者凯文·林奇先生更进一步地指出，体现市民的主流意识是城市规划的职责。

首先，民主规划法的本质就是要在城市视觉管理系统规划中重视人的需求。视觉管理系统规划既构成整个系统管理的总体蓝图，又是对于未来的憧憬和遐想。自从柏拉图提出对于理想城邦的构想以来，人们一直在不断地对理想城市进行种种设想，"协和村""法朗吉""花园城市""光辉城市"以及"广亩城市"这些历史上出现的城市话语，都是这种设想的具体体现。它们虽然观点各异却是异

---

① ［美］帕森斯：《现代社会的结构与过程》，梁向阳译，光明日报出版社1988年版，第17页。

曲同工，都是人类将自身的发展需求置入规划之中。英国学者帕奇·希利曾倡导协作规划的思想，强调将相关人群吸纳到涉及共同利益的行动中并最终取得集体意见的一致。① 在城市视觉管理系统规划中，应充分考察每一个利益相关者的价值诉求，保障每一位城市居民的生活权利，使其享受到平等的生活待遇和惬意的居住环境。②

其次，民主规划法就是在规划中引入公众参与机制。达夫（Dovie）认为，公众参与包括参与过程、参与方式和结果评价，不分种族、贫富、性别，这些都是所有公民应享有的基本权利。在德国的城市规划编制中③，自由、公平的公众参与环境成为维系城市经济发展的保障。当今城市规划的焦点已聚集到关注城市生活上来，"可居住的城市"这一概念香港在1997年召开的"可居住城市"国际学术会议中就被明确提出。那么在城市视觉管理系统规划中，关注城市生活、让尽可能多的城市利益相关者共同参与，群策群力地解决视觉管理规划中的具体问题，才是民主规划的意义所在。

三、规划形式

城市视觉管理系统的规划形式就是根据系统结构、内容、关系而确定的具体形式。城市视觉管理系统本身具有复杂的层次关系，这种层次性包括系统内各层级的内在联系、层级过渡，以及针对层级关系所进行的协调与控制，④ 系统复杂的结构与层级关系可以通过不同规划形式进行控制。视觉管理规划主要有组织规划、系统规划、协作规划三种形式。

① Healey P. *Collaborative Planning in a Stakeholder Society*, The Town Planning Review, 1998, (69)：1-21.
② 宋昆、赵劲松：《英雄主义的归去来》，《建筑师》2004年第3期。
③ 吴志强：《德国城市规划的编制过程》，《国外城市规划》1998年第2期。
④ 陈禹：《层次——系统科学的一个重要范畴》，许国志：《系统科学与工程研究》，上海科技教育出版社2000年版，第100—110页。

（一）组织规划

组织规划就是对城市视觉管理系统内的各管理组织要素的纵向与横向关系的规划与控制，即是对管理组织纵向结构与横向部门的规划。美国著名管理学家蒙特·卡斯特认为组织结构标志着一个组织内各构成部分之间的关系形态。[①] 对组织的规划可以通过控制组织结构而实现。城市视觉管理组织是兼具集权与分权性、复杂性与规范性的有机系统，对其规划要以管理组织为主，制定宏观政策、建立统一标准，目的是更好地服务于本体系统，提升城市视觉管理的效能。

首先，对管理组织的纵向结构规划。城市视觉管理组织在纵向上体现为沿着组织权力链条分布的管理层次。马斯洛的"需求层次论"，管理层次一般分为高层、中层与低层，每一层次又分别承担不同职能。对应城市视觉管理系统规划，政府、企业与社会组织三大管理主体，形成了管理组织自上而下的纵向等级层次。其中主要行政主体为政府，而其他管理主体对行政主体具有普遍的依附性，因此管理组织纵向结构往往以政府为主体。在我们国家，政府管理实行从中央到地方的垂直管理，城市政府管理又分为市、区、片（街道）三个层级。因此，城市视觉管理的组织规划，要紧密依据政府管理层次来规划管理组织的纵向层次关系，在行政层面上建立市、区、片（街道），以及政府与企业、政府与社会组织自上而下的有机联系。

具体而言，第一，建立城市政府在视觉管理上的统筹职能。城市政府应把推动视觉管理视作自身的重要职责，制订城市视觉管理的相关政策，从战略高度对视觉管理系统进行宏观把控；第二，发挥区政府在视觉管理的中层作用。下级政府要执行上级政府所制定的关于视觉管理的有关政策法令，并因地制宜制订具体计划；第三，加强视觉管理具体实施部门的执行力。各级政府在城市视觉管

---

① ［美］弗莱蒙特·E.卡斯特，詹姆斯·E.罗森茨韦克：《组织与管理——系统方法和权变方法》，李柱流译，中国社会科学出版社2000年版，第34—37页。

理中要承担起相应的规划和具体部署，再层层下行实施。在城市视觉管理组织中的三个层次都是相对的，这种纵向联系在视觉管理中体现为统一管理与分级管理相结合的原则。

以瑞士为例，瑞士联邦政府将空间规划作为自身职责，通过颁布相应政策和法令来落实规划。作为下一级的州政府对直接受联邦政府管控，并对再下一级的地区以及市镇政府的空间规划进行指导和约束。瑞士的这种自上而下的行政结构规划是严格的并具有积极的现实意义，将包括政府部门建设、整体规划、统筹管理等所有城市建设行为都纳入统一的规划管理轨道中。[①] 这对于城市视觉管理的组织规划具有现实的参考价值。(图 7—4)

其次，对视觉管理组织的横向部门规划。鉴于城市视觉管理工作的复杂性与专业性，对城市视觉管理职能的进行拆分是十分必要的，需将不同领域的视觉管理职能分别划归于不同的横向管理机构或部门，才能适应管理环境的变化和需求。从横向体系来看，城市精神文明办、城市文化部门、城市宣传部门、城市综合管理部门、城市安全管理部门、城市交通管理部门、城市环卫管理部门、城市

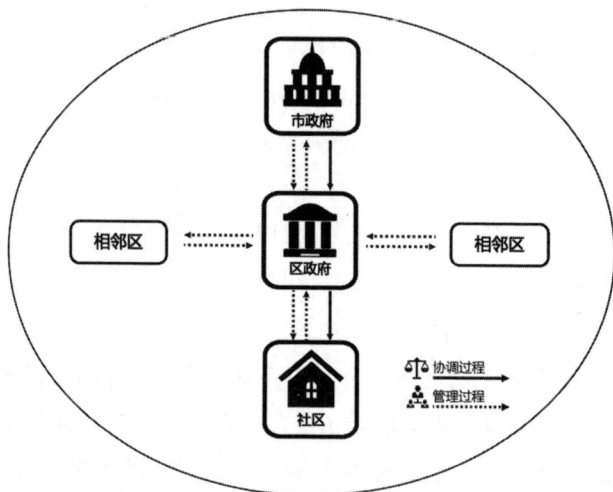

图 7—4　视觉管理行政关系图

---

① 　高中岗：《瑞士的空间规划管理制度及其对我国的启示》，《国际城市规划》
　　2009 年第 4 期。

市政管理部门、城市建设部门、城市规划等部门分别承担着城市视觉管理的不同职能。[①] 如何建立起一个横向机构与纵向机构的联动机制，是目前城市视觉管理上面临的最大一个现实问题。因此，建设起一个统筹的综合性的城市视觉管理决策机构是十分必要的，可以对分散于各个横向部门的视觉管理职能进行统筹，并在专业性上进行统一规划。

（二）系统规划

视觉管理系统规划主要是指管理形式和管理范畴的系统规划。城市视觉管理是一种建立在管理学、设计学系统模型基础上的跨学科创新管理模式，依托于视觉传达专业技术。系统规划既是对视觉管理客观规律的科学归纳和实践总结，且是保证实现管理目标，提高管理效率的有效手段。早在春秋时期的国家依据当时主流的礼俗及社会制度制定城市空间的规范化标准，《周礼·考工记》中就有关于古代城市空间环境规范管理的记载："匠人营国，方九里，旁三门。"[②] 有力地推动了当时城市环境的和谐有序建设。由此可见，系统规化是管理的要务，对于视觉管理的系统规划亦然如此，需从系统规划的角度建立起视觉管理系统的形式规范。

具体而论，城市视觉管理可以规划为形象视觉管理、环境视觉管理与公共服务视觉管理三维系统结构，分别承担着不同领域的管理职能。形象视觉管理系统规划包括城市核心形象、色彩形象与空间形象系统，该系统规划属于战略规划性质对其他子系统有着统筹和指导作用；城市环境视觉管理系统是以城市空间环境为主体对象，系统规划可概括为公共环境、交通环境和企业环境系统，该系统规划是以城市形象视觉管理规划为基准，并根据不同类型的空间特点进行弹性调适；城市公共服务视觉管理系统是以人为主体对象，

① 孙湘明：《城市品牌形象系统研究》，人民出版社 2012 年版，第 396 页。
② 牛锦红：《近代中国城市规划法律文化探析——以上海、北京、南京为中心》，苏州大学 2011 年博士学位论文。

系统规划包含公共安全、公共秩序和综合服务系统，该系统规划上除了遵循系统规范为基准之外，鉴于安全和秩序性的特殊诉求，在造型与结构上要求更为严谨，在形式要素的图标、色彩和文字的规范上更为考究，要符合视觉认知的科学规律和现行的国家标准。

信息可视化专家马特·伍尔曼认为信息可视化设计必须要让使用者能够简洁、易读、易理解，因此对视觉要素的清晰度、精准度的科学规范就如语言中的字母表和语构规则一样必不可少。信息论创始人克劳德·申农曾指出："信息是能够用来消除不确定性的东西。"罗伯特·E.赫母也认为视觉设计是为了让有效使用信息的编辑信息的艺术与科学。[①] 由此可见，视觉管理的形式要素规范必须以事实为基础，必须充分地考虑人的视觉感受，并借助视觉艺术形式将管理信息与数据有效地呈现出来。

总而言之，系统规划应是以城市发展战略为基点，以视觉为形式而建立的专业管理体系。在系统规划时既要充分地考虑系统间的统一性与联系性，还要考虑各子系统的职能区别，同时还要充分考量系统规划与事实性、艺术性与人本性之间的联系。

（三）协作规划

协作规划就是在城市视觉管理部门、管理组织和系统之间建立起协同合作联系。美国政治家艾伯特·戈尔（Gore.Albter）认为，在当代这样一个迅速变化的世界中，重构组织图表并不是最优的行动方案，而消融组织间的固有边界才是最有效率的解决办法。[②] 协作规划就是融解政府管理组织和承担不同管理职能的管理机构之间的边界，协调政府部门与管理组织之间的关系，共同协作进行视觉管理的系统规划。

---

① Robert E.Horn, *Information Design: Emergence of a New Profession*. Information, 1999.

② Gore, Albert. *Creating a Government That Works Better and Costs Less: Report of the National Performance Review*, Washington, D.C.: U.S. Government Printing Office, 1993: 48.

规划领域专家帕齐·希利提出，在新形势下政府需要与社会各方面的力量共同承担城市发展的挑战，并应采取民主协商的规划方式在多元化的相关利益方之间寻找可能的共识。自 20 世纪 70 年代末以来，在公共管理部门和公共服务不断呈现出碎片化的语境中，强调协作的公共管理改革早已揭开大幕。协作理念为当代公共管理改革提供了一种全新的思路，注重网格化的合作治理模式。在企业管理领域，拉明（R.C.Lammin）提出了"战略缺口"理论，认为在竞争环境中企业期望的战略绩效目标与仅靠自身资源和能力达到目标间存在着一个缺口，恰是因为这个缺口的存在，企业的各环节、各部门间必须以协作的方式来实现企业管理的最优化。埃瑞·维戈达（Eran Vigoda）对协作进行了细致的分析，认为可以从政治—政策、组织—管理和社会—文化三个层面将协作化为结构性和互动性两类，其中结构是由权利关系的安排与形成，互动是指管理组织之间相互联系、相互关系的类型（图 7—5）。

城市视觉管理系统规划是一项涉及政府、非营利性组织和企业的宏大系统工程，因此组织系统应该加强政府不同部门间、不同层级政府间、不同层级政府间，以及政府与企业、政府与城市利益相关组织及公众之间的广泛协作，建立起管理部门与管理机构之间一种相辅相成、互为支撑和不可割裂的整体协作关系，从而实现协同

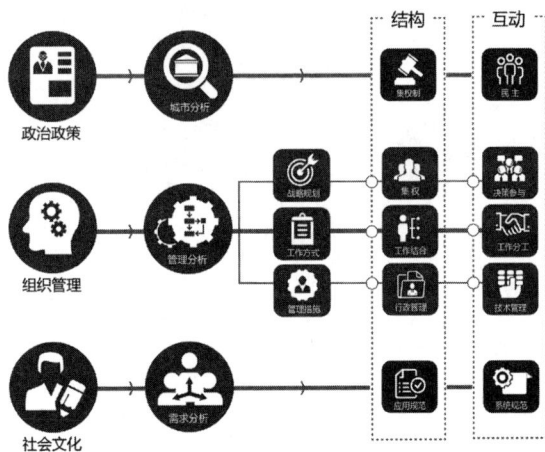

图 7—5　视觉管理协作分析图

规划的目标。

就视觉管理系统三大系统内的协作而言，各个子系统又分别由下级系统或要素所构成，协作规划也体现在下级系统与要素之间的协同合作上，在系统之间的共同作用下形成城市视觉管理的合力，从而构成城市视觉管理的整体规划。

城市视觉管理系统的规划是一项富有挑战性和创新性的系统规划，对系统规划进行科学分析与研究，有助于视觉管理的良序发展。总而言之，城市视觉管理系统规划应以系统科学为依据，合理运用战略规划法、系统规划法与民主规划法，并与城市发展的战略目标有机结合，有力地推动视觉管理的健康发展并使其成为现实（图7—6）。

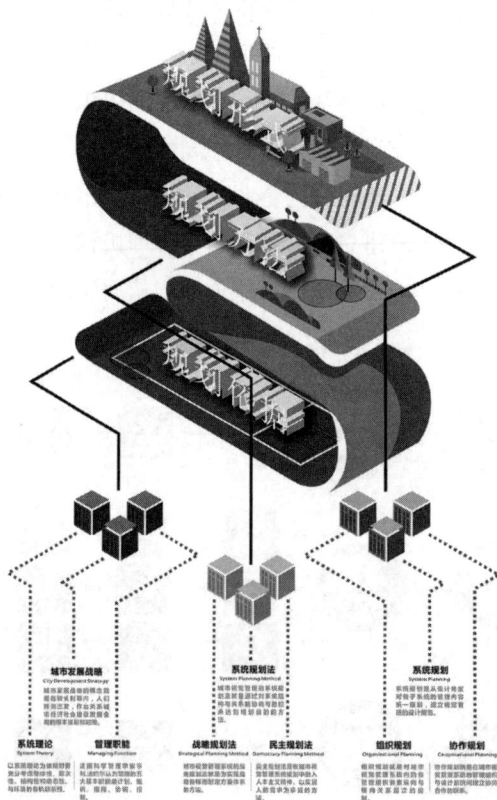

图7—6 城市视觉管理系统规划

第二节 城市视觉管理制度建设

城市视觉管理体制是指政府层面管理机构的组织制度，体制构成有机系统的上下间层级关系的管理组织形式和运行模式，也包括政策、机构和机制的综合。美国管理学家丹尼尔·雷恩（Daniel Wrench）认为，城市政府管理体制科学与否，直接影响着国家管理活动的有效运行、社会经济的良性发展以及生产活动的合理分布。[①] 因此，完善的管理体制是有效实现城市视觉管理的制度保障。目前我国的城市视觉管理的体制建设尚未成型，如何在体制建设中解决管理主体单一、机构职能错位、法制建设滞后等问题，是一个不可回避的现实问题。构建起适应现代城市发展需求的视觉管理体制，具体可从政策战略化、机构系统化、决策透明化、管理科学化四个方面展开。（图 7—7）

一、政策战略化

所谓的政策战略化是指视觉管理政策的制定要有一定的战略高度。英国学者科尔巴奇（H.K.Colebatch）在其著作《政策》有这样的描述，政策是一个"构建行为而不是描述行为"的术语[②]。可见，视觉管理政策的制定应具有全局视野和前瞻性，要有目的、有计划、有落脚点。政策战略化可概括为政策导向、法制建设和战略实施等。

[①] [美] 丹尼尔·A.雷恩：《管理思想的演变》，赵睿等译，中国社会科学出版社 1988 年版，第 306 页。

[②] [英] H.K.科尔巴奇：《政策》，张毅、韩志明译，吉林人民出版社 2005 年版，第 27 页。

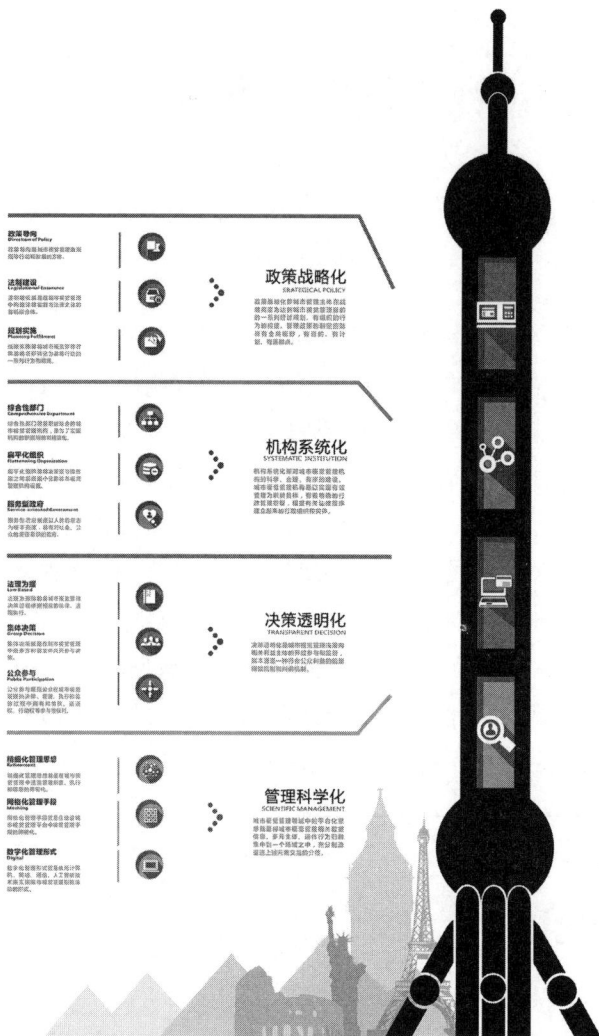

图 7—7　城市视觉管理系统体制构建

（一）政策导向

　　政策导向是指符合城市发展战略的政策引导，用以指导视觉管理行动向既定的目标健康发展。城市视觉管理政策的制定，在导向上要与国家政策和区域发展政策相一致，且受到相关产业政策的影响。

　　首先，要将城市视觉管理纳入国家城市发展战略规划中，要从制度和文化层面给予积极支撑与引导。一方面，城市视觉管理政策的制定必然要受到国家政策的引导和制约；另一方面，每个城市根据自身发展定位和发展状况，在城市视觉管理政策上又有所不同。城市视觉管理恰恰就是这样一种符合国家城市发展政策的创新型管理模式。美国在立国之初，在宪法第 1 条第 8 款就有对文化艺术事业保护的法律条款。从城市发展角度来看，这些法案的国家影响力和推广力度都是史无前例的。

其次，要将城市视觉管理纳入产业政策和艺术政策之中。城市视觉管理说到底也是一种社会文化形态，城市视觉管理的发展必然受到国家产业政策和艺术政策的制约。20 世纪五六十年代美国费城、巴尔的摩市和旧金山市先后通过了"百分比艺术法案"，当时旨在为建筑项目预留经费用于艺术创作，现在看来这些地方或行业法案有力地推动了城市的良性发展。日本就把设计的产业政策定义为，国家或政府对设计产业的保护、扶持、调整，直接或间接参与和干预设计产业的生产和经营、市场形成和机制而制定的政策总称。[1] 艺术产业的发展程度也直接决定了视觉管理发展的高度，对于城市视觉管理政策的制定都具有积极的参考价值。

国家政策、产业政策和视觉管理政策三者的辩证关系可归纳为，国家政策影响着产业政策和城市视觉管理政策的导向，而城市视觉管理政策因其专业性而受到产业政策或艺术政策的制约，又反过来又影响和推动着国家政策的制定。

（二）法制建设

视觉管理的上层设计就是法制建设，或者说是构建起法律实践与法律文化为一体的城市视觉管理综合体，为城市视觉管理活动的有序展开提供法律保障。法制是人类文明发展到一定阶段的必然产物，是城市秩序建构的基本规则。《商君书·立本》中记载："凡用

---

[1] 刘南昌：《强国产业论——产业政策若干理论问题研究》，经济科学出版社 2006 年版，第 11 页。

兵，胜有三筹，若兵未起则错法，错法而俗成，俗成而用具。"①意思是说，只有法制的建立才能形成普遍的价值认同，进而才具备管理的基本条件。随着我国法制建设的健全和完善，为城市视觉管理立法必将成为视觉管理的"立本"之道。

视觉管理的法制建设是"动态和静态的有机统一"，②从静态方面看，法制是指法律规范、制度和体系建设；从动态方面看，法制指的是法律调整过程及法律秩序形成过程。

首先，城市视觉管理的静态法制建设，包括了制度、政策和体制建设。法律制度作为一种必须严格遵守的硬性规则，是量度视觉管理行为的戒尺。《管子·春秋》就有"法制不议，则民不相私"的记载，③因此，城市视觉管理政策的实施必然离不开法律的支撑，为城市视觉管理立章建制，是视觉管理政策有效落实的保障。

其次，城市视觉管理动态的法制建设，包括了法律体系的调整和完善过程。目前我国的城市视觉管理尚处于探索阶段，在立法上并不成熟也不完善。现行的法律法规中与城市视觉管理相关的法律散见于城市市容、环境卫生，以及城乡规划法、广告法、城市照明管理等规定中。如何从这些法律条款中，将"视觉管理"部分剥离出来，建立符合视觉管理需求的法律体系，还需要一个相当长的实践论证过程。反观西方城市管理法制建设相对成熟的一些发达国家，如美国的城市管理立法较为全面和细致，而具有较强的操作性，有助于相关行政主体依法行政。

（三）战略实施

战略实施是将城市视觉管理政策战略目标转化为战略行动的一系列行为和措施。战略目标是远景目标、精神目标，具有全局性和长远

---

① 高亨：《商君书注译》，清华大学出版社 2011 年版，第 57 页。

② 公丕祥：《中国法制现代化的进程》，中国人民公安大学出版社 1991 年版，第 56 页。

③ 张立文：《管子道德和合新释》，《社会科学战线》2010 年第 2 期。

性。只有将远景目标转化为若干近景目标、将精神目标物化为行为准则，并对战略成果进行有效的指标化评估，战略实施才有意义。西方发达国家政策形成往往经历"过程—目标—措施"① 不断循环的过程，同样，城市视觉管理战略实施也是一个循环比较、更新的过程。

首先，视觉管理的战略实施要将战略目标具体化，即进行战略规划。战略目标具体化是通过长期战略规划，实现战略目标的具体思路与途径。以美国温哥华市的"最绿城市"战略为例，经过20 年间的前期研究，针对城市可持续发展问题制定了《最绿城市2020》发展战略目标，到 2020 年使温哥华成为世界最绿城市。此后温哥华便开始了稳步的战略实施，组建起了以市长牵头的"最绿城市行动小组"（The Greenest City Action Team），在 2010 年颁布了《最绿城市快速启动指南》（*The Greenest City Quick Start Recommendations*），从经济、社区和健康三方面，将"最绿城市"的战略目标具体化为十条可持续的行动规划，即绿色经济资本、气候领导力、绿色建筑、绿色交通、零浪费、亲近自然、更小的足迹、清洁的水、清洁的空气以及绿色食物等。因此，长远的战略规划与具体的战略实施计划，是有效实现城市视觉管理战略目标的基本措施。

其次，视觉管理战略实施要将战略目标指标化，并作为对战略与政策的评估依据。罗西与弗里曼（Rossi & Freeman）将政策评估定义为："系统运用社会研究程序，以评量社会干预计划的概念化、设计、执行及效用。"② 政策评估近年已成为公共政策与公共行政管理的重要依据。在视觉管理的评估中整合定性与量化数据资料是十分重要的，前者用于对过程的描述，后者用于对结果的分析。城市视觉管理战略意图和政策必须细化为具体的指标体系，建立起相应的要素分析模型，运用定性与定量分析方法对战略实施过程和效果进行有效评估。

最后，视觉管理的战略实施要经过循环比较以至不断更新。从战略高度上来看，要把城市视觉管理提升到可持续发展的高度来认

---

① 连苏华：《西方城市政策的理论》，《城市问题》1985 年第 1 期。

② 李允杰、丘昌泰：《政策执行与评估》，北京大学出版社 2008 年版，第 153 页。

识，政策的制定和实施规划，需要从提出问题、分析问题及解决问题的角度，进行循环式、反复式的深入与广泛探讨。仍以上面提到的温哥华"最绿城市"战略为例，在"最绿指南"颁布的十年前，就针对气候变化和资源匮乏的压力提出"再城市化"的问题，对于温哥华这样的已完成规模建设的城市来说，急需政府用批判的精神重新审视城市的可持续化发展问题。

总之，一方面城市视觉管理在政策导向上要与城市的发展战略保持一致；另一方面要制订出视觉管理政策和具体的实施计划和措施，才能将视觉管理落到实处。同时，还要将战略目标化为具体的指标体系，并在实践中反复论证与不断地完善，使其与城市城市发展实态相适应。

二、机构系统化

城市视觉管理机构是以实现有效管理为职能目标、有明确行政管理权限，根据有关法律程序建立起来的管理组织和机构的实体。系统化的视觉管理机构的建立，才能有效地解决现行视觉管理机构的设置不健全、职能交叉、目标不明晰等严重制约城市视觉管理的发展的现实问题。系统化的视觉管理机构建构可以从综合性管理部门、扁平化管理组织、服务型管理机构等方面考量。

（一）综合性管理部门

建立起综合性的城市视觉管理部门，能有效地解决目前管理机构职能交叉与多头管理等机构设置问题，是实现统一管理和系统化管理的有效途径，是提高管理效率、明确管理职能的体制保证。综合性管理部门设置可以"大部门制"理论为依据：在政府部门设置中，职能相近、业务范围交叉的事项集中于超级大部，尽可能避免政府职能交叉、政出多门、多头管理，以实现行政本的降低以及行政效率的提高①。"大部门制"是西方发达的国家广泛推行的一种政府机构设置模式，英国是最早采用"大部门制"形式设置国家政府机构的国家。在实践上，英国在 1997 年提出了"把政府连接起来"（Joint-up Government）改革方略，强调政府部门的战略协作，旨在弥合管理机构之间的缝隙，提高管理的有效性、全面性与公平性。② 对于城市视觉管理的机构设置而言，通过综合管理机构的设置建立起战略协调机制，调整职能部门的实际权限，加强薄弱环节的机构设置，形成有效且统一的管制机制。

鉴于城市视觉管理特殊的管理职能，在机构设置上可以考虑：行政管理机构与专业性管理机构相结合的方式来设置综合管理机构，两者的管理职能即交叉又有明确区别。行政管理机构侧重于纵向层面的政策、制度和机构管理，专业管理机构侧重于视觉管理系统的设计规划与实施。以英国设计产业机构设置为例，设计产业的管理职能原来由的贸工部、教育技术部、文化传媒与体育部三个部门负责，根据国家设计产业发展规划，调整为改革部、创新技术部、学校与家庭部、文化传媒与体育部四个部门负责，建立了相应的设计促进会和设计协会等机构负责专业技术，由地方发展局统筹管理，有力地推动了英国创意产业的发展。这种综合性机构设置的方法值得我们借鉴。

总之，城市视觉管理机构的设置要纳入政府机构设置系统之中，彰显政府的政策导向与扶植力度，促进政府公共管理部门与非营利组织与专业机构的协作，才能使城市视觉管理政策落到实处。

（二）扁平化管理组织

扁平化组织是指决策层与操作层之间层级最小化的视觉管理机构设置。扁平化组织结构便于将决策权延至底层。层级过多是管理机构设置普遍存在着机构内耗过大、决策与实施互相割裂的弊病，

---

① 竺干威：《"大部制"刍议》，《中国行政管理》2008 年第 3 期。

② A. G. Bovaird. *Public management & governance*, London:Routledge, 2003:46.

扁平化组织结构为解决这一问题提供了有效的解决方法。

扁平化组织理论最早由美国系统动力学家杰伊·佛瑞斯特（Jay Forrester）先生提出，在其《企业的新设计》一文中这样论断：未来赢得竞争力优势的组织必须不断调整组织内部的结构关系，且具备"层次扁平化""整体信息化""结构开放化"三大特点。被称为"大师中的大师"的美国学者德鲁克（Drucker）曾预言，企业中现有的金字塔式层级结构将会逐渐被淘汰，而扁平化组织结构将会在企业管理中占据主导地位。① 随后，彼得·圣吉（Peter M . Senge）提出学习型组织的管理理念，明确指出企业应力求组织的精简和扁平化以维持竞争力。而后，哈默（M.Hammer）和钱皮（J.Champy）进一步将该理论完善为系统的扁平化组织理论。

扁平化组织通过对组织层级的消减，在纵向结构设计中确定合理的层级数目和管理幅度，以集权化程度为根据来规定纵向层级间的权责关系而实现管理目标。② 实现纵向管理组织层级的扁平化，是精简机构提高管理效率的有效措施。具体而言，就是压缩管理机构中间层次，规避传统金字塔式的机构等级形式，令其组织架构由垂直式转变为横向式。同时适度将部分决策权下放至具体执行部门，增强城市视觉管理部门的应变能力和决策能力。

（三）服务型管理机构

服务型管理机构就是以人民的意志为根本向度，具有社会与公众责任意识的政府管理部门，其目的在于建立起适应城市管理良性发展的社会生态环境。

服务型政府理论最早由德国行政法学者厄斯特·福斯多夫提出，其理论核心为人们生存所强烈依赖的"生存照顾"，即服务关

---

① 马德普、马国杰：《从官僚制到后官僚制》，《郑州大学学报》2008 年第 4 期。
② 俞晓波：《扁平化架构下的大都市政府结构研究》，武汉大学 2014 年博士学位论文。

系的双方性。因此，政府负有向民众提供广泛生存照顾的义务，[①]这一理论也成为政府管理职能转变的依据。"服务型政府"的提出是政府从"全能政府"到"有限政府"的转向，政府应当是最低限度的政府，如乔治·弗里德里克森指出的那样，政府的存在只是为了给人们的利益竞争制定适度的规则。[②]

近年来，服务型政府理论对政府管理职能的转型产生了深刻的影响。服务性政府理论作为服务型视觉管理体制建设的依据，对于提高管理部门的公共服务意识，逐步形成惠及于民、公平公正、水平适度、可持续发展的公共服务体系，促进社会的和谐发展具有积极的现实意义。

总之，城市视觉管理机构机构的建立要以大部门制理论、服务型政府理论、扁平化组织理论为基点，明确管理职能、精简决策机构与执行机构间的机构层次，降低管理成本。通过系统化的视觉管理机构设置，实现管理职能向引导与服务管理的转变，构建起一个相互联结、横向发展的结构体系，并与视觉管理职能和专业特点相契合。

三、决策透明化

决策透明化是城市管理决策向相关利益主体开放并接受公众参与民主监督，其本源是一种符合公众利益的能量释放机制和纠偏机制。在全球范围内"协商民主""公民治理"作为一种新的管理思潮被广泛接受，决策的透明化与公众化被提上议事日程。城市视觉管理本身就是一种公共事务，其决策理应向相关利益主体的开放、接受公众参与和民主监督。城市视觉管理的决策透明化包括法理为据、集体决策和公众参与。

---

① 陈新民:《公法学札记》，中国政法大学出版社 2001 年版，第 47—48 页。
② [美] 乔治·费雷德里克森:《公共行政的精神》，张成福等译，中国人民大学出版社 2003 年版，第 25 页。

（一）法理为据

法理为据就是说城市视觉管理决策必须以法律、法规为依据。具体的管理决策一般多指非结构化的、非日常的决策，通常具有较高的不明确性且需要依靠人的判断。传统集权式决策模式极易造成人治超越法治的局面，我国现行的行政管理体系自身特点也决定了在城市管理过程中缺乏一定的制衡机制，那么唯有以法理作为依据，才能保证决策的客观性、透明性与公正性。

德国社会学家达仁道夫（Dahrendorf）认为：在社会分工不断精细化、社会经济不断发展的时代背景下，国家或政府不再具有垄断一切权力的地位，仅靠强制的方式和手段难以平衡各利益相关方的冲突，因此政府的管理活动开始以法治和国家理性为基础。① 党的十八大报告提出了一个重要的实践性命题，"提高领导干部运用法治思维和法制方式深化改革、推动发展、化解矛盾、维护稳定能力"。法治精神的前提首先要完善视觉管理法制建设，才能使城市视觉管理决策与实施"有法可依""执法必严"。

（二）集体决策

集体决策就是在城市视觉管理过程中应由多方利益主体共同参与决策。决策是视觉管理最重要的职能之一，并贯穿于视觉管理的全过程中。以西蒙（Simon）为代表的决策管理理论学派甚至认为：管理就是决策。② 我国朱铁臻先生也指出城市管理必将向柔性化发展，③ 人性化的管理模式必然倾向于集体决策。

就城市管理的现状来看，集体决策仍在一定程度上受到集权化管理思想，以及传统管理体制与机制的制约。其中，集权化管理思想在我国可追溯至古代"天地—父母"的文化原型，如《礼记·中

---

① ［德］拉尔夫·达仁道夫：《现代社会冲突》，林荣远译，中国社会科学出版社 2000 年版，第 141 页。

② 郭跃进：《管理学》，经济管理出版社 2003 年版，第 121 页。

③ 朱铁臻：《城市现代化研究》，红旗出版社 2002 年版，第 134 页。

庸》中就这样写道："夫孝者，善继人之志，善述人之事也"，以及《春秋繁露·观德》："天地者，万物之本，先祖之所出也。"封建社会在儒教思想的主导下也形成一种"官本位"思想，《礼记》中说："官者管也，以管理为名。"① 在集权化管理模式中受"官本位"思想的影响甚重，主要体现在以"官"的意志为转移的利益特权、"唯上是从"的制度安排。

集体决策对城市视觉管理而言，应以城市政府为管理主体，构建起一整套能够调动各方利益相关者共同参与城市管理决策的运行机制，建立起城市政府、专业组织、市民之间稳定的铁三角关系和双向信息传达与反馈渠道，形成一种自下而上的高效运行的治理渠道。集体决策既体现了管理机构的服务意识，也代表多元主体的共同利益，缓解了不同利益群体之间的利益冲突，形成了管理机构、社会组织和利益群体之间的一种相互合作、相互依赖的良性沟通机制。推动城市管理的科学化、民主化进程。

（三）公众参与

公众参与是指公众拥有对城市视觉管理决策、管理、执行和监督过程的知情权、话语权和行动权等参与性权利。美国城市管理学者约翰·克莱顿·托马斯（John Clayton Thomas）认为："公民参与将在人们的社会政治生活中发挥越来越重要的作用，体现越来越大的影响力。"② 所以说，公众参与机制是城市视觉管理决策透明化一个重要的硬性指标。

公众参与可以追溯到古希腊时期的民主思想，到 17 世纪初体现在英国"人民主权"的政治思想中。随后，德国哲学家黑格尔则把政治国家从市民社会分离出来，提出社会权利的市民社会先于政治国家存在，并与政治国家一样独立存在。美国克莱蒙特大学教授

---

① 史式：《清官贪官各行其道》，重庆出版社 2004 年版，第 1 页。

② ［美］约翰·克莱顿·托马斯：《公共决策中的公民参与：公共管理者的新技能与新策略》，孙柏瑛等译，中国人民大学出版社 2005 年版，第 3 页。

约瑟夫·贝斯特也提出"协商民主"的概念，认为共和政府的组织形式和运行过程应该通过公众参与和民主协商、而不是通过强制性的自上而下模式来实现。①

民主思想最终以公众参与机制延伸至公共管理领域。以彼得斯（Peters）为代表的公共参与管理理论，倡导以人本主义思想为指导来改革官僚体制提高政府管理效率，提出自下而上的公众意志沟通模式，来调动广大城市利益相关者参与城市管理的积极性。至此传统城市管理模式开始向城市治理转向，西方国家开始致力于改善政府与市民社会间关系。欧洲一些著名城市如伦敦、佛罗伦萨、巴塞罗那、都柏林等城市在城市治理中，建立起了相对完善的公众参与机制，民选官员会走访、倾听市民社会的意见，使城市治理更符合大众利益。②

城市视觉管理公众参与机制的建立是社会进步的必然。公众参与程度可根据公众在参与政府管理决策中的地位和作用的高低，分为四个层次进行评估：即第一层次为公众完全被动参与，第二层次为约束性参与，第三层次为受引导的互助合作参与③，第四层次为积极主动参与。我国目前公众参与城市管理的程度可能还在第二层次的较低阶段，成为了视觉管理决策开放机制建设的最大制约因素。

总而言之，法理为据、集体决策和公众参与是实现城市视觉管理决策透明化的有效途径。城市视觉管理也因其形式特征需求，必须充分考虑到公众的心理感受和心理需求，形成了颇具开放性的人性化管理形式，为决策开放化管理机制奠定了良好基础，反过来又在一定程度上促进管理决策的民主化，建构起一种符合公众利益的良性能量释放机制和纠偏机制。

---

① 张敏：《协商治理：一个成长中的新公共治理范式》，《江海学刊》2012 年第 5 期。

② ［法］巴纳德·朱维：《城市治理：通向一种新型的政策工具》，《国际社会科学杂志（中文版）》2009 年第 4 期。

③ 刘淑妍、诸大建：《城市管理中的公众参与研究——基于利益相关分析视角》，《政治学研究》2007 年第 4 期。

四、管理科学化

管理科学化是将视觉管理的管理体系、管理系统、数据信息、运作行为归融集中到一个管理平台中，实现双向或多向管理主体和管理客体之间的互融互通的科学管理。在我国的城市管理中或多或少一直存在着粗放性管理的弊端，管理信息的获取和处理相对滞后的问题显而易见，科学化的管理平台建设对于提高城市视觉管理效率是十分迫切的现实需求。管理科学化可通过精细化管理思想、网格化管理形式和数字化管理手段得以实现。

（一）精细化管理理念

精细化管理思想可以概括为"注重细节、立足专业、科学量化"，源于20世纪50年代日本企业的管理理念和管理技术，后被推广应用于各类管理之中。[1]

城市视觉管理的精细化可界定为管理制度的缜密化、管理执行的周密化和管理信息的定量化。在我们这个时代是信息爆炸的时代，管理信息日趋复杂与庞大，传统粗放型城市管理模式已不能适应管理环境变化带来的挑战，并成为制约着城市发展的瓶颈。因此，在城市视觉管理平台建设中融入精细化管理思想，并与现代信息技术有机结合，是解决这一问题的基本途径。

首先，管理制度的缜密化。需要缜密的设计一套相对完善的精细化视觉管理制度，对各项管理内容进行细化并用制度的形式固定下来，为规范执法提供制度保障。[2]

其次，管理执行的周密化。城市视觉管理制度的执行和实施过程要周密，执行手段和管理职责要精细化。

最后，管理信息的定量化。需要对繁杂的视觉管理信息进行精

① 郭理桥：《城市精细化管理遥感应用》，中国建筑工业出版社2013年版，第7页。

② 郭理桥：《城市精细化管理遥感应用》，中国建筑工业出版社2013年版，第8页。

细化的分类整合，并通过对数据进行定量定性分析，梳理出信息的层次与结构秩序，科学的对管理过程和效果进行评估。

精细化的城市视觉管理是以专业为前提、系统化为保证、数据化为标准、信息化为手段、制度化为保障。精细化管理思想的融入加快工业社会的城市管理向信息社会的城市管理的转型。

（二）网格化管理手段

网格化管理手段是指依托网络信息技术建立起一套精细、准确、规范的综合管理服务平台的方法。网格化管理是实现视觉管理平台化建设的重要手段之一。

城市视觉管理的网格化是精细化管理思想的延伸，遵循的是"科学量化"原则，其精髓在于，通过网络化管理手段来整合管理资源，将城市视觉管理区域按一定的标准划分为若干网格单元，并将各网格系统内要素之间的联系、协作、支持等内容固定下来，实现各单元网格之间有效的信息交换和资源共享，并利用现代信息技术的协调机制，对每一网格实施全方位的动态管理。网格化管理建立起以管理机构、管理系统、管理信息诸方面的有机逻辑联系，从而提高公共管理和综合服务的效率[①]。

网格化的城市管理实践的尝试，在北京、上海等城市从上世纪末就开始，并取得了可喜的成效。城市视觉管理系统的复杂性，决定了网格化管理的必要性，鉴于对网格化管理认识的局限，网格化管理并未得到足够的重视和进一步的推广应用。

（三）数字化管理形式

数字化管理形式就是依托计算机、网络、通信、人工智能技术，实现城市视觉管理计划、组织、协调、管理、创新等职能活动的数字化管理。

---

① 郑士源等：《网格及网格化管理综述》，《系统工程》2005 年第 3 期。

随着计算机、信息、网络技术的飞速发展，以及城市信息化管理进程的加速，数字化技术迅速渗透到各个专业领域，"数字城市"和"智慧城市"等概念也相继提出。

数字城市是指充分利用数字化信息处理技术和网络通信技术，整合城市规划、建设、运营管理、生产、生活等各类数字信息资源，为政府、企业、社会组织和个人提供多层面的、高质高效的信息服务以及决策支持。数字城市是城市信息化的中级形态。① 自1998年美国副总统戈尔提出"数字地球"概念以来，其概念不断延伸至其他场域，"数字城市"也就应运而生。而智慧城市则是指具有智能感知、情境感知与认知能力的城市，依靠整合利用互联网、物联网、云计算、传感网、广电网等信息技术，实现对城市各领域的多平台协同运作。较之数字城市而言智慧城市则更为成熟，可以说是数字城市的高级形态。

在城市管理上，数字化管理手段首先是以"电子政务"的形式出现。其核心内容为利用数字化技术，打通政府管理部门与社会大众之间的交互渠道，通过管理改革形成良好的"政府—公众"关系。② 在城市视觉管理中，要充分利用数字化与信息技术，建立起高效的管理平台，将城市政府、管理部门的管理职能、管理权限和管理政策，以信息公开、透明的方式传达给城市公众，有助于拓宽政府管理部门与社会组织和公民的沟通渠道，提升城市管理的公信力。（图7—8）

总之，视觉管理的平台化建设有效地将城市管理体系、管理系统、数据信息、运作行为归融到一个场域或平台中。平台建设应以精细化管理思想为指导，以网格化管理手段为依托，以数字技术为支撑，科学的建构起视觉管理平台。在城市视觉管理中推行数字化平台管理是社会发展的必然，要充分利用数字化网络平台优势进行管理资源的整合，实现管理部门与管理机构之间的网络融合，建构

---

① 李贤毅：《智慧城市开启未来生活——科学规划与建设》，人民邮电出版社2012年版，第7页。

② LAYNE K, LEE J. *Developing Fully Functional E-government: A Four Stage Model*. Government Information Quarterly, 2001, 18（2）:122-136.

图 7—8 视觉管理平台图

起一体化的视觉管理网络平台。

总而言之，伴随着科学技术的进步，以及传播媒介由"语言主导"向"图像主导"的转型，以视觉形式为管理手段的城市视觉管理呈现出一种不可逆转的发展态势。城市视觉管理系统规划与体制研究主要从两个方面着手：

首先，从管理系统规划方面来看，城市视觉管理系统规划是以系统理论、城市发展战略为依据，以战略规划、系统规划、民主规划为规划的基本方法；以组织规划、系统规划、协作规划为规划形式，通过系统规划建立起政府不同部门间、不同层级政府间、同层级政府间，以及政府与企业、政府与城市利益相关组织及公众之间广泛协作的组织关系，以及管理部门与管理机构之间一种相辅相成、互为支撑不可割裂的整体协作关系。就视觉管理三大子系统规划而言，各个子系统又分别由不同范畴的下级系统或要素所构成，协作规划也体现在上、下级系统与要素之间的协同合作上，在系统之间的共同作用下形成城市视觉管理的合力，从而构成城市视觉管理的整体系统规划。

其次，从管理体制建设方面来看，城市视觉管理体制建设涵盖了城市视觉管理的政策制定、机构设置、平台搭建、参与机制等，具体体现在政策战略化、机构系统化、决策透明化和管理平台化四个方面。城市视觉管理的政策战略化，就是要把视觉管理政策的制定，上升到法令和产业政策的高度进行战略规划。同时视觉管理政策的战略目标还必须转化为可量化的具体指标，并在实践中反复审视和修正，使视觉管理政策适应城市发展的实际需求；机构系统化是以大部门制、扁平化组织理论和服务型政府理论为基点，明确不同机构、部门的管理职能，精简决策层与执行层之间的管理机构层次；促进视觉管理机构职能向服务型的转变；决策透明化可以说是一种符合公众利益的能量释放机制和纠偏机制，应以法理为据，加强多方利益主义集体决策，并广泛建立面向对公众的开放性参与机制；管理平台化是将城市视觉管理的管理体系、管理系统、数据信息、运作行为等归融集中到一个场域中，借助与数字技术、网络技术和智能技术细化管理过程，实现精细化视觉管理。

城市视觉管理系统建设本身是一个多元复杂的有机动态系统，也是一项富有挑战性的全新研究课题，对其进行科学分析与深入研究，有助于视觉管理的健康发展并使其成为现实。基于此，城市视觉管理系统规划与体制研究在系统建设的过程中有着极其重要的战略意义。

系统规划与制度建设
System planning and system construction

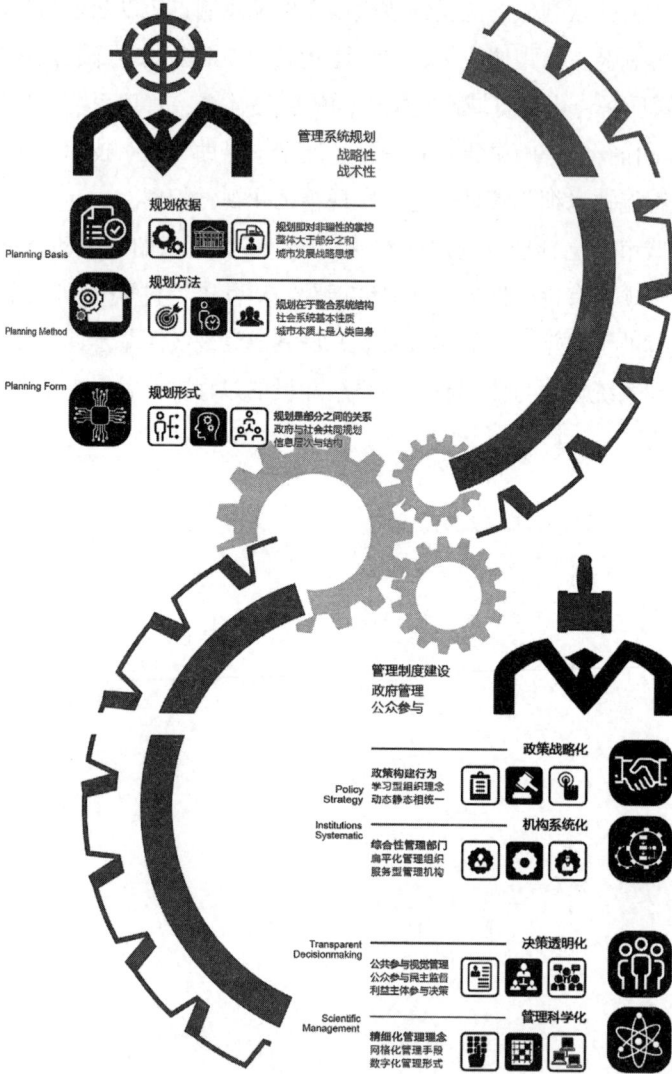

管理系统规划
战略性
战术性

规划依据
Planning Basis

规划即对非理性的掌控
整体大于部分之和
城市发展战略思想

规划方法
Planning Method

规划在于整合系统结构
社会系统基本性质
城市本质上是人类自身

Planning Form

规划形式

规划是部分之间的关系
政府与社会共同规划
信息层次与结构

管理制度建设
政府管理
公众参与

政策战略化

Policy
Strategy

政策构建行为
学习型组织理念
动态静态相统一

Institutions
Systematic

机构系统化

综合性管理部门
扁平化管理组织
服务型管理机构

Transparent
Decisionmaking

决策透明化

公共参与视觉管理
公众参与同主监督
利益主体参与决策

Scientific
Management

管理科学化

精细化管理理念
网格化管理手段
数字化管理形式

结　语

城市视觉管理的文化向度

当代城市管理正经历着显著的多维变迁，城市视觉管理无疑是其中颇具生命力的管理新形态。一个显而易见的事实是，凭依由图形、色彩、文字等要素所组成的视觉符号体系，城市形象得以形塑，城市环境得以规制，城市公共服务得以展开，也即城市正在更多地经由图像而非文本得以管理，图像空前地承载着城市管理意义的表述与传递。城市视觉管理作为新生事物，首先呈现为一个按照特定规则组织而成的技术系统，但城市原本就是富有文化气息的人类栖居地，城市视觉管理实际上诞生于特定的城市文化语境中。于是透过技术的重重表象，我们会发现在这一管理形态的纵深层次还蕴含着丰富的文化意义。本书旨在从解读文化意蕴所指、文化动因所在与文化价值所向三个预设问题入手，对城市视觉管理做一番文化向度的探寻。

一、城市视觉管理的文化意蕴：视觉、理解与城市图像

在城市视觉管理的文化追寻之旅中，首当其冲的问题是如何从文化向度来述明城市视觉管理的概念所指。城市视觉管理不仅是继传统城市管理之后产生的新型管理模式，而且拥有不输于后者的认知意义与理解特征，更重要的是它还具备着前所未有的将城市呈现为一幅"世界图像"的内在潜质。

虽然诸如城市导识系统一类的视觉管理已在实践中证明了自身的卓有成效，但是早已习惯于贬抑感性而尊崇理性、早已被狭隘的理性主义裹挟得不知所措的人们还是不免会质疑读图与认知之间的必然联系，以及视觉管理能否帮助人们理解城市的丰富意蕴。正如米歇尔所言，文本与图画之间的争论"不仅仅是两种符号之间的竞争，而是身体与灵魂、世界与精神、自然与文化之间的一场斗争"。[①] 城市视觉管理的认知意义不仅需要实践上的确证，也需要观念上的澄清。

视觉的认知意义首先来自于人类的进化史。由于文字相对于文明产生的滞后性，在文字出现前的漫长时间内，人类更多地凭借"结绳记事"一类的图像认知方式来理解和把握其所在世界，视觉其实是一种古老的认知方式。亚里士多德就曾说过："能使我们认知事物，并显明事物之间的许多差别，此于五官之中，以得于视觉者为多。"[②] 正因如此，"看"（to see）才成为"思"的语言学源头。依托现代心理学的知觉研究成果，阿恩海姆认为视觉活动是一种人类精神的创造性活动，"即使在感觉水平上，知觉也能取得理性思维领域中成为'理解'的东西。任何一个人的眼力，都能以一种朴素的方式，展示出艺术家所具有的那种令人羡慕的能力，这就是那

---

① ［美］W.J.T. 米歇尔：《图像学：形象，文本，意识形态》，陈永国译，北京大学出版社 2006 年版，第 59 页。

② ［古希腊］亚里士多德：《形而上学》，吴寿彭译，商务印书馆 1959 年版，第 1 页。

种通过组织的方式创造出能够有效地解释经验的图式的能力。这说明，眼力也是一种悟解力。"① 如此而言，读图并非人们通常所认为的那样只是肤浅的感性活动，而是我们认识事物本质的更具本源意义的方式。视知觉的这种认知属性赋予了城市视觉管理充分的认知语义。

不仅如此，现代城市视觉管理还强化了视知觉的认知意义。城市视觉传达设计是城市视觉管理的基本途径，包括意义的提取与传播两道程序，其中视觉符号构成意义的载体。城市管理信息包含着丰富的意义，包括人们对于城市的认知以及赋予作为对象的城市的意蕴，与城市有关的意向、意思、意图、认识、只是、价值、观念等都包含在意义的范畴之中。② 在城市视觉管理过程中，设计者首先会基于自身对城市管理信息及其意义的理解而将其抽取出来，并根据设计法则运用文字、图像和色彩等将之呈现为视觉符号。用米歇尔的话来说，视觉符号就是"用我们的再联系统所包裹的一个世界。"③ 由于视觉符号在创造过程中加入了对于受众认知心理的体察，无论是字体与图像的编排，抑或色彩的明度、纯度和色相，都进行了精心处理，这使得城市视觉设计具备良好的传播效能，便于受众迅捷完整地接收城市管理信息并领会其内在意义。可以说，城市视觉管理充分利用了视觉符号的意义凝聚与意义传递功用，发挥了人的视觉经验的天然优势，更加便于人们理解城市管理信息及其意义。

城市视觉管理的认知语义使得城市变得愈加图像化了，图像进入人们的生活，而且不断优化着人们对于所居世界的理解，以海德格尔式的语言来说，一种城市图像得以建构出来。早在 20 世纪 30 年代，海德格尔便以哲人的敏锐嗅觉预言了世界图像时代的降临。他用世界图像一词来意指世界本身，即世界图像并非指

---

① [美] 鲁道夫·阿恩海姆:《艺术与视知觉》，滕守尧、朱江源译，四川人民出版社 2005 年版，第 56 页。

② 廖少华、陈彧:《设计概论》，湖南大学出版社 2005 年版，第 62 页。

③ [美] W.J.T. 米歇尔:《图像学:形象，文本，意识形态》，陈永国译，北京大学出版社 2006 年版，第 44 页。

某种摹本，而是指人们开始对世界了如指掌，世界"本身就像它为我们所了解的情形那样站立在我们面前"。① 城市是世界图景的关键部分，在视觉管理的作用下，也正在将自身呈现于世人面前，或者反过来说，人们正在越来越真实地理解城市。各种视觉设计帮助人们实现了对于城市的即时体验，透过多元化的城市视觉符号，人们可以感知到城市的核心形象与核心价值，从而可以更好地了解城市的内在气质，可以理解到城市的交通、生态、人文等公共环境信息，从而可以增加其对于生活场域的熟知度和亲近感，可以接收到关于城市安全、秩序、环卫、救助等全方位的信息，从而提高了城市生活的效率和舒适度。一言以蔽之，传统城市管理语境中人们与城市之间的陌生与隔膜被去除，于是城市也被把握为图像了。

由于海德格尔哲学的自然演绎，城市图像的浮现这一事实还获得了一种根本性的存在论意义。在海德格尔看来，"世界被把握为图像"使得"存在者整体便以下述方式被看待了，即：唯就存在者被具有表象和制造作用的人摆置而言，存在者才是存在着的。"② 如果城市不能为人们所把握，我们便可以在认识论意义上说，虽然城市本身客观存在着，但是在人的主观镜像中，它又是不存在的。而在城市视觉管理时代，遮蔽在人与城市之间的旧有面纱被层层揭开，城市作为存在者借助视觉手段的运用而向居于其间的人们敞开，其存在状态得以澄明，它真正成为了一种可感知的存在。在这个意义上，人的存在与城市存在交汇于一处。可以说，城市视觉管理就是一个"去蔽"的过程，人们正是在这个过程中前所未有地实现了自身在城市中的"在场"。城市由此成为可读可视的城市，成为真正属人的城市。

① ［德］马丁·海德格尔：《林中路》，孙周兴译，上海译文出版社 2014 年版，第 83 页。
② ［德］马丁·海德格尔：《林中路》，孙周兴译，上海译文出版社 2014 年版，第 84 页。

二、城市视觉管理的文化动因：城市美学、视觉文化与现代性

　　城市视觉管理的兴起固然得益于科学技术的进步与设计实践的发展，但同时也有着深刻的文化动因。其中，城市美学、视觉文化与现代性三大文化驱动最为重要，三者分别构成了城市视觉管理的微观、宏观与根本性文化动因。

　　城市视觉管理的第一个文化动因来自城市美学。城市美学的思想渊源最早可追溯到百余年前的"城市美化运动"，正是该运动明确提出了城市的审美问题。时至今日，城市美学已经成为一门研究建筑、景观、空间形态等城市基本构成要素的审美特性和审美规律的学科，"它具体涉及这些要素的结构与布局、形式与功能、理性与情感、抽象与象征等一些形式美和内容美特质"。① 城市美学可谓美学对于城市的介入，但它为城市规划与建设提供的并不仅仅是审美这一新视角。有学者认为，一种建设性的城市美学应该致力于思考城市与人性、人的幸福和艺术的关系、对人工美的评价、艺术和美学的重新定义以及城市如何变成家园六大核心问题，② 由此可见城市美学的价值世界实际上由审美功利与使用功利共同组成。

　　这种双重关怀导致城市美学至少在三个方面构成城市视觉管理的文化动因。其一，城市美学使得城市成为一个美学环境和审美对象。在传统城市及其管理中，城市的意义一般体现在政治、军事、宗教、商业等方面，美学很少成为城市的观察维度。自城市美学已降，城市审美便开始具备了自觉的学科与实践意义，城市变成了审美场域，美学和艺术开始走进城市规划、建设与管理，人们普遍意识到城市应该兼具工具意义与审美意义，这就为当代城市视觉管理运用艺术设计手段来管理城市做了前期铺垫。其二，城市美学

---

① 曹晖：《城市美学论纲》，《城市问题》2007 年第 7 期。
② 刘成纪：《一种建设性的美学》，《河南社会科学》2012 年第 2 期。

标志着审美体验的大众化。艺术与审美体验在历史上一直都是一件充满贵族和精英气息之事，是属于少数人专享的权利。城市美学的涌现则打破了这一格局，因为城市本是开放的公共性空间，城市作为一个审美场向所有人敞开，故而在城市这一审美对象面前，每一个人都自动获得了审美的主体性资格，城市应该成为可供其居民品鉴和审美的"有意味的形式"，其后兴起的城市视觉管理自然而然地延续了这种具有大众化特征的审美取向。其三，城市美学强调审美主体对于城市环境的视觉感受性。现代工业社会带来了繁荣和丰裕，却也给现代人造成了烦恼和剥夺，正如伯利恩特所言："没有一条工业文明所固有的基本原则要求人们必须放弃快乐、优雅和美丽来换取物质上的进步"①，城市美学因而构成对于工业文明时代的工具理性的反思。它更强调人对于环境的感受特别是视觉感受，将经验和感受的满足视为通达理想生活、形塑更好城市的核心路径，这就为以视觉为管理手段的城市视觉管理奠定了充分的理论和实践基础。

城市视觉管理的第二个文化动因来自视觉文化。视觉文化是一个随着摄影、电影等现代视觉技术的进步而出现的文化概念，其最早论述可追溯至本雅明关于机械复制的艺术品的言说。如今的视觉文化有广义和狭义之分，在巴纳德看来，前者是指"在视觉文化氛围中形成和通过视觉文化传播的价值观念和个性特征"，后者是指"把人类生产和消费的二维和三维的可视物品视为文化和社会生活的组成部分"。②统而言之，视觉文化就是一种赋予了视觉手段和视觉产品以社会性意义的文化图景。在这一文化语境下，各种视觉因素层出不穷并在很大程度上形塑着我们理解和对待世界的方式，正如周宪所说，"视觉因素一跃成为当代文化的核心要素，成为创造、表征与传递意义的重要手段。在比较的意义上说，我们今天越来越多地受到视觉媒介的支配，我们的价值观、见解和信仰越来

---

① ［美］阿诺德·伯利恩特：《培植一种城市美学》，新蔚译，《第欧根尼》1987年第 2 期。

② ［英］马尔科姆·巴纳德：《理解视觉文化的方法》，常宁生译，商务印书馆2013 年版，第 4 页。

明显地受到视觉文化强有力地影响"。① 无论我们自觉与否，我们正处于视觉文化的包围之中这已是不争的客观事实。城市视觉管理正是在视觉文化的宏观语境中应运而生，或者毋宁说它正是视觉时代的产物和视觉进程的一个部分。

视觉文化在两个方面推动了城市视觉管理的诞生。首先，视觉文化为图像提供了充足的正当性和说服力。当摄影、电影、绘画等视觉要素越来越成为人们表达和沟通自身存在的式，图像或曰视觉产品便开始取得了与文字同等重要甚至更为重要的地位，视觉语言占据了人类语言符号系统的半壁江山，以至于一种前所未有的"图像霸权"开始在现代社会徐徐升起。城市视觉管理作为一种以图像的创造和传播为主要内容的管理形态，自然从这种为图像正名的过程中受益良多。其次，视觉文化改观了人们认识和改造世界的方式，以不可阻挡之势塑就了一种视觉范式。按照米尔佐夫的说法，视觉文化的显著特征在于将原本非视觉性的事物视像化，而且更为重要的是，人们不再"把图像看成再现，亦即模仿一个物体的人造物，而把它看成与那个物体密切相关的东西，甚至是和那个物体同一的东西。"② 世界的视像化是视觉文化时代的显著表征，而从非视觉性到视觉化转变的关键，就在于人们赋予了图像对于现实世界的同一性，即包含了人类的知觉、理解和象征的图像可以如实地反映世界本身，甚至可以说世界就存在于图像之中了。视觉文化这样一种对于图像和世界之间关联的理解，为城市视觉管理以图像为中介来管理城市事务做好了观念上的准备。

城市视觉管理的第三个文化动因来自现代性。现代性是一个描述现代社会思想态度和行为模式的整体性概念，意指"在后封建的欧洲所建立而在 20 世纪日益成为具有世界历史性影响的行为制度和模式"。③ 就此定义来看，现代性诞生于神性宰制理性的中世纪

---

① 周宪：《视觉文化的转向》，北京大学出版社 2008 年版，第 7 页。
② [美] 尼古拉斯·米尔佐夫：《何谓视觉文化》，王有亮译：《周宪：视觉文化读本》，南京大学出版社 2013 年版，第 25 页。
③ [英] 吉登斯：《现代性与自我认同：现代晚期的自我与社会》，赵旭东、方文译，生活·读书·新知三联书店 1998 年版，第 16 页。

之后，理性旗帜的高扬自然成为现代性的核心要义。在陈嘉明看来，先验的理性主义构成现代性的知识论模式，其与逻各斯中心主义一脉相承，"总是要把某种语词、中心、基本原则，看做是本源的、终极性的东西，作为判定事物的真实性的根据。因此它实质上就是柏拉图的'理念论'，把某种普遍的、唯一不变的'理念'作为事物的本质、根据，作为真理的标准。"① 根据这种描述，传统城市管理由于其显著的理性特征显然是现代主义城市管理。但是，现代性对于理性的弘扬一方面收获了规范性、严谨性与稳定性，另一方面又不可避免地造成了理性与自由的对立，即当一切世俗生活都被框定在理性所立之法的范畴内，一切都遵循理性法则的必然指引，人的自由失去了所赖以存在的空间，而这正是近代哲学的内在危机和德国古典哲学的中心议题，以及后现代性批判的缘起。传统城市管理既分有了现代性的光辉，也承继了现代性的幽暗面，这就是城市管理结构上的过于理念化、制度化和规范化。

由于视觉文化明显携具的后现代特征，② 城市视觉管理也因而具备了十足的后现代性。甚至可以认为，城市视觉管理就是一种后现代主义城市管理。与后现代性批判现代性的理性思维模式相一致，城市视觉管理也在某种程度上构成对于传统城市管理的反思和修正，它更加注重人的感受性的满足，并致力于调和感性和理性在城市管理中的重要意义。但是正如"后现代性是一种现代性"③ 这个观点所表明的那样，后现代性未必便是与现代性截然对立之物。利奥塔认为，"后现代总是隐含在现代里，因为现代性，现代的暂时性，自身包含着一种超越自身，进入一种不同于自身的状态的冲动。现代性不但以这种方式超越自身，而且把自己变成一种最终的

① 陈嘉明等：《现代性和后现代性》，人民出版社 2001 年版，第 16 页。

② ［美］尼古拉斯·米尔佐夫：《何谓视觉文化》，王有亮译：《周宪：视觉文化读本》，南京大学出版社 2013 年版，第 22 页。

③ 周宪：《后现代性是一种现代性》，《南京大学学报》（哲学·人文科学·社会科学版）1999 年第 3 期。

稳定性"。① 即便到今天，后现代性虽以解构性和批判性自诩，但它自身并没有发展出能够取代现代性的社会心理解构，相反，无论是该术语本身还是其理论所指，都在表明它对于现代性的深深依赖。与其说后现代性是对于现代性的批判和反思，倒不如说它是现代性的自我批判和反思。城市视觉管理也是如此，它更多的是对于现代主义城市管理的完善，而非取代。如果说城市管理是我们当前社会图景的重要组成部分，那我们便有理由认为：城市视觉管理是现代主义城市管理自我反思和自我完善的结果。

三、城市视觉管理的文化价值：人文、审美与规范

城市视觉管理不仅是现代性的产物，它反过来还为人类所在的现代社会提供了显著的文化价值。由于与城市管理受众心理的高度契合，它彰显着浓郁的人文意义；由于移用了艺术手法与美学视角，它具有显而易见的审美价值；由于引导着人们通过读图来理解和把握城市，它有助于人们视觉素养的培育。也即在人文、审美与规范三个层面，它体现了对于人类社会文明图景建构的巨大价值。

城市究其本质而言是人化自然的产物，是人类为实现自身存在目的而创造的人文环境。美国社会学家帕克认为，"城市作为人类属性的产物，其根本的内涵是城市要符合人性生存与发展，具有人文特色和人文精神"。② 人文性理应成为城市与生俱来的根本属性，理应成为民主化时代城市管理的内在追求。但是不幸的是，传统城市管理由于其高度理性化的管理模式，在事实上割裂了城市管理中的人性。从更为宏观的视野来看，这种割裂乃是现代社会中感性与理性的断裂在城市管理中的具体表现。在论述现代美学的文化土壤时，邓晓芒曾对这种断裂做了精彩归纳："理性日益成为抽象、精

---

① ［法］利奥塔：《重写现代性》，包亚明：《后现代性与公正游戏——利奥塔访谈、书信录》，谈瀛洲译，上海人民出版社 1997 年版，第 154 页。

② 鲍宗豪等：《城市的素质、风骨与灵魂》，上海人民出版社 2007 年版，第 9—10 页。

密、机械的计算，感性则成为破碎的、无意义的。大工业使自然失去了完整性和丰富性，感性形象成了不重要的外表和附庸，它再也不能充当本质的表象了。感觉本来是一切理解的源泉，现在抽象功能成为唯一的知觉方式。人在把握自然界的本质规律后，就和活生生的感性自然疏远了。"① 完整的人性本来由感性和理性共同组成，但自从人类社会步入现代时期以来，以科学主义为表征的理性逐渐取得了对于感性的压制甚至是祛除。这一总体趋势表现在传统城市管理中，便是文本化管理几乎成为城市管理的全部。人们遵从理性化组织方式集聚在城市中，抽象的、枯燥的理念在城市公共生活中不仅在实质上也在形式上占据着城市公共生活空间。换言之，感性与理性相分离的人性断裂就发生在传统城市管理之中。

那么，要建构起人性化的城市管理，首要任务便是在城市管理中为人之感性寻找到合适的定位。城市视觉管理恰恰因其对于感性和理性的并重而为城市管理提供了人文气息与人文色彩。首先，它重塑了感性在城市管理中的应有地位，重视视觉的管理意义，以供给视觉产品和视觉信息的方式满足了人们的感受性，符合了人们先感性后理性的一般认知习惯。其次，它重视但并不片面地推崇视知觉，而是将城市管理理念内置于视觉形式之中，也即赋予了理性的城市管理以感性表象，通过兼具感受性与认知性的视觉语言实现了理性与感性的同一。再次，它虽然表现出大量的艺术性元素，但同时又严格遵循设计的科学规律，充分体察人体对于环境的丰富需求，创造出便于人们生活的视觉化城市管理设施，使得城市变成一个充满人情味的人性场所。如此一来，城市视觉管理实际上实现了城市的应有之善，也就是对于人性的彰显，而且在更大意义上，它还构成人类纠正理性主义之失、弥合人性断裂宏大社会图景的一个部分。

城市是一个包含了文化记忆、历史叙事和个性气质的文化场域，每一座美丽的城市都应该是一首隽永的诗。当然，这种诗化城

① 邓晓芒:《西方美学史纲》,武汉大学出版社 2008 年版,第 126 页。

市在喧嚣的现代进程中曾一度消身隐匿，人们洞穿城市的眼光多半是欲望的而非审美的，这使得城市及其管理多致力于满足实用目的而非美学目的，由此而来的后果是人们逐渐丧失了对城市进行审美观察的现实载体。但是城市视觉管理正在改观这一局面，其用以传达管理信息的各种视觉符号——生动活泼具有意趣的文字、别具匠心优雅清丽的图形以及富于变化搭配得法的色彩——都在散发着艺术和美的气息。可以说，城市视觉管理是一个创造美的过程，它为人们提供了饱含艺术元素的城市环境以及大量审美机会，这使得它体现着浓重的审美意义。

若以当代艺术哲学视角观之，城市视觉管理实际上是一个公共艺术介入城市空间的过程。传统观点认为："公共艺术的作品被认为是面向更广大观众的，并且放置在能够引起公众注意的地方；意味着提供某种教育性的、纪念性的或者娱乐的经验；并且通过能够被普遍理解的内容传递信息。"① 诸如放置在市中心广场的雕塑、纪念碑等，都是公共艺术。公共艺术的外延应该更为宽广。举凡一件艺术作品走出传统的狭小审美场景而进入广阔的公共空间，并被用于达成某种公共目标，或者艺术手段被用以达成公共目的，这时的艺术形式或艺术元素便获取了某种公共性，这种艺术创作与审美的实践就构成了一门公共艺术。城市视觉管理的信息传递载体中含有大量的艺术元素，艺术与管理在其中实现了高度结合，我们自然可以将之视为一种公共艺术实践。毋宁说，城市视觉管理的载体本质上是一件件艺术作品。

于是，在城市视觉管理时代，人们便处于艺术的包围之中了。由于管理信息蕴含于艺术品中，他们接受管理信息的过程也就同时成为了艺术审美的过程。艺术又总是充满诗意的。在海德格尔看来，艺术的本质就是诗。② 如果海德格尔所言属实，我们可以说城市视觉管理在某种程度上使得人们生活在诗意之中了，它为人们提

---

① 李建盛：《公共艺术与城市文化》，北京大学出版社 2012 年版，第 10 页。
② ［德］马丁·海德格尔：《林中路》，孙周兴译，上海译文出版社 2014 年版，第 84 页。

供了审美场所，有条件让人发现生活信息的同时发现美感和体味诗意，城市管理与城市生活从而开始拥有了诗化特征。借用荷尔德林的经典诗语来说，在城市视觉管理的推动下，生活于城市中的人们能够实现一种诗意的栖居。

为了更好地栖居于城市，人们有必要具备解读城市中各种视觉符号的能力，这是一种有别于传统的文本阅读能力的读取图像的能力，可称之为视觉素养。视觉素养的概念外延十分宽泛，对于文本语言之外的绘画、雕塑、书法、影视等艺术形式的观照能力，都可纳入视觉素养的范畴。也就是说，视觉素养是一种理解各种视像的象征、意义、所指的能力。这种能力自古以来就至关重要，在人类社会进入视觉文化和读图时代后越加重要了。米歇尔就表达了这种重要性，他认为包括图像在内的各种"形象不仅仅是一种特殊符号，而颇像是历史舞台上的一个演员，被赋予传奇地位的一个在场或人物，参与我们所讲的进化故事并与之相并行的一种历史，即我们自己的'依造物主的形象'被创造、又依自己的形象创造自己和世界的进化故事。"① 撇开这段论述的神学色彩，我们的确应该承认我们需要培育起视觉素养以便读懂图像中所蕴含的各种"在场""故事"以及图像所包含的"世界"的影像。具体到城市视觉管理中，便是我们需要读懂各种城市视觉符号所传达的管理信息和指示意义，从而有效地实现公共的与私人的管理目标。但是长期以来，视觉素养在人类社会中的地位明显不如读文素养那般受关注和重视，正如阿恩海姆所言：我们"在科学和技术领域中缺乏视觉思维方面的训练"，并且这已成为"我们所生活的文明世界的一大隐患"。② 显然，阿恩海姆的论述不仅是在陈述事实、表达隐忧，还道出了加强视觉素养培育的必要性。

在这项有关视觉素养的教育事业中，城市视觉管理可以发挥重要作用。这源于城市视觉管理的两个优势。首先是它寓读图于管理

---

① ［美］W.J.T. 米歇尔：《图像学：形象，文本，意识形态》，陈永国译，北京大学出版社 2006 年版，第 5 页。

② ［美］鲁道夫·阿恩海姆：《视觉思维——审美直觉心理学》，滕守尧译，四川人民出版社 1998 年版，第 411 页。

之中。在视觉化的城市中，诸多管理信息以图像的形式得以传递，人们若要获取这些信息以及掌握城市管理的真实意指，就需要运用自身的感受力和知解力去读取各种图像，这就为人们的读图行为提供了现实动力。其次，城市视觉管理具有设计实践的天然优势，阿恩海姆在论述现代人视觉素养的匮乏时曾说道：艺术家们"忽视或不屑于把某些客观事实变成可见的美的形象，以便向那些渴望知道这些事实的心灵展现出来"。① 与阿恩海姆口中这些艺术家们相反，城市视觉管理的设计师并不致力于纯粹艺术的创造，而是创作满足人们城市生活需要的各种视觉产品。这些产品基于设计师们对于城市视觉管理受众的认知轨迹、心理特征、审美需要和情感需求等变量而设计出来，它们不像人们寻常所见的艺术作品那般玄幻莫测，而是存在着可辨识的规律和法则的图像作品。基于这两个优势，我们可以认为城市视觉管理有助于人们视觉素养的化育。

综上所言，由于城市视觉管理所蕴含的丰富文化意义，我们不应直观地将之视为纯粹技术或工具的系统，而应将之视为整个人类文化进程的一部分。因此之故，我们可以充满信心地宣称一个城市视觉管理的时代已经到来，视觉与图像正在重塑人们管理城市的理念与理解城市的方式。当然需要指出的是，城市视觉管理不应该觊觎某种形式的"图像霸权"，它并非要取代传统城市管理，而是与后者相辅相成，共同致力于实现人类社会对于美好城市家园的憧憬。

---

① ［美］鲁道夫·阿恩海姆：《视觉思维——审美直觉心理学》，四川人民出版社 1998 年版，第 411 页。

参考文献

一、图书

[1] [美] 阿瑟·奥沙利文:《城市经济学》,周京奎译,中信出版社2002年版。

[2] [英] 艾森克·基恩:《认知心理学(第五版)》,高定国,何凌南译,华东师范大学出版社2009年版。

[3] [意] 阿尔多·罗西:《城市建筑学》,黄士钧译,中国建筑工业出版社2006年版。

[4] [美] 阿诺德·柏林特:《环境美学》,张敏、周雨译,湖南科学技术出版社2006年版。

[5] [美] 阿特休尔:《权力的媒介》,黄煜译,华夏出版社1989年版。

[6] [美] 保罗·M.:《莱斯特,视觉传播:形象载动信息》,霍文利等译,中国传媒大学出版社2003年版。

[7] [美] 贝恩特·施密特、亚历克斯·西蒙森:《视觉与感受:营销美学》,曹嵘译,上海交通大学出版社1999年版。

[8] [德] 本雅明:《机器复制时代的艺术作品》,王才勇译,辽宁人民出版社2003年版,第34页。

[9] [意] 布鲁诺·赛维:《建筑空间轮:如何品评建筑》,张似赞译,中国建筑工业出版社2006年版。

[10] [美] 理查德·格里格、菲利普·津巴多:《心理学与生活》,王垒、王苏等译,人民邮电出版社2003年版。

[11] [美] 丹尼尔·A.雷恩:《管理思想的演变》,赵睿等译,中国社会科学出版社1988年版。

[12] [美] 丹尼尔·贝尔:《资本主义文化矛盾》,赵一凡等译,生活·读书·新知三联书店1989年版。

[13] [美] 杜威:《艺术即经验》,高建平译,商务印书馆2005年版。

[14] [美] 道格拉斯·凯尔纳、斯蒂文·贝斯特:《后现代理论——批

判性的质疑》，张志斌译，中央编译出版社 1999 年版。

[15]［德］恩斯特·卡西尔著：《人论》，甘阳译，上海译文出版社 1985 年版。

[16]［美］菲利普·科特勒：《国家营销》，俞利军译，华夏出版社 2003 年版。

[17]［美］菲利普·科特勒、加里·阿姆斯特朗：《市场营销原理》，赵平译，清华大学出版社 1996 年版。

[18]［瑞士］菲尔迪南·德·索绪尔：《普通语言学教程》，刘丽译，九州出版社 2007 年版。

[19]［美］弗莱蒙特·E.卡斯特、詹姆斯·E.罗森茨韦克：《组织与管理——系统方法和权变方法》，李柱流译，中国社会科学出版社 2000 年版。

[20]［德］弗里德里希·席勒：《审美教育书简》，冯至、范大灿译，上海人民出版社 2003 年版。

[21]［奥］弗洛伊德：《自我与本我》，林尘等译，上海译文出版社 2011 年版。

[22]［奥］弗洛伊德：《精神分析引论》，高觉敷译，商务印书馆 1986 年版。

[23]［奥］弗洛伊德：《梦的解析——揭开人类心灵的奥秘》，丹宁译，国际文化出版公司 1998 年版。

[24]［法］法约尔：《工业管理与一般管理》，张扬译，中国社会科学出版社 1998 年版。

[25]［美］盖尔·戴博勒·芬克：《城市标志设计》，张枫等译，大连理工大学出版社 2001 年版。

[26]［法］格拉夫梅耶尔：《城市社会学》，徐伟民译，天津人民出版社 2005 年版。

[27]［德］海因特·富克斯等：《产品·形态·历史：德国设计 150 年》，斯图加特对外关系学会 1985 年版。

[28]［日］黑川纪章：《城市设计的思想与手法》，谭力译，北京建筑工业出版社 2004 年版。

[29]［英］H.K.科尔巴奇：《政策》，张毅、韩志明译，吉林人民出版社 2005 年版。

[30]［英］吉登斯：《现代性与自我认同：现代晚期的自我与社会》，赵旭东、方文译，生活·读书·新知三联书店 1998 年版。

[31]［美］基思·丹尼：《城市品牌：理论与案例》，沈涵等译，东北财经大学出版社 2014 年版。

[32]［美］卡罗琳·弗朗西斯：《人性场所：城市开放空间设计导则》，

俞孔坚等译，中国建筑工业出版社 1983 年版，第 80 页。

[33]［德］卡尔·曼海姆著：《重建时代的人与社会》，张旅平译，译林出版社 2011 年版。

[34]［美］凯文·林奇：《城市意象》，方益萍、何晓军译，华夏出版社 2001 年版。

[35]［美］凯文·林奇：《城市形态》，林庆怡等译，华夏出版社 2003 年版。

[36]［美］凯文·莱恩·凯勒：《战略品牌管理》，李乃和、李凌等译，中国人民大学出版社 2003 年版。

[37]［德］康德：《判断力批判》，邓晓芒译，人民出版社 2002 年版。

[38]［德］克劳塞维茨：《战争论》，中国人民解放军军事科学院译，战士出版社 1982 年版。

[39]［德］拉尔夫·达仁道夫：《现代社会冲突》，林荣远译，中国社会科学出版社 2000 年版。

[40]［法］吕迪·鲍尔：《设计与设计家》，中国青年出版社 2006 年版。

[41]［美］鲁道夫·阿恩海姆：《艺术与视知觉》，滕守尧、朱江源译，四川人民出版社 2005 年版。

[42]［美］鲁道夫·阿恩海姆：《视觉思维——审美直觉心理学》，滕守尧译，四川人民出版社 1998 年版。

[43]［美］罗伯特·柯林：《拼贴城市》，童明译，大连理工大学出版社 2010 年版。

[44]［美］理查德·鲁尼恩：《心理统计》，林丰勋译，人民邮电出版社 1989 年版。

[45]［法］利奥塔：《重写现代性》，包亚明，《后现代性与公正游戏——利奥塔访谈、书信录》，谈瀛洲译，上海人民出版社 1997 年版。

[46]［德］马丁·海德格尔：《林中路》，孙周兴译，上海译文出版社 2014 年版。

[47]［德］马克思：《1844 年经济学哲学手稿》，人民出版社 2000 年版。

[48]［英］马尔科姆·巴纳德：《理解视觉文化的方法》，常宁生译，商务印书馆 2013 年版。

[49]［美］尼古拉斯·米尔佐夫：《视觉文化导论》，倪伟译，江苏人民出版社 2006 年版。

[50]［美］尼古拉斯·米尔佐夫：《何谓视觉文化》，王有亮译，南京大学出版社 2013 年版。

[51]［美］帕森斯：《现代社会的结构与过程》，梁向阳译，光明日报出版社 1988 年版。

[52]［美］乔治:《费雷德里克森·公共行政的精神》,张成福等译,中国人民大学出版社 2003 年版。

[53]［美］R.E.帕克、E.N.伯吉斯、R.D.麦肯齐:《城市社会学》,宋俊岭、吴建华、王登斌译,华夏出社 1987 年版。

[54]［英］舍勒肯斯:《美学与道德》,王柯平等译,四川人民出版社 2010 年版。

[55]［美］史蒂文布·拉萨:《景观美学》,彭锋译,北京大学出版社 2008 年版。

[56]［美］苏珊·朗格:《情感与形式》,中国社会科学出版社 1986 年版。

[57]［苏］瓦·尼·萨多夫斯基著:《一般系统论原理》,贾泽林等译,人民出版社 1986 年版。

[58]［德］韦尔施:《重构美学》,陆扬等译,上海译文出版社 2006 年版。

[59]［德］沃尔夫冈·韦尔施:《重构美学》,陆扬等译,上海译文出版社 2006 年版。

[60]［美］W.J.T. 米歇尔:《图像学:形象,文本,意识形态》,陈永国译,北京大学出版社 2006 年版。

[61]［德］席勒:《美育书简》,徐恒醇译,中国文联出版公司 1984 年版。

[62]［丹麦］扬·盖尔:《交往与空间》,何人可译,中国建筑工业出版社 2002 年版,第 10 页。

[63]［美］伊利尔·沙里宁:《城市:它的发展、衰败与未来》,顾启源译,中国建筑工业出版社 1986 年版。

[64]［瑞］约翰内斯·伊顿:《色彩艺术》,杜定宇译,世界图书出版公司 1996 年版。

[65]［美］约翰·克莱顿·托马斯:《公共决策中的公民参与:公共管理者的新技能与新策略》,孙柏瑛等译,中国人民大学出版社 2005 年版。

[66]［美］约翰·派尔:《世界室内设计史》,刘先觉等译,中国建筑工业出版社 2003 年版。

[67]［瑞士］约翰内斯:《伊顿·色彩艺术》,人民美术出版社 1985 年版。

[68]［古希腊］亚里士多德:《形而上学》,吴寿彭译,商务印书馆 1959 年版。

[69]［古希腊］亚里士多德:《政治学》,吴寿彭译,商务印书馆 1965 年版。

[70]［古罗马］维鲁特威:《建筑十书》,高履泰译,中国建筑工业出版社 1986 年版。

[71]［美］伊利尔·沙里宁:《城市:它的发展、衰败与未来》,顾启源译,中国建筑工业出版社 1986 年版。

[72] [美] 詹明信:《晚期资本主义的文化逻辑》,生活·读书·新知三联书店 1997 年版。

[73] 鲍宗豪等:《城市的素质、风骨与灵魂》,上海人民出版社 200 年版。

[74] 陈嘉明等:《现代性和后现代性》,人民出版社 2001 年版。

[75] 陈禹:《层次——系统科学的一个重要范畴》,许国志:《系统科学与工程研究》,上海科技教育出版社 2000 年版。

[76] 陈新民:《公法学札记》,中国政法大学出版社 2001 年版。

[77] 陈玲:《当代消费主义语境下视觉文化的审美研究》,山东师范大学出版社 2009 年版。

[78] 陈新民:《公法学札记》,中国政法大学出版社 2001 年版。

[79] 邓晓芒:《西方美学史纲》,武汉大学出版社 2008 年版。

[80] 董增刚:《城市学概论》,北京大学出版社 2013 年版。

[81] 《大师》编辑部:《菲利普·约翰逊 / 建筑大师 MOOK 丛书》,华中科技大学出版社 2007 年版。

[82] 范广垠:《市政管理》,南开大学出版社 2008 年版。

[83] 冯天瑜、张艳国:《谋略经纬》,武汉大学出版社 2007 年版。

[84] 甘险峰:《新闻图片与报纸编辑》,福建人民出版社 2008 年版。

[85] 高平叔:《蔡元培美育论集》,湖南教育出版社 1987 年版。

[86] 高占祥:《文化力》,北京大学出版社 2007 年版。

[87] 高亨:《商君书注译》,清华大学出版社 2011 年版。

[88] 葛荣晋:《道家文化与现代文明》,中国人民大学出版社 1991 年版。

[89] 公丕祥:《中国法制现代化的进程》,中国人民公安大学出版社 1991 年版。

[90] 公安部消防局:《中国火灾统计年鉴》,中国人事出版社 2008 年版。

[91] 郭理桥:《城市精细化管理遥感应用》,中国建筑工业出版社 2013 年版。

[92] 郭跃进:《管理学》,经济管理出版社 2003 年版。

[93] 蒋孔阳:《美学新论》,人民文学出版社 2006 年版。

[94] 唐恢一:《城市学》,哈尔滨工业出版社 2001 年版。

[95] 钱学森:《论系统工程》,上海交通大学出版社 2010 年版。

[96] 饶会林:《中国城市管理新论》,经济科学出版社 2005 年版。

[97] 史式:《清官贪官各行其道》,重庆出版社 2004 年版。

[98] 寿天德:《视觉信息处理的脑机制》,中国科学技术大学出版社 2010 年版。

[99] 孙湘明:《城市品牌形象系统研究》,人民出版社 2012 年版。

[100] 孙湘明：《信息设计》，中国轻工业出版社 2013 年版。

[101] 孙湘明：《现代广告设计》，湖南美术出版社 2010 年版。

[102] 李贤毅：《智慧城市开启未来生活——科学规划与建设》，人民邮电出版社 2012 年版。

[103] 李建盛：《公共艺术与城市文化》，北京大学出版社 2012 年版。

[104] 李允杰、丘昌泰：《政策执行与评估》，北京大学出版社 2008 年版。

[105] 李建盛：《公共艺术与城市文化》，北京大学出版社 2012 年版。

[106] 李泽厚：《美学四讲》，生活·读书·新知三联书店 1999 年版。

[107] 李彬：《传播学引论》，新华出版社 1993 年版。

[108] 李幼燕：《理论符号学导论》，社会科学文献出版社 1999 年版。

[109] 廖少华、陈彧：《设计概论》，湖南大学出版社 2005 年版。

[110] 刘南昌：《强国产业论——产业政策若干理论问题研究》，经济科学出版社 2006 年版。

[111] 刘先觉：《密斯·凡德罗》，中国建筑工业出版社 1992 年版。

[112] 刘悦笛：《分析美学史》，北京大学出版社 2009 年版。

[113] 卢少夫：《图形创意设计》，上海人民美术出版社 2004 年版。

[114] 卢振恒、马宗晋：《灾害管理学》，湖南人民出版社 1998 年版。

[115] 王鹏、潘光华、高峰：《经验的完形——格式塔心理学》，山东教育出版社 2009 年版。

[116] 王昌龄：《诗格》，郭绍虞主编：《中国历代文论选》，上海古籍出版社 1979 年版。

[117] 萧前、李秀林、汪永祥：《辩证唯物主义原理（第三版）》，北京师范大学出版社 2012 年版。

[118] 徐磊青、杨公侠：《环境心理学》，同济大学出版社 2002 年版。

[119] 徐磊青：《人体工程学与环境行为学》，中国建筑工业出版社 2006 年版。

[120] 杨志等编著：《人本管理》，中国石油大学出版社 1999 年版。

[121] 叶郎：《现代美学体系》，北京大学出版社 1988 年版。

[122] 曾坚：《当代世界先锋建筑的设计观念——变异、软化、背景、启迪》，天津大学出版社 1995 年版。

[123] 曾宪植：《公共文明建设对经济发展方式转变的推动作用》，世界城市与精神文明建设论坛论文集 2003 年。

[124] 张昆：《大众媒介的政治社会化功能》，武汉大学出版社 2003 年版。

[125] 张浩达：《视觉传播：信息、认知、读解》，北京大学出版社

2012 年版。

[126] 张宪荣：《设计符号学》，化学工业出版社 2004 年版。

[127] 张永桃：《市政学》，高等教育出版社 2000 年版。

[128] 周成璐：《公共艺术的逻辑及其社会场域》，复旦大学出版社 2010 年版。

[129] 周宪：《读图·身体·意识形态》，陶东风等，《文化研究（第 3 辑）》，天津社会科学院出版社 2002 年版。

[130] 周宪：《视觉文化的转向》，北京大学出版社 2008 年版。

[131] 周三多：《管理学——原理与方法》，复旦大学出版社 1995 年版。

[132] 朱铁臻：《城市现代化研究》，红旗出版社 2002 年版。

[133] 朱铁臻：《中国特色的新型城市化道路》，中国特色北京特点城市发展研讨会专辑 2007 年版。

[134] 朱狄：《当代西方美学》，人民文学出版社 1984 年版。

[135] 庄周：《庄子·物外》，三秦版社 2012 年版。

[136] 中共中央马克思恩格斯列宁斯大林著作编译局：《马克思恩格斯全集（第一卷）》，人民出版社 1985 年版。

[137] 祖保泉：《文心雕龙解说》，安徽教育出版社 1993 年版。

二、期刊

[1] ［法］巴纳德·朱维：《城市治理：通向一种新型的政策工具》，《国际社会科学杂志》（中文版）2009 年第 4 期。

[2] ［美］阿诺德·伯利恩特：《培植一种城市美学》，新蔚译，《第欧根尼》1987 年第 2 期。

[3] ［德］博伊斯：《约瑟夫·博伊斯访谈录》，王庆伟译，《当代艺术》2005 年第 4 期。

[4] 曹晖：《城市美学论纲》，《城市问题》2007 年第 7 期。

[5] 高中岗：《瑞士的空间规划管理制度及其对我国的启示》，《国际城市规划》2009 年第 4 期。

[6] 刘悦笛：《走向生活美学的"生活美育"观——21 世纪如何建设中国的新美育》，《美育学刊》2012 年第 6 期。

[7] 刘淑妍、诸大建：《城市管理中的公众参与研究——基于利益相关分析视角》，《政治学研究》2007 年第 4 期。

[8] 刘成纪：《一种建设性的城市美学》，《河南社会科学》2012 年第 2 期。

[9] 廖祥忠：《何为新媒体?》，《现代传播》2008 年第 5 期。

[10] 李振宇、邓丰：《形式追随生态——建筑真善美的新境界》，《建筑学报》2011 年第 10 期。

[11] 连苏华：《西方城市政策的理论》，《城市问题》1985 年第 1 期。

[12] 马衍明：《自主性：一个概念的哲学考察》，《长沙理工大学学报》（社会科学版）2009 年第 2 期。

[13] 马德普、马国杰：《从官僚制到后官僚制》，《郑州大学学报》2008 年第 4 期。

[14] 聂承锋等：《城市美学本质》，《建筑艺术》2014 年第 1 期。

[15] 饶会林、程鑫：《城市发展战略的重要意义》，《城市问题》1987 年第 2 期。

[16] 孙湘明：《城市形象视觉管理研究》，《中南大学学报》(社会科学版) 2014 年第 6 期。

[17] 孙湘明、杨尚丽：《从语义学角度对城市色彩的思考》，《湖南大学学报》2008 年第 4 期。

[18] 宋昆、赵劲松：《英雄主义的归去来》，《建筑师》2004 年第 3 期。

[19] 邬焜：《物质思维·能量思维·信息思维：人类科学思维方式的三次大飞跃》，《学术界》2002 年第 2 期。

[20] 吴志强：《德国城市规划的编制过程》，《国外城市规划》1998 年第 2 期。

[21] 薛求理：《路易斯·康的实验室设计及其建筑观点》，《世界建筑》1981 年第 2 期。

[22] 竺干威：《"大部制"刍议》，《中国行政管理》2008 年第 3 期。

[23] 郑士源等：《网格及网格化管理综述》，《系统工程》2005 年第 3 期。

[24] 周宪：《后现代性是一种现代性》，《南京大学学报》（哲学·人文科学·社会科学版）1999 年第 3 期。

[25] 周宪：《视觉文化的转向》，《学术月刊》2004 年第 2 期。

[26] 张法：《20 世纪以来西方美学的三大特征》，《探索与争鸣》2011 年第 4 期。

[27] 张立文：《管子道德和合新释》，《社会科学战线》2010 年第 2 期。

[28] 张敏：《协商治理：一个成长中的新公共治理范式》，《江海学刊》2012 年第 5 期。

[29] 张奇志、邓欢英：《我国食品安全现状及对策措施》，《中国食物与营养》2006 年第 5 期。

[30] 朱睿、邹珊刚：《系统管理的过去、现在和未来》，《系统辩证学学报》1994 年第 3 期。

三、外文文献

[1] A. G. Bovaird. *Public management & governance*, London: Routledge,

2003.

[2] Gore, *Albert.Creating a Government That Works Better and Costs Less: Report of the National Performance Review*, Washington, D.C.: U.S. Government Printing Office, 1993.

[3] Hamel *G. Strategy as revolution,* Harvard Business Review, 1996(6/8).

[4] Healey *P. Collaborative Planning in a Stakeholder Society*, The Town Planning Review, 1998, (69).

[5] Jean-Philippe Lenclos, *Dominique Lenclos. Colors of the World*: The Geography of Color.Norton, 2004.

[6] LAYNE K, LEE J. *Developing Fully Functional E-government: A Four Stage Model*. Government Information Quarterly, 2001, 18 (2).

[7] Robert E.Horn, *Information Design: Emergence of a New Profession.* Information, 1999.

[8] William H. Wilson, *The City Beautiful Movement, Johns Hopkins University* Press, 1994.

[9] Zachary Simpson, *Life as Art: Aesthetics and the Creation of Self*, New York: Lexington Books / Rowman and Littlefield, 2012.

[10] William H.Wilson, *The City Beautiful Movement,Baltimore: The Johns Hopkins* University Press,1989.

[11] Macfadyne Kenneth."*Urban on Top at Off-Price Show*". Daily News Record, 2003, No.33.

[12] W.Kohler. *Gestalt Psychology: A Introduction to New Concepts in Modern Psychology*. NewYork: Liveright, 1970.

附 录 图片资料来源一览表

第一章 思想溯源：城市视觉管理的观念基础

图号	名称	资料来源	备注
图1—1	芝加哥城市美化运动	作者拍摄	
图1—2	审美场域关系图	作者绘制	
图1-3	米兰城市信息管理系统	作者拍摄	
图1—4	太极图	http://tupian.baike.com/a1_70_06_193 00001200740130276061775143_jpg. html?prd=so_tupian	
图1—5	美国亚特兰大可口可乐博物馆	作者拍摄	
图1—6	我爱纽约	http://ent.163.com/08/0411/09/4987I KTS000300B1.html	
图1—7	品牌结构图	作者绘制	
图1—8	城市品牌要素指标体系	作者绘制	
图1—9	城市形象定位结构图	作者绘制	
图1—10	城市管理思想溯源设计实践	作者绘制	

第二章　本体透视：城市视觉管理基本问题

图号	名称	资料来源	备注
图 2—1	国家公共标志设计原则与图形全集	艺术与设计.国家公共标志设计原则与图形全集 [M]. 北京：艺术与设计杂志社 .2003.	
图 2—2	可口可乐公司提出"形象就是一切"	作者拍摄	
图 2—3	西班牙巴赛罗拉机场导识系统	作者拍摄	
图 2—4	巴黎城市视觉管理系统	作者拍摄	
图 2—5	德国地铁动态管理系统	作者拍摄	
图 2—6	考文垂交通博物馆交互系统	作者拍摄	
图 2—7	伊索图形 ISOTYPE	作者拍摄	
图 2—8	美国政府税收管理图	孙湘明《信息设计》[M]. 北京：中国轻工业出版社，2013.71.	
图 2—9	IBM 公司视觉识别系统	作者拍摄	
图 2—10	2016 G20 杭州峰会	http://bbs.redocn.com/thread-574345-1-1.html	
图 2—11	纽约曼哈顿时报广场	作者拍摄	
图 2—12	英国道路交通智能管理系统	作者拍摄	
图 2—13	视觉管理色彩规范	艺术与设计.国家公共标志设计原则与图形全集 [M]. 北京：艺术与设计杂志社 .2003.	
图 2—14	粉红之城——印度斋普尔	作者拍摄	
图 2—15	美国联邦公路局标识字体标准（USACE）	作者绘制	
图 2—16	土耳其地下之城卡帕多西亚	http://www.chinese-luxury.com/travel/20120223/17470.html	
图 2—17	罗马城徽	http://ggcyf50.blog.163.com/blog/static/18257864820117298573173/	
图 2—18	波士顿自由之路	作者拍摄	
图 2—19	日本梅田医院标识	http://www.sc115.com/shows/158943.html	

图号	名称	资料来源	备注
图 2—20	英国伦敦城市色彩环境	作者拍摄	
图 2—21	贝聿铭先生设计的苏州博物馆	作者拍摄	
图 2—22	公共管理标识中的五种基本形态	艺术与设计.国家公共标志设计原则与图形全集 [M]. 北京：艺术与设计杂志社.2003.	
图 2—23	水平方向色彩视野、垂直方向色彩视野	作者绘制	
图 2—24	设置要求	艺术与设计.国家公共标志设计原则与图形全集 [M]. 北京：艺术与设计杂志社.2003.	
图 2—25	特维尔城市视觉规划	http://www.visionunion.com/article.jsp?code=201109110025	
图 2—26	NYC Parks	http://new.pentagram.com	
图 2—27	NYC Way finding	http://new.pentagram.com	
图 2—28	气象灾害预警信号图标	http://news.xinhuanet.com/newscenter/2004-08/25/content_1879980.htm	
图 2—29	城市视觉管理基本问题设计实践	作者绘制	

第三章　视觉发生机制：城市视觉管理原理

图号	名称	资料来源	备注
图 3—1	相机眼球成像模型对比图	作者绘制	
图 3—2	视觉生理成像模型	作者绘制	
图 3—3	视觉生理认知结构	作者绘制	
图 3—4	视觉注意示例图	作者绘制	
图 3—5	先整体后局部	作者绘制	
图 3—6	视觉心理认知模型	作者绘制	
图 3—7	鲁宾之杯	作者绘制	
图 3—8	缪勒莱尔错觉实验	作者绘制	
图 3—9	知觉组织图形	作者绘制	
图 3—10	弗洛伊德人格结构图	作者绘制	
图 3—11	伊索图形系统	作者拍摄	
图 3—12	审美心理模型	作者绘制	

图号	名称	资料来源	备注
图3—13	视觉传播模型	作者绘制	
图3—14	城市视觉管理原理设计实践	作者绘制	

第四章 价值认同：城市形象视觉管理

图号	名称	资料来源	备注
图4—1	香港特别行政区区徽	http://mp.weixin.qq.com/s?__biz=MjM5MDY4NzcyMw==&mid=10000174&idx=1&sn=bb99a7e981957cfd3cda23cf1dc96a5b	
图4—2	阿尔迪加城市形象	http://www.baidu.com http://image.baidu.com/search/detail?ct=503316480&z=0&ipn=d&word=杭州城市形象	
图4—3	汉诺威世博会形象	http://www.moejam.com/news/3415.html	
图4—4	悉尼城市形象	http://www.pm.cndesign.com	
图4—5	纽约的城市形象	http://ent.163.com/08/0411/09/4987IKTS000300B1.html	
图4—6	杭州城市形象	http://travel.sina.com.cn/china/2013-10-21/1352224282.shtml	
图4—7	色彩的直接管理功能设计实践	作者绘制	
图4—8	色彩的间接管理功能设计实践	作者绘制	
图4—9	城市色彩分析设计实践	作者绘制	
图4—10	色调管理设计实践	作者绘制	
图4—11	印度四色之城的城市色彩	http://fashion.ifeng.com/travel/photo/hd_2013_11/13/31202469_0.shtml#p=1	
图4—12	色系管理设计实践	作者绘制	
图4—13	色限管理设计实践	作者绘制	
图4—14	我国的麦当劳与卢森堡麦当劳色彩对比	http://ucheke.jrj.com.cn/2011/09/08181610991977-18.shtml	

图号	名称	资料来源	备注
图 4—15	明清时期北京城的空间结构	作者绘制	
图 4—16	华盛顿城市中轴线	http://www.libaclub.com/ t_7343_6487429_46.htm	
图 4—17	故宫太和殿	http://www.photophoto.cn/photo/ shoudufengguang/xiongweizijincheng/ image_46097e9a9649eaf8.htm	
图 4—18	卡塔尔机场通道	作者拍摄	
图 4—19	城市形象视觉管理设计实践	作者绘制	

第五章　和谐空间：城市环境视觉管理

图号	名称	资料来源	备注
图 5—1	英国莎士比亚小镇生态环境	作者拍摄	
图 5—2	环境视觉管理系统关系设计实践	作者绘制	
图 5—3	华盛顿太平洋战争纪念广场	作者拍摄	
图 5—4	深圳火车站导识系统	http://www.baidu.com	
图 5—5	机场人流疏导图	作者拍摄	
图 5—6	视觉注意与指示系统关系结构图	作者绘制	
图 5—7	乘客行为模式分析图	作者绘制	
图 5—8	白色的西班牙隆达小镇	作者拍摄	
图 5—9	色彩的夜视距离分析	作者绘制	
图 5—10	环境行为规范	艺术与设计 . 国家公共标志设计原则与图形全集 [M]. 北京：艺术与设计杂志社 .2003.	
图 5—11	巴黎埃菲尔铁塔管理图	作者拍摄	
图 5—12	国家公共安全图标	艺术与设计 . 国家公共标志设计原则与图形全集 [M]. 北京：艺术与设计杂志社 .2003.	
图 5—13	西班牙城市安全行为规范	作者拍摄	
图 5—14	利物浦工业革命时期的码头文化	作者拍摄	

图号	名称	资料来源	备注
图 5—15	2010 上海世博会中国馆主体建筑、标志和纪念章的视觉规范	作者拍摄整理	
图 5—16	环境文明视觉规范设计实践	作者绘制	
图 5—17	节能视觉管理	http://www.nipic.com/show/3/81/3710784k7c2a9292.html	
图 5—18	可降解认证标志	www.finance.eastday.com	
图 5—19	垃圾分类回收图示	http://www.nipic.com	
图 5—20	生产指示视觉规范图标	艺术与设计.国家公共标志设计原则与图形全集 [M]. 北京：艺术与设计杂志社.2003.	
图 5—21	安全运输视觉规范图标	http://www.58pic.com/zhan-ban/388405.html	
图 5—22	救生筏设备操作规范	作者拍摄	
图 5—23	体育动作规范流程	作者拍摄	
图 5—24	电脑操作坐姿规范	作者拍摄	
图 5—25	办公制度设计实践	作者绘制	
图 5—26	"水桶原理"人力资源管理设计实践	作者绘制	
图 5—27	办公制度视觉规范设计实践	作者绘制	
图 5—28	办公礼仪视觉规范设计实践	作者绘制	
图 5—29	城市环境视觉管理设计实践	作者绘制	

第六章　行为规范：城市公共服务视觉管理

图号	名称	资料来源	备注
图 6—1	禁止吸烟标志	艺术与设计.国家公共标志设计原则与图形全集 [M]. 北京：艺术与设计杂志社.2003.	
图 6—2	公共服务视觉管理系统结构及图示索引	作者绘制	

图号	名称	资料来源	备注
图6—3	《关注危险》安全课程网页	http://www.esafety.cn/laodongbao-hu/42268.html	
图6—4	日本防灾训练视觉设计	http://news.sina.com.cn	
图6—5	新华社印发的地震逃生攻略	http://www.kuaiji.com/news/1417416	
图6—6	四级汛情预警	http://www.bjyj.gov.cn/ywdt/yw/t1114478.html	
图6—7	车辆落水逃生方法	http://www.fjzzjy.gov.cn/newsInfo.aspx?pkId=146291	
图6—8	食品质量认证类标识	http://www.nipic.com/show/8716671.html	
图6—9	食品安全监督公示	http://news.hexun.com/2012-06-11/142347689.html	
图6—10	艾滋病传播途径科普	http://subject.wanfangdata.com.cn/aids/aids.html	
图6—11	艾滋病防控公益海报	孙湘明、张利.社会问题招贴设计[M] 长沙：湖南美术出版社.2009.	
图6—12	图解正确洗手	http://gd.qq.com/zt2014/shouzukou/index.htm	
图6—13	疫苗接种科普设计实践	中南大学学生刘娟、苗深远，英国考文垂大学学生 Daniela Mihaylova 设计	
图6—14	美国司巴克消防形象	http://www.esafety.cn/laodongbao-hu/42268.html	
图6—15	当心爆炸	艺术与设计.国家公共标志设计原则与图形全集 [M]. 北京：艺术与设计杂志社.2003.	
图6—16	防火逃生方法视觉设计	作者自绘	
图6—17	美国安全警报系统	http://news.163.com/11/0128/09/6RFMUN7D00014JB5.html	
图6—18	恐怖事件应对指南	http://www.pptfx.com/view/14234828915300	
图6—19	室内空间视觉管理	www.nipic.com	
图6—20	公共秩序行为规范	作者拍摄	

图号	名称	资料来源	备注
图 6—21	禁止宠物随处便溺	作者拍摄	
图 6—22	公共交往礼仪规范	作者绘制	
图 6—23	禁止散播淫秽物品标志	http://www.cq.xinhuanet.com/	
图 6—24	禁止赌博标志	http://tieba.baidu.com/p/4043969374	
图 6—25	请勿乱写乱画提示	www.baidu.com	
图 6—26	禁止堆放标志	艺术与设计.国家公共标志设计原则与图形全集[M].北京:艺术与设计杂志社.2003.	
图 6—27	排放口警告标志	艺术与设计.国家公共标志设计原则与图形全集[M].北京:艺术与设计杂志社.2003.	
图 6—28	排放口提示标志	艺术与设计.国家公共标志设计原则与图形全集[M].北京:艺术与设计杂志社.2003.	
图 6—29	汶川地震公益海报	http://blog.cntv.cn/7579274-80701.html	
图 6—30	希望工程宣传海报	http://www.ccyl.org.cn/download/playbill/200611/t20061127_805.htm	
图 6—31	嫣然天使基金标志与海报	http://www.nipic.com/show/3/82/b11888dabc73cb00.html	
图 6—32	公共服务视觉管理系统职能	作者自绘	
图 6—33	城市公共服务视觉管理	作者自绘	

第七章　体系建构:城市视觉管理系统规划与制度建设

图号	名称	资料来源	备注
图 7—1	视觉管理系统界定	作者绘制	
图 7—2	管理职能作用	作者绘制	
图 7—3	战略规划过程	作者绘制	
图 7—4	视觉管理行政关系图	作者绘制	
图 7—5	视觉管理协作分析图	作者绘制	
图 7—6	城市视觉管理系统规划	作者绘制	
图 7—7	城市视觉管理系统体制构建	作者绘制	

图号	名称	资料来源	备注
图 7—8	视觉管理平台图	作者绘制	
图 7—9	城市视觉管理体系统规划与制度建设	作者绘制	

后　记

　　本书是我所主持的 2013 年度国家社会科学基金项目"城市视觉管理研究"的最终成果，并于 2018 年 3 月正式结项。

　　近些年来，笔者一直从事城市视觉管理及其相关领域的研究，早在进行"城市品牌形象系统研究"这一国家社科基金项目时，笔者已经初步研及城市视觉管理问题。该项目结题后，笔者立即着手开启城市视觉管理的系统研究，希冀通过系统研究，探讨城市视觉管理的基本理论与实践问题，并有幸获得了国家社科基金的支持。

　　回想起来，本书的形成是一个艰难的过程。毕竟城市视觉管理尚属一个崭新的研究领域，相关的国内外研究也才刚刚起步，兼之该课题属于交叉研究，所涉学科领域相对复杂，使得本研究不仅缺少必要的文献与技术支撑，且缺乏与视觉管理研究相对应的机构和企业实体支持。有幸的是，笔者利用在国际学术交流和国外讲学的机会，对美国、英国、法国等诸多城市的视觉管理系统进行了深入的调研，获得了大量的第一手信息资料。

　　本成果也是集体智慧的结晶。本书的写作过程得到了许多专家学者的支持和帮助和支持。研究团队的金和平先生在实践环节给予了大力的支持与帮助，潘萌、马玮丽、王静、逯静茹、朱群辉、易晓丹、杨雅如等硕士研究生，在文献整理和前期研究上付出了艰辛的劳动，刘文忠、邵腾二位博士研究生做了大量的后期统审工作，在此一并表示感谢。

　　当然，由于本研究的难度，以及作者水平有限，本书难免有谬误和偏颇之处，恳请广大读者给予批评、指正。

孙湘明

2018 年 5 月 13 日

责任编辑：赵圣涛

责任校对：吕　飞

封面设计：王欢欢

图书在版编目（CIP）数据

城市视觉管理 / 孙湘明 著 . — 北京：人民出版社，2018.8

ISBN 978 - 7 - 01 - 019670 - 1

I. ①城…　II. ①孙…　III. ①城市管理－研究　IV. ① F293

中国版本图书馆 CIP 数据核字（2018）第 188896 号

城市视觉管理

CHENGSHI SHIJUE GUANLI

孙湘明　著

人民出版社 出版发行

（100706　北京市东城区隆福寺街 99 号）

北京汇林印务有限公司印刷　新华书店经销

2018 年 8 月第 1 版　2018 年 8 月北京第 1 次印刷

开本：710 毫米 × 1000 毫米 1/16　印张：23.5

字数：370 千字

ISBN 978 - 7 - 01 - 019670 - 1　定价：79.00 元

邮购地址 100706　北京市东城区隆福寺街 99 号

人民东方图书销售中心　电话（010）65250042　65289539